费希特的观念论与历史

（德）埃米尔·拉斯克（Emil Lask） 著

缪羽龙 毛静林 译

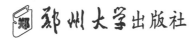
郑州大学出版社

图书在版编目(CIP)数据

费希特的观念论与历史 / (德)埃米尔·拉斯克(Emil Lask)著;缪羽龙,毛静林译. -- 郑州:郑州大学出版社,2022.11(2024.6 重印)
ISBN 978-7-5645-9293-6

Ⅰ. ①费… Ⅱ. ①埃…②缪…③毛… Ⅲ. ①费希特(Fichte, Johann Gottlich 1762-1814)-哲学思想-研究 Ⅳ. ①B516.33

中国版本图书馆 CIP 数据核字(2022)第 253678 号

费希特的观念论与历史
FEIXITE DE GUANNIANLUN YU LISHI

策划编辑	刘金兰	封面设计	苏永生
责任编辑	席静雅	版式设计	苏永生
责任校对	郜 毅	责任监制	李瑞卿

出版发行	郑州大学出版社	地 址	郑州市大学路 40 号(450052)
出版人	孙保营	网 址	http://www.zzup.cn
经 销	全国新华书店	发行电话	0371-66966070
印 刷	廊坊市印艺阁数字科技有限公司		
开 本	710 mm×1 010 mm 1 / 16		
印 张	14	字 数	263 千字
版 次	2022 年 11 月第 1 版	印 次	2024 年 6 月第 2 次印刷

书 号	ISBN 978-7-5645-9293-6	定 价	69.00 元

本书如有印装质量问题,请与本社联系调换。

个人简介

海因里希·李凯尔特

在我们这个时代,对世界观问题感兴趣的人有着广阔的圈子。但是,现如今,哲学领域的绝大部分工作对绝大多数人来说,依然无法窥其堂奥,因为要知其一,首先意味着深入的研究。从某个方面来看,情况可能一直如此;最终的理论基础,甚至古代、中世纪和文艺复兴时代那些伟大体系的理论基础,都没有流行开来。还没有任何哲学像康德的时代——在那个时代,康德将先验逻辑或大家今天所谓的"认识论"(Erkenntnistheorie)变成世界观学说的基础科学(Grundwissenschaft)——那样,如此清晰地展示了哲学的普遍意义与哲学的科学基础(Basis)之间的矛盾的深奥难懂(Unzugänglichkeit)。欧洲哲学,就其具有某种科学特征而言,尽管有许许多多康德学说的反对者,但在它的种种本质性表象中,时至今日依然具有这种迹象:在欧洲哲学中,恰恰那种对生命而言具有最普遍意义的东西,却建立在表面看来具有专业性质的研究上。

由此我们还看到了那个典型的情境,即这位现代思想的创立者只有到了老年才发表那些对我们整个文化都如此重要的著作——为了对种种思想(那时候这些思想被像席勒和费希特这样的一些人带到了最广阔的圈子里去)进行科学的奠基,就需要极其复杂和艰辛的概念建构过程。自那以后,在那些试图独立完成某种科学的世界观学说的思想家那里,这种情况反复重演。他们起先是依靠某种一直只有相对少数人才能理解的工作,然后逐渐地推进到那种东西上,即所有在生命意义方面想遵循哲学的人都渴望从哲学中获得的东西。因此,在其他任何学科中,起点和终点、出发点和目的地,都没有相隔得如此之遥远。

为了评价这个人的重要意义,我们就必须想方设法使他的著

[V]

1

作全集能够在他逝世八年后第一次完整地出版。埃米尔·拉斯克生于1875年9月25日。敌人的子弹将他带走的时候，他正值不惑之年。在此之前，他已经辛苦劳碌了二十年。尽管如此，他的名声那时还没有跳出同事和学生的圈子。情况只能这样，因为他所撰写和口头传授的东西，要求艰辛的共事，并且似乎只局限于某个特殊的"专业"（Fach），局限于逻辑学和认识论，这个专业某种程度上只关涉专业的博学之士。因此，外行们往往把拉斯克视为一个专家。但他恰恰从来都不是一个专家。他身上的一切都力争建立最兼容并包的（umfassend）体系，并且，只有他身上的那种非凡的透彻性和科学精神，结合最佳意义上的现代思想所暗含的那种实事求是的特征，才使得在他的那些书里，所有真正的哲学都将其当作最终目标而为之奋斗的东西再也不是作为苗头而出现，而是得到了深入的拓展。

所以，能够理解他那些精深思想的同事和朋友们早就意识到了，这里有一种生机勃勃的力量在起作用，这个人应该有望成为最伟大的人；是的，我们好多人对他都比对他那一代的任何人抱有更大的希望，更确切地说，这些希望还不仅仅在于逻辑学和认识论研究的进展——这些希望已经开始产生强烈的影响，而且恰恰还有对创造一种兼容并包的世界观学说的希望。这种世界观学说契合文化生活的所有方面，同时也试图将我们的此在（Dasein）的意义统一地建立在科学的基础上。

[Ⅵ]

世界大战熄灭了所有这些希望。这里不断生长着的，尤其在拉斯克生命最后几年更加野蛮地发展着的东西，还没有找到所有人都可以理解的形式就轰然倒塌了。没有人能够完全指出他生命的意义所在；的确如此，他的生命的终结，从个人层面来说，显得那么令人惊叹和崇高，就像一个毫无快慰的谬误，竖立在我们面前。对于熟知拉斯克其人的人而言，跟别人说战争索取了怎样一个祭品，他的死令德国哲学蒙受了怎样的损失，从来都是多余的。然而，对于他的科学工作，三言两语是无法尽述的。现在以全集面世的著作，完全能够实事求是地为它们自己说话。我只想谈谈写作它们的那个人。在我看来，一些个人私事也值得最高度的关注。我在这方面了解比较多。二十年来，我在私人和科学方面都与拉

2

斯克联系紧密;随着他的故去,我失去了一位最可靠、最喜爱的朋友。就此而言,我当然不可能做到完全客观公正,同时,我也完全无意试图不带个人感情地讲述这么个人。我只能说说拉斯克对我意味着什么,在我们二十年纯洁的友谊中,他对我而言是怎样一个人。此外,我还要用到一篇悼文,并对其加以补充和完善。这篇悼文是他亡故那年,出于编辑部的愿望而发表在一份日报上的。

对于拉斯克的早年生活,这个更大范围的人都颇感兴趣的话题,我知之甚少。我是在他十九岁那年进入大学的第一个学期认识他的。他注册的是法学院,但他选法学只是因为他无法下定决心选另外一门"谋生的学问",并且,他很快就放弃了法学。彼时我是弗莱堡大学的编外讲师,他来听我讲课。学期结束时,他来到我这里,就像人们通常所做的那样,问我他可不可以学哲学。我理所当然感到自己有责任警告他,对这门最成问题的"职业"保持警惕。但他不是那种轻易就被吓倒的人。除了将自己的生命奉献给这门科学,他想不出更好的办法了,并且,他对那些外在的成就毫无兴趣。他觉得他自己虽不富裕,但生活上的一些简单需求他以后还是能赚够的。对于这个"不切实际的"想法他有多么严肃认真,从下面这件事上立马就知道了:他与我这个编外讲师结交,但却从未期待能从我这里得到任何外在的帮助和要求。 [VII]

他就这样成了我的学生,我得以向他讲授德国观念论,这将永远属于我生命中最美好的回忆,对于这些回忆我再心怀感激都不为过。他带着惊人的热情投入此世的生活,并且,没过多久,我就喜欢上跟他谈论我的科学计划和科学工作,甚于跟其他任何人谈论。很早开始我就已经从他那里学到不少东西了。

当然,他本质(Wesen)中特有的慢条斯理也很快显现出来,后来还不断变本加厉。他天生不善于在生活中"轻快地"接受任何东西,作为一个异常多才多艺且有着极度复杂天性(Natur)的人,他并没有玩世不恭。一种激情四射简直到狂热的性情和一种对世界之丰富与美好的强烈的感官敏锐性,与极高的抽象思维天分和对沉思冥想的不可抗拒的偏好,珠联璧合。他碰触到的一切,书籍和影像,还有他所遇到的人的命运,一切都能引发他同样热烈的思考和狂想。与此同时,他还不断地反思分裂的危险,总是担心从本该

3

是其生命之中心的东西那里脱落。不可否认,他所走的条条道路,无一是通往目标的捷径。

决定参加博士论文答辩之时,他已经学习了六年时间。又经过了差不多两年时间,他的第一本书《费希特的观念论与历史》(*Fichtes Idealismus und die Geschichte*)(1902)才面世。他的大学学习生涯直到他27岁才结束,这并不是什么坏事。他的第一本著作无论在篇幅还是内容上,都迥异于博士毕业论文通常的样子。它^[VIII]是一本独树一帜且非常成熟的科学论著,它的重要意义就在于从根本上加深了我们对德国观念论的理解,尤其是对德国观念论与历史思考之间关系的理解,并且它很快就得到了应有的认可。该书很快就销售一空,由于拉斯克无法决定再次印刷的事宜,大家只能争相复印。

拉斯克出版此书时,他在某种程度上已经超越了此书。对于他那个年纪的人来说,他在哲学史领域的渊博令人刮目相看,但他不再心心念念只局限于纯粹的史学研究。这本论述费希特的著作已经显示出某种体系的方向,而体系性的思想正是他想要为之奉献一生的东西。但那时他还没有找到他真正的中心。从根本上说,他在认识论上延续了他老师的工作,并且喜欢从认识论的立场出发去看待社会生活的种种问题。在参加博士论文答辩时,他就已经选择国民经济和国家法作为副科。现在,他又在法学问题上不断深入,甚至短暂地想过在法律方面进行全面的专业学习,以便对特定学科的某个领域了如指掌。但他很快就发现,这样做太分散精力了,而与他相关的到底只不过是一些法哲学的问题。尽管如此,这段时间对他来说也没有白白流失,它在他关于法哲学的纲领性论文中结出了累累硕果。这篇论文不仅引起了哲学家的大量关注,也引起了法学家的大量关注。

再者,法学对拉斯克而言只是一个插曲。他再一次从边缘回到了中心,并且,由于他对自己的职业不再迷惘,他自然也就想到要弄一个大学的教授资格。他大学时就聆听过其讲座的文德尔班(Windelband)极其和蔼可亲地接待了他,并且表示随时都乐意支持他到海德堡大学去任职。随后,拉斯克于1905年1月做了一场关于"黑格尔与启蒙运动"的就职演讲。彼时拉斯克才30岁。

接下来的几年,他完全投入学术教学的工作中。很快,在科学
上,他全神贯注于主要的逻辑和认识论问题。他极其引人入胜的
说话方式吸引了大量学生。尤其是第一个学期,他取得了广为人
知的教学成就。他的思想愈发自成一体,他的授课自然也就愈发
艰涩难懂。因此,他后来只对一个小圈子有影响,但这种影响一直
非常强烈。授课给了他巨大的乐趣,并且,在他看来,研讨班的训
练似乎比讲课更富有成效。在这些研讨班中,他对如何引导学生
独立工作驾轻就熟。教师工作也促使他再一次拾起自己的历史研
究;尤其是古代哲学——作为一个成熟的人,他带着全新的视角走
近它——深深影响着他自己的思考。假使从史学角度推导,人们
也许可以将他最开始的、达到外部结论的阶段视为尝试完成柏拉
图—亚里士多德哲学与现代康德主义间的某种综合。然而,拉斯
克的遗产告诉我们,这种标记尚不足以概括他思想的全部。

在海德堡,拉斯克并没有像大学时期那样全身心地投入科学
工作。他以各种各样的方式与值得的人,特别是女人,保持着个人
关系,维护着友谊,这些友情令他忙得不可开交,他还常常无比热
切地想要广交朋友。有段时间,他把很大一部分时间和精力都花
在这上面了。另外,他还有旅行的需要,以便接收对世界的感性直
观。在旅游方面,他并不太热衷于陌生的国度,而是钟情于德国。
德国的风景和建筑令他流连忘返。而他的最爱就是他的故乡,马
克布兰登堡(Mark Brandenburg)。鲜有人像他那样,漫游在它的种
种美妙中。听他讲砖砌的哥特式建筑——比如克洛斯特·科林
(Kloster Chorin)大建筑——是最吸引人的事情。

只可惜他本质上并不是一个长期无拘无束地沉迷于生活享乐
的人。他的科学工作进展得没有他希望的那么快,当他担心自己
会有负众望时,就更加忧心忡忡了。所以,他的本质中一直存在惴
惴不安和情绪不稳的特点。然而,尽管如此,他偶尔也会感到彻头
彻尾的开心幸福。1907年12月,他写信给我说:"如果您检视我在
海德堡的生活,您将有理由发现,我变得如此受宠。有了生活在那
里的最值得的人,我得以被友好相待。然后,我还得到了他们的抬
举,以为我比我自己实际所是的样子更深邃、严肃和难以理解。然
而,我不想因此而感到忧伤,而只能感激涕零。"

诚然，他并没有找到他孜孜以求的婚姻的最高幸福，这着实令人扼腕叹息，因为，作为一个真正的男人，他需要一个妻子；并且他跟小孩也很处得来。没有哪个与他相熟的人不曾见过，他以多么迷人的方式与他们打成一片。他伟大的同行笛卡尔的那个著名的玻璃小魔鬼（Glasteufelchen），他懂得如何让它技艺高超地翩翩起舞，而当他帮小孩吹泡泡时，飞到空中的肥皂泡泡是多么绚丽多姿，而小朋友们又是多么欢喜雀跃啊。

可惜他并没有学会轻松地面对人生。有时他自己也控制不了自己狂热的性情；而一旦犯错——他当然也在所难免——没有人比他更难以接受。他会用最严厉的批评和自责来折磨自己。尽管如此，他也不像某些人可能认为的，是一个真正的不幸者。确实，他自始至终都在与生活及思想作艰苦卓绝的斗争，甚至饱受怀疑的煎熬——怀疑自己、怀疑作为人的意义。对于知遇之人，他永远觉得自己不够好，这就是常常压倒他的那种忧虑（Sorge）。但他从未真正地丧失信心。为此，他过于专注工作，过于由衷地相信自己所从事的事情，即对哲学问题的严谨、科学的工作。历经所有个人的波动和不确定，他依旧岿然不动，并且始终丝毫不受搅扰地处于他生活的中心。相反，这对他的整个实存（Existenz）都具有决定性

的意义。因为，就像他的科学思想一直在不断生长那样，他个人也达到了更高的明晰性、信心和坚定。所以我们可以说：从整体上看，他的生命是直线上升的。

1910 年，他完成了他的第一部体系性著作，书名叫《哲学的逻辑与范畴学说》（*Die Logik der Philosophie und die Kategorienlehre*）。在对这部论著具有理解能力的人那里，它肯定引起了不小的轰动。书中为理论哲学绘制了一个极其兼容并包的纲要。而作为纲要，它在我们时代的这些书当中无可匹敌。书的每一行都启人深思，整本书有着巨大的、摄人心魄的吸引力。它实实在在地开启了种种广阔的、令人惊讶的视角，同时也在形式和内容上完全展现了作者的个人烙印。它虽然为某种两个世界理论（Zweiweltentheorie），即一种简单粗暴的感性世界与非感性世界的二元论辩护，但是，通过证明一个世界没有另一个世界就没有真正的持存（Bestand），它却把两个世界最紧密地联结起来了。此处在某种程度上被投射到

世界万全(Weltall)中去的东西,是活跃在拉斯克自己身上的东西,即抽象的概念思维与对感性直观的热忱间的对立——这无论如何都不是在单纯地借此谈论个人的事务。这部作品与过往的最伟大思想紧密相连并试图在与众不同的综合中总结此前的发展,以便将其变成一座高耸入云的新建筑的地基。这些思想在一次讲演中得到了阐明,其中部分思想是拉斯克自己创立的,同样完全烙上了他的个性印迹。不管多苍白的抽象理论,他都能为其寻找到尽可能直观和具象的表达。我们完全可以说这是一种感性的-抽象的(sinnlich-abstrakt)思维,在这种思维的表述中有些东西很可能会显得粗暴;但是,甚至这种粗暴也是不可或缺的,因为它也昭示着不可抗拒的力量。无论如何,朋友中的那些疑虑,即怀疑拉斯克能否变成他许诺的样子,肯定销声匿迹了。这本书清楚明白地告诉我们:不管怎样,他"穿越"了层层阻碍!

仅一年后,他的第二本书《判断学说》(*Die Lehre von Urteil*)就面世了。它同样是作为对逻辑问题的某种更全面阐述的先声而出现,而且只局限于一个特别的领域。他写得更加心平气静,内容也更加引人入胜,而不具有很强的挑战性。书中处理了一个宏大的材料。它不依赖哲学迄今为止发展出来的任何一种判断理论,而是漫不经心地推进,然而一切都被整合进一个统一且完全创造性的关联中。同时,尽管它处理的是特定的主题(Thema),但这本书在很多地方都指示着整个兼容并包的体系,而且肯定也再一次表明,这本书是我们时代最高哲学天赋的工作结晶。 [XII]

就这样,外在的收获也如期而至。有人给拉斯克提供了海德堡大学第二哲学教习的职位。这个职位在库诺·费舍尔(Kuno Fischer)去世后就一直空着。对拉斯克个人而言,它的意义当然再重大不过了。但是,他一直忠实于他大学时候跟我说的话:他并不十分在意外在的成就。的确,他很担心自己不得不承担一些职务上的义务,这样就会牵制他的研究工作。他一度摇摆不定,思索着自己是否必须弃权,而且,可能只有为数不多的人知道,他几乎接近于拒绝那份工作了。做一个自由自在的编外讲师,这种生活在他看来远更诱人。不过,他最后还是抓住了那个机会。彼时他写信给我说:"如果有必要,我会找好退路。我把这整件事视作一次考验，一次心理学的实验。我们总得为实验心理学做点什么吧。"
实验彻底成功了，他后来深刻认识到他做的是对的。

在最后的岁月里，在科学上，他主要忙于诸科学的分类和建立一个有关价值（Wert）的系统学说。然而，对于这个学说的发表，他刚开始只想做个暂时的预告。然后才想着开始着手构建他的大作《逻辑学》（*Logik*）。要是他能在这部作品上多花点时间就好了。与此同时，他脑子里也一直翻腾着伦理学、美学和宗教哲学方面的各种思想。在他那里，所有这些东西都在一种统一的、自成一体的关联中存在着。自发表判断学说以来，他就再没有发表什么东西了。

[XIII] 随着战争的爆发，其他一切对他而言都退居二线了。他心心念念只想着为祖国服务。他并不是一名士兵，也不可能期待在战场上扬名立万。要是他能够心安理得地待在家里就好了，因为，如果说有人可以免服兵役的话，那么拉斯克就是其中之一。但是，平日里总是心怀疑虑和踌躇不前的他，这次却眼睛都没有眨一下。刚开始，他在卫戍部队服务处工作。然而这并不符合他的心意。1915 年 2 月，他来到前线。3 月，他在喀尔巴阡山脉（Karpaten）写信给我，说他在那里艰难地忍受着那里的气候和身体的疲累："我天生不是当兵的料。我几乎完成不了多大的任务。尽管如此，我还是愿意待在这里。在我看来，唯一重要的是，我在子弹方面可以提供某种协助。"这些话无须任何评论。只有完全误解拉斯克为人（Wesen）的人，才会在信中读出拉斯克是在寻死。不，拉斯克想要去前线，为的是做他认为自己分内的事情。对他而言，这就是义务，其他都不是"问题"。若是有人跟他说，他最重要的义务就在他的家乡、在他的海德堡大学教职上，以此为理由召他回来，那该多好啊，那他也许就回来了。可惜，当有人在海德堡作如是想的时候，一切都太迟了。

我从加利西亚（Galizien）收到的最后消息是 1915 年 5 月 20 日和 5 月 22 日的。他以幽默诙谐的笔触向我报告说他受了一点不值一提的轻伤。几天后他就在一次冲锋中倒下了。关于他亡故的确切消息迟迟未到。直到 1915 年秋，关于他个人命运的怀疑才不复存在。德国哲学最大的希望之一破灭了……

8

自拉斯克亡故后,我一直在思索其科学遗产的命运。他已经多年未发表任何东西了,但依然坚持不懈、尽心尽力地工作着。由于他习惯做大量的笔记,所以手头肯定有大量内容丰富的手稿。在我看来,为了科学,把那些必须拯救的东西从中拯救出来,是神圣的义务,但也存在不少困难。这些遗留下来的纸张显然毫无秩序,而且很大部分几乎无法识别。出于姐姐对弟弟的爱,海伦娜·拉斯克(Helene Lask)小姐立了大功,她辨读出大量的笔记。尽管如此,对于一些恰恰涉及最重要部分的手抄本,我依然束手无策。早年间,拉斯克与我经常深入交流彼此的思想,事无巨细,无不备至。然而,最近些年,情况变了。只有当他心里已经得出确定无疑的结论时,他才会跟我深入谈论他的计划。然而,对于他正全力以赴地研究着的东西,他完全不跟我讨论。他需要独自成长,而且很可能希望不受那些他曾从中获得出发点的思想的影响。所以,恰恰对于他成果最丰硕时期的所思所想和动向,我所知甚少。因此,我对他那些杂乱无章和未完成的笔记毫无头绪。我几乎不得不对自己说,我并不适合担任未出版遗著的编者。 [XIV]

　　只要战争还在持续,德国就没有别人能够担任编辑的工作。只有当欧根·赫里格尔(Eugen Herrigel)博士从战场回来,情况才有所改变。在拉斯克的学生中,他与拉斯克走得最近,而且与拉斯克一直有着最亲密的精神交往,直至战争爆发。没有人有他熟悉拉斯克最后时期的计划和打算。当然,他也用了很长时间去完全弄懂和整理好手头的材料,但他对死者充满虔敬的爱终于战胜了种种困难。多亏了他扎实可靠的工作,如今拉斯克最后几年的思想方向至少清晰可辨了,这已经具有举足轻重的作用了。当初因为在拉斯克身上窥见一个康德式"主观主义"的克服者和一个亚里士多德主义的革新者而对其交相称赞的人,可能不得不重新学习了。拉斯克不想往回走。他的道路指向未来。浮现在他眼前的整个研究工作的种种轮廓,我们现在当然最能预料了。

　　但他的个性依然宛若在眼前,令人难以忘怀,并且必然永远活在那些真正亲近过他的人心中。也许每个哪怕只感受过一丝他的精神气息的人,都会对他印象深刻。在某些人眼里,他看上去有些奇特,如果不是阴森吓人的(unheimlich)话,而且他实际上确实也 [XV]

不是一个大家在词语的社会习俗意义上所谓的"和蔼可亲的"人。当他碰到在科学上见风使舵的肤浅草率之辈时,他可能会很粗暴,且不留情面。他的幽默诙谐有着强烈的讽刺意味,并且,当他射出嘲讽的利箭时,他的诙谐就会更加尖锐,以至于脸上看不见一丝笑容。然而,所有这一切不讨某些人喜欢的东西,只属于他本质的外在层面。在这个有着坚硬冷峻且棱角分明的前额、陡峭粗粝的侧脸和一对忧郁且常常有点讳莫如深的大眼睛的严肃庄重、慢条斯理的人身上,蕴藏着一种柔软、温和、难以言喻的善良的性情,还有对人类之伟大和善好的一种坚定的、有时简直孩子气的信仰。他一向尊重他人,并且,尽管无法容忍别人的浅薄草率,但他肯定更多地高估别人,而不是把别人贬得一文不值。简直令人感动的是,对于没那么引人注目的种种个性,尤其是上天不曾赋予他的东西——比如处理事情时的那种敏捷以及过一种没有严重冲突的生活的能力,他也惊叹不已、赞赏有加。

　　对于他全心全意热爱着的东西,他会满怀热情且紧张热烈地去做,并忘我地投入其中;此外,他还有一个令人着迷的天赋,就是将自己深爱的人的形象向自己和他人发扬光大。对朋友,他会满怀忠诚地报以好感,这种忠诚就像岩石一样堪为基石,而且他深信自己有义务对某个人心存感激,因此,为了关心这个人,给他提供欢乐,他会竭尽所能。此外,如果一个他尊敬或深爱的人需要帮忙,他会十分乐意倾囊相助。他会将所有时间和精力投入其中,甚至达到挥霍和完全忘我的状态。因此,这个看似粗暴和"不和蔼可亲的"人,实际上配得上最大的爱。对于所有在他那里体验过爱和忠诚的人来说,自他去世后,世界肯定会越来越贫瘠和寒冷。

编者前言

————————

　　埃米尔·拉斯克的《著作全集》以三卷本出版。第一卷包括博士论文《费希特的观念论与历史》(1902)，大学授课资格论文《法哲学》(1905)，试讲课稿《黑格尔与启蒙世界观的关系》(*Hegel in seinen Verhältnis zur Weltanschauung der Aufklärung*)(1905 年 1 月 11 日)，最后还有会议论文《真的有"实践理性的优先权"吗?》(*Gibt es einen Primat der Praktischen Vernunft?*);第二卷包括《哲学的逻辑与范畴学说》(1910)和《判断学说》(*Lehre vom Urteil*)(1911);第三卷是遗稿。

　　第一卷中的作品都原封不动，也没有补充任何注释对它们进行完善。因为我们在遗著的任何地方都找不到任何暗示和意见，认为有必要进行这样的补充和完善。拉斯克后来压根就只对他有关法哲学的作品发表过意见。但就我所知，这篇作品他直至最后都认为其行之有效，不需要任何更正，而对于《费希特书》，他只是对某些段落表示过不赞同;对于会议论文则几乎完全不再认同。因此，对于第一卷，我们就不多说什么了。我只想借此机会，再一次感谢海德堡大学的书商 C. 温特尔(Winter)先生。他欣然同意我们在目前这个全集中重印他们出版社出版的法哲学和会议论文，我对他善解人意的通融深表谢意。

　　第二卷则不然，涉及第二卷的《哲学的逻辑与范畴学说》和《判断学说》，拉斯克的手写样本中有大量的旁注，有些是文体风格方面的，有些则涉及实际的内容。另外，还有丰富的笔记夹在书中。由于它们非常重要，而且明白易懂，我们就以这样的方式把它们付印了:简明扼要的评论作为注解增补进去，而内容更长的评论则放到附录里。这样的话，两部著作中源始的、非常具有拉斯克特色的原文都得以保持原貌。　　　　　　　　　　　[XⅧ]

　　包含遗作的第三卷第一部分是拉斯克的柏拉图讲课稿(1911/12 年冬季学期)，它在时间上与第二卷最接近。因此，尽管对于发表讲课稿常常有种种情有可原的顾虑，我们还是将它们付印了，因为，关于拉斯克与希腊人的亲密关系，关于尤其是哲学逻辑学中凸显出来的方向性(Orientiertheit)，在这个讲课稿中最为突出;而且它也很适合帮我们了解讲课中所涉及的某些问题的情况。此外，在这件事上我还恳请过海德堡大学的教授恩斯特·霍夫

1

曼（Ernst Hoffmann）先生，请他做决定，后者经过全面考量后完全赞成出版它。再者，由于拉斯克自己也预告过，最新的柏拉图研究成果意义重大，所以所有或多或少阻扰性顾虑都被打消了。现在的关键问题当然不是文字上的印刷问题，而只是怎样仔细认真同时又尽可能忠实于原文地予以摘录的问题了。这么做的根据是，在整个过程中，我努力做到我审阅过手稿的这些讲课稿中绝对没有任何一份做过任何方式的润饰和修改。拉斯克的札记只是一些粗略的论述，往往是一些被缩减得甚至无法理解的资料，他讲课时会或多或少自由地加以借鉴；他常常会重新加工这些资料，通过插入许多词句来完善它们，以致最后几乎再也看不出详细的确切思路。讲课的时候，拉斯克还常常做一些笔记，增补到文本中，因此从很多方面来说令人满腹疑惑的是，在这些往往简直彼此扬弃的论述（Ausführungen）中，必须把哪一个当作最终确定的论述。此外，尤其令人烦扰的还有那些拓展性的重述（Rekapitu-lation），这些重述常常嵌入了新的观点，而且正因为有了这些新观点，这些重述就或多或少将先前讲课中的种种论述置于疑问之中了。因此，不言而喻，如果我们必须从中整理出一份更加明白易懂，更加自洽和连贯的思路的话，对这个讲课稿的粗暴干涉就在所难免了；然而，我相信这些干涉在任何一个细节上都能够为自己负责。在其中一份讲课稿后面，除了写给海因里希·李凯尔特的两封信——两封信都对柏拉图的理念论发表了看法——外，还刊印了一系列从镶嵌的书页中摘录的笔记，这些笔记有助于对拉斯克的柏拉图论（Plato-Auffassung）进行富有意义的阐明。

[XVIII]

在这方面，标题为《逻辑学体系论稿》（*Zum System der Logik*）的遗著的第二部分情况基本上好很多。《逻辑的基本问题》（*Logische Grundprobleme*）这个标题也借鉴了全集第二卷第37页的注释。拉斯克处处都怀着这样的志向，即提出一个逻辑学的详尽"体系"，正如他后来深信的，这个逻辑学体系自身又必须被整合进一个哲学体系中。（然而，这份遗作，这份拉斯克写完《哲学的逻辑和范畴学说》后马上就着手写作的遗作，一直都没有完成；缺失的恰恰是那些本该提出任务的段落，即提出这样的任务：对只是暗含在哲学的逻辑中的思想进行进一步的详细论述。我们只能从所附的一些提纲中推测出这个逻辑学体系应该会采用怎样的结构[Gestalt]，还有它计划把哪些东西包括进去。因此，在这里很难找到根本上崭新的、超越此前著作中已出现的见解的东西。）尽管如此，这份手稿还是几乎按原文印刷了，因为拉斯克已经对它进行过大段大段的加工。只是必须在这里或那里做一些简短的删减，只要这些删减根据上下文或者根据附加书页上的意见证明是合理合法的就可以了。

遗著的最后两部分《哲学体系论稿》（*Zum System der Philosophie*）和《科

学体系论稿》（*Zum System der Wissenschaften*）在内容（sachlich）和时间上都比较接近，同时跟所有早先的文本都有很大的距离。因为在这两篇文章中，除了对早期收入的观点进行了惊人的改头换面并试图借此对哲学重新定向外，几乎没有任何别的东西。这种转变从 1913 年初开始实施；而且，由于拉斯克刚开始误以为他所做的转变完全是在他此前一直主张的"客观主义"（Objektivismus）的框架内进行的，所以他很快就不得不越来越否认他的新思想与早前种种思想间有任何的可调和性。 [XIX]

这次根本转变与对"材料"（Material）和"基质"（Substrat）——此前拉斯克是将它们混合使用的——的区分以及主体性的问题紧密相连。在其标题为《价值体系》（*System der Werte*）的手稿的第 57 页，紧接着新的论点，即理论性的主体或者"体验的事实性"（Erlebenstatsächlichkeit）并非像所有"现实事物"（Wirkliche）所是的那样，是对象形式（Gegenstandsform）的"材料"，而是接触（Berührung）——借助理论性的价值内容的、形成认识（Erkennen）的接触——的"基质"，拉斯克马上指向 1912/13 年冬季学期讨论课的笔记，但是补充了这么句话："也许那里没有说。"从中我推测，这个区分的意义和效果——就像我在《逻格斯》（*Logos*）中已试图表明的：翻转（Umkippung）就源 [XII, I] 于这个区分——可能直到 1913 年初起拉斯克才完全意识到。

这些常常严重相互抵牾的思想渐渐地协调一致了；拉斯克极其需要全神贯注于这个新东西，并于 1914 年初计划写一篇论逻格斯的论文，标题大概是《沉思与生活》（*Kontemplation und Leben*），为之他作了大量的笔记。在遗作中实际上还可以找到大概 6 页有着相同标题的手稿，它们被拉斯克自己划掉了，完全不适合刊印出来。——同年的复活节，李凯尔特的文章《逻辑和伦理的效用》（*Logische und Ethische Geltung*）在康德研究上发表。李凯尔特在文中提到了几个区分，拉斯克在其计划的论文里也瞄上了这些区分，但完全没有依靠李凯尔特的文章（参见《逻格斯》，卷XII，第 115 页）。正因如此，并且不顾我的批评，拉斯克选择保持距离，不再去进一步详细论述他的文章，转而产生了写一篇有关"科学体系"的文章的想法。不过，很快他又回到早前的计划——这是从他写给亲属的信中得知的——与此同时也产生了在 [XX] 精挑细选的学生圈里进行讨论的需要。在这里他把很多思想放在关联中加以论述，这些思想他讲课时也在不同地方隐隐约约触及了，并且主要围绕沉思生活和生活场域的问题展开。

那些标题为《价值体系》的笔记——其中包含他对新观点的种种基本思考——提供了一个彻底绝望的画面。在这里，种种思想没有任何秩序地堆积在一起，就像突如其来的一样，而且这样一些偶然的灵光乍现，大家二话不说就能看出来，它们在拉斯克的思考中可能毫无立锥之地；很可能是因为拉斯克太有责任心了，所以决定把它们保留下来。鉴于五花八门的矛盾和撤销（通过这些矛盾和撤销，先前说的话一会儿被宣布是错的，一会儿又以某种方式再次被认可），要不是在这段决定性的时期里，与拉斯克的无数次谈话已经磨砺了我的眼睛，使我能够看出里面主要涉及的东西，我可不会冒险出版这部分手稿。如果这部分手稿要大体上让人能够阅读并且理解的话，肯定需要特别果断的取舍和干预。因此，我去除了拉斯克非常明确地表示过不能包括在里面的所有东西；还有那些他再也没有回顾过的即兴笔记；最后还有一些提示性的笔记，提示要注意哪些文献的，也予以删除，只要这些笔记跟他思想发展的特征并不十分符合。如此这般从所有这些次要的、令人眼花缭乱的鸡零狗碎之物中提纯的文本于是就原封不动地刊印了。这些"笔记"通过从1914年夏季学期讲课稿中摘取的一个段落得到了完善，拉斯克自己也经常提及这个学期的讲课稿——尽管这个讲稿也根本没有经过任何加工，因而常常令人迷惑不解——因此它也许在某方面对我们理解文本所有帮助。

[XXI] 我还试图以同样的方式用一段从上面提到的讲课稿中摘录的段落，来完善《科学体系》的笔记，对于这些笔记，要做的删减相对较少；因为，就我所见，这个讲课稿包含了对笔记中星罗棋布的思想的最后表达，同时也是一次总结概括的尝试。

阅读拉斯克的手稿并理解他独一无二的缩写，需要长期的训练。没有海伦娜·拉斯克女士艰苦卓绝、几年如一日地誊写这些手稿并仔细认真地反复检查，我几乎不可能对这些手稿进行修复。因此，海伦娜·拉斯克女士大量参与了她弟弟这部遗著的编辑。A. 古特曼（Gutermann）先生，拉斯克的一个学生，也为这个必不可少的前期工作尽其所能，随时乐意提供帮助。

同样，我也必须对格海姆拉特·李凯尔特先生致以最高的谢意，他的建议每次都切实可行，在所有关键事务上我都首先确保他的同意。鉴于出版我死去老师的遗著过程中我所获得的巨大便利，我最后还想借此机会特别感谢一下出版商，感谢他善解人意的通融。

尤根·赫里格尔
海德堡,1923 年 3 月

[XXII]

4

前　言

　　费希特的历史哲学凭借其巨大的吸引力可算是闻名遐迩。尽管如此，为了说明为何要对其进行更加深入的研究，这么做的合理性在哪里，我必须就一些独特的视点作一番辩解。本书将在这些视点下重新尝试阐述德国观念论的历史哲学。

　　眼前这部著作的形成同样也归功于关于史学之物（das Historische）①的逻辑结构的各种现代研究。首先，李凯尔特从自然科学诸方法中借鉴了方法论上比较精确的研究方式——迄今为止，这部著作无一例外地运用了这种研究方式——这种借鉴在现代研究的基础上唤醒了历史科学（Geschichtswissenschaft）的愿望，也就是到先前哲学中去追踪对史学之物的逻辑把握的开端。虽然我们古典时期的思辨几乎还没有在意对历史科学的概念建构（Begriffsbildung）进行批判性的分析。但无论如何，那时已经出现了对历史对象（Gegenstand der Geschichte）的逻辑独特性的追问。

　　从这个观察中诞生了这样的任务，即在那个时代更详尽地探究历史哲学的概念建构的开端，并因此以有意识的片面性来突破历史哲学思维恰恰形式的、概念性的一面，或者类似德国观念论历史哲学中的价值逻辑。因此，我对如下这点心知肚明，即在所有地方，只有历史哲学世界观的逻辑结构显示出只以方法论的阐明来对待整个思辨。即使在我们的论述对象并非 [3] 历史方法论的地方，我的研究进路也变成了一种历史哲学的方法论。

　　《导论》中已经说明，为什么对费希特历史哲学的认识论基底进行澄清占据了如此大的篇幅。即便如此，我认为关键之处首先还是在于，对德国观念论某些逻辑的和认识论的原理作一番敏锐的问题史标记或评级（Kennzeichnung），这样的话，这部著作才会被视为既是一部论述逻辑个体性和非

---

　　①　拉斯克在写作中喜欢用冠词加形容词来表达一个抽象的东西，比如 das Logische、das Historische 等，指与逻辑相关的东西、与史学相关的东西等，为了简便，我们在译文中基本上都处理为"……之物"。同时，拉斯克在文中用了 Historie、das Historische 和 Geschichte、das Geschichtliche，我们为了进行区分而将它们分别译为史学、史学之物和历史、历史之物。——译者注。

1

理性问题的历史论著,又是对费希特的一个专门研究。因为我首先是想试图揭示某些个别的认识论倾向的有效性。这些个别的认识论倾向越过了费希特并将知识学(不仅因为它们的史学意义之故,也因为它们的事实和体系意义之故)列入更新的理论思辨关联中。我必须严重摧毁费希特哲学发展的表面连续性,还必须比迄今为止对费希特所做的远更猛烈地拆开那个因其个性而显得如此封闭的体系,将其拆解为潜在的(latent)和不带个人色彩的组成部分,并且远更毫无顾忌地挺进直至它最后的、通常似乎只在问题史意义上被条分缕析的实存要素(existierende Faktor)。因此,出于不可避免的方法上的原因,问题史特征的严格实施挺进到某种与费希特思想的源始的、活生生的统一性相反的平淡无奇中了。此外还涉及理论性先验哲学的众所周知的问题,这就必须在许多要点上明确突出康德的杰出观点了。我所研究的对象此前在费希特那里恰恰通常都只受到相对较少的注意,这就使某

[4] 种相对丰富的引述变得必不可少了。

最后,我还要借此机会向李凯尔特、文德尔班和亨塞尔(Hensel)等先生表达我的感谢。他们的哲学课对我具有决定性的意义。但我在此尤其要感谢我的老师李凯尔特先生,他在我大学生活伊始就向我展示了哲学研究的意义,对我的科学志向施加了决定性的影响,他不知疲倦的帮助自始至终都

[5] 对我有着无与伦比的推动作用。

目　录

第三部分　费希特的历史哲学

导 论 | 德国观念论历史哲学中的价值逻辑

由康德开创的"观念论"历史哲学的时代,常常被大多数论述者赞誉为对启蒙时代片面的、对历史比较生疏的世界观的克服。然而,可惜的是,对于这种克服的真正意义的洞察,人们过于频繁地更多地将其归为一种正确的、直接的印象,而不是将其归为对最终的同时也是奠基性的哲学原理的揭示。但现在,启蒙运动和德国观念论恰恰带着彼此间不易觉察的差别转到历史哲学领域。对这个对象的大多数相互关联的描述唤醒了信念,就像人们更多的是与康德身上那个旧的理念时代(Zeitalter der Ideen)的最后的、前后一贯的代表打交道,而不是与他身上那个新的观念时代的奠基者打交道。只要看一眼康德在历史哲学方面的应景之作,似乎就可以证实这一点。那里不是有镶嵌画式组合物,即关于文化发展之本质的种种久负盛名的描述的组合物,而不是新造的基本概念吗? 因为,基督教已经创造出对一个统一的、共同的最终目的——它为所有朝独一无二的发展方向努力的人所拥有——的描述,也创造了某种历史世界观的这个最深厚的基础并始终使它保持屹立不倒。这种描述既属于最通常的观念(Ideen),也属于启蒙运动;当然,它只为思辨和历史之物(das Geschichtliche)间的批判性争论提供了一种尚急需填充确定内容的图型(Schema)。无论如何,康德与卢梭、莱辛、赫尔德都拥有这种思想。然后,他和启蒙运动的代表们都认为,必须把不断提高对人类理性天资(Vernunftanlage)的培养视为人类发展的价值标尺。当然,这个同时还提供评价标准的"理性",恰恰经由康德而刚刚经历了一番巨大的、对"文化"的理解而言也极其有益的深化。但是,他作为历史哲学家的原创性难道真的在于他将康德式的理性作为价值标尺而归之于启蒙理性吗? 我们是否可以因此而将他当作此前的历史哲学思维的克服者来颂扬?

这似乎是对一些在方法上无足轻重的次要点的一种武断高估。康德的历史哲学活动中真正意义重大的东西毋宁只有通过指明康德自己都没有突出强调的连接线才对我们显露出来。这些连接线将他在历史哲学方面的应景之作与批判哲学(Kritizismus)的基本原理连接起来。但这个基本原理却

[6]

蕴藏在解释说明和价值评估方法的二元论①中。通过这个基本原理，康德也就成了历史哲学的新奠基者。他到处宣扬把价值衡量行为与纯粹的解释说明行为区分开来，以此方式，就像我们刚刚指出的，他可以说已经使我们的哲学良知（即关于在历史中也安置一个评估标准的良知）安定下来，并且通过这样的方式，他取得的成就不亚于一次对哲学的辩护和对历史哲学的那个最小值（Minimum）的初创。启蒙运动还是"独断地"（dogmatisch）运用着这个最小值。

[7]

这里可能要放弃对那些暗含的关联作更详尽的展开。只需简要地回想一下下面这点就好了。康德曾明确声称，解释说明的方法也可以延伸到心理学的、"精神的"领域。对他而言，"生理学"（Physiologie）跟自然科学的身体学说和自然科学的灵魂学说是差不多的意思②。没有任何经验客体能够脱离自然科学的研究方法。理论哲学就是把理论价值或思辨理性从我们的表象游戏中剥离出来，但这种游戏同时也可以是某种"生理学推导"③的对象，而实践哲学则是将伦理的基本价值，将实践理性从我们的意愿行为（Wollen）中突出出来，但关于意愿行为，我们同时也可以"从生理学上考察其运动变化着的原因"④。

太少人注意到，康德明确地为人的类生命（Gattungsleben）的研究确定了方法的二元论，即对同一个对象采用双重的研究方法。他已然想要把人类这个概念本身划分为物理或自然的或动物的种类和道德的种类⑤。因为，有关人类的学说应该要么从"生理学视角"要么从"实用主义视角"加以把握⑥。这个事实区域始终同属于自然和"理性"，视被采用的方法而定。但是，为了将理性从直接的被给予物那里凸显出来，我们肯定已经带着某种标准走近事物。在按价值来说漠然无殊的现实中，我们通过研究视角制造出研究对象。因此，价值研究（Wertbetrachtung）的内容应该是什么，永远无法从有关这个现实区域的解释说明性科学中推导出来，比如作为个体的人其

---

① 文德尔班，诸序章。《什么是哲学？》《伊曼纽尔·康德》《批判的方法还是发生学的方法？》。

② 参见《康德全集》（哈滕斯坦因版）卷Ⅲ，第277、556、605页；卷Ⅳ，第275、357页。

③ 《康德全集》卷Ⅲ，第108页。

④ 同上，第381页，528页；卷Ⅳ，第143页。另外还有狄尔泰的《施莱尔马赫的一生》，卷Ⅰ，第96页。

⑤ 《康德全集》卷Ⅳ，第322 f.页。

⑥ 《康德全集》卷Ⅶ，第431页。

道德理性无法从人类学推导出来,作为类的人其道德理性也无法从人类的人类学自然史或从一种惯常的"生理学"学科中推导出来。　　[8]

出于这个方法论原则,康德历史哲学中对我们意义重大的东西便产生了。因为类的理性活动,亦即所有从类出发而被提升为绝对富有价值的东西,就是"文化",而文化在其自身的发展中就是历史。而属于文化和历史的东西,其界限还要首先被划出来,另一方面,只有带着某种统一的视角走近杂乱无章的、发生在人类身上的事情的人,才能划出它们的界限。因此,康德的卓越之处就在于将其文化哲学的先天之物命名为主导思想,这个主导思想的用处则在于,"将人类行为的通常毫无章法的集合,至少是数量庞大的集合,展现为一个体系"①。

康德——现在我们可以简短地概括他的成就了——比他的前辈们更理解历史。他通过毕生的思考抵达了启蒙哲学由于无批判的漠不关心而与之失之交臂的东西:抵达了一种(与意识共存的)标准的不可或缺性,即文化和历史那里至关重要的东西的不可或缺性。现在我们才明白历史为何物,因为我们了解了它的概念。正如范畴的必然性构成了"经验"(Erfahrung)这个概念,人类的理性成果也把历史概念创立为形式的先天(formales Apriori)。

在对历史概念的这种批判性的规定(Festlegung)中,我们可以管窥康德历史哲学的伟大。但是,现在,我们也必须像他满足于对历史领域作如此这般形式上的划界一样,力图认识其思辨的界限。

诚然,乍一看,康德所考察的唯一一个史学(historisch)概念,即人类的统一进步这个概念,似乎肯定会直接从自身中产生出某种真正的史学世界观。因为,在人们视之为无与伦比的发展中,每种个别的理性构造物(Vernunftgebilde)的确都应该具有无与伦比的、不可替代的位置,也应该在此发展中呈现出某种独一无二的、不可匹敌的价值。但是,康德恰恰不仅放弃　　[9]得出这个看上去具有如此强烈生发性的结论,而且简直使它变得不可能。个中原因就在于他是僵死地去把握理性总体性(Vernunfttotalität)②思想的。文化工作的这个终极目标,意味着所有价值的总括。这个目标的实现乃是人类的任务,这个任务延伸到时间的无穷无尽处。我们无法真正地思及这个终极目标,只能通过勾画一个无法实施的、但其趋势比较明确的任务来刻

---

① 《康德全集》卷Ⅳ,第155页。

② 康德在书中经常用到 Totalität 和 Gesamtheit 两个意思非常近的词,为了区分,统一将前者译为总体性,而将后者译为总体。——译者注。

画它。相反,我们也许可以标出这些概念无论如何必须与之相符的某些普遍标志。康德将伦理的基本价值的实现,将"自由"的实现,亦即道德上善的、只受义务意识所推动的意志的实现,标定为这些标志中的最高标志。将所有人的自由结合起来、拧成一股绳,以此作为类的前提条件,就来自他那里:一部公正的公民宪法和一个世界公民的国际联盟。除了指出这个形式上的必要条件外,康德完全忽略了这个事实:价值整体首先必须被视为无限多样的内容充实之物(Inhaltsfülle)、瞬息变化且发展着的价值量。在他看来,通过几个典型但抽象的标志对这个绝对的内容性(Inhaltlichkeit)进行图型法的改写,就足够了,就好像这种改写已经是一种创造性的、满足方法上的所有要求的探索似的。由于对于文化整体我们只能用一个简单的表达加以表述,所以康德认为,文化整体的整个无尽的现实只包含这些本质性的东西。他并非将整体视为自足的总体性(Totalität),而是特立独行地视之为某种抽象价值的载体。但是这样一来就从根本上破坏了将个别之物评价为某个巨大的统一关联体中的一个不可替代部分的评价行为。因为即使这个部分也不能被视为个体性(Individualität),而是同样只能被视为形式价值的载体。另外,每个个别之物都可以被视为永远不变的形式价值的载体,这些形式价值同时又对整体的概念具有决定作用。现在,如果我们只想通过标示其形式标志来接近价值总体性这个概念的话,这么做虽然可以理解,但已经[10] 是大错特错并且具有误导性了,因此,看到所有个别历史事件都只根据同样的普遍标准来加以衡量,也是完全令人无法忍受的。因为我们事实上确实只能通过描画形式上的种种规定来描述整体的特征,而不是直观地把握整体。相反,对于个别事物,我们却能够在其完满的个体性中直接重新体验它。因此,在我们看来,在评价整体时,将评价限定在形式上是情有可原的,相反,在评价个别之物时,我们就要求在其不可替代的特质中去评价整个个体性。如果特定的文化事件其形态繁多的杂多性唯独根据某个抽象环节才能得到展现,那我们就会体验到一种千篇一律的、碾平一切的剥夺(Absprechen),以及这种剥夺的极度贫乏和荒芜。

于是,接踵而至的是理性主义,带着它在公正对待史学之物方面的无能,以及在评判(Beurteilung)的着手点方面的贫乏①。如果对于历史人物只根据他与绝对命令的关系,对于政治家的行为只根据他在多大程度上把权力交到了"一个理性地建立起来的公共团体手中",对于历史事件只根据它

---

① 另参见菲斯特(Fester)的《卢梭与德国历史哲学》,第 82 ff. 页。

是否促进了"处于公民身份中的人的普遍福祉"①进行检验,那对历史事物(die geschichitliche Dinge)进行不偏不倚的评价如何可能呢? 康德的明确准则具有理性主义的这种典型特征:即使是历史书写——按地理的过程——也应该给自己找一个普遍概念作为研究的原则。所有个别事实都可以纳入这个普遍概念之下②。

康德在激活历史理解方面的功绩,以及这个功绩的种种局限,在任何地方都可能没有批判哲学在历史学家克里斯托弗·弗里德里希·施洛塞尔(Christoph Friedrich Schlosser)身上所产生的影响那么显著。狄尔泰 [11] (Dilthey)③和洛伦茨(Lorenz)④的著作不仅令人信服地证实了施洛塞尔在做敏锐的价值评判时完全采用了康德式思辨的伦理和政治标准,而且两本著作还按照施洛塞尔的概念和方法论立场阐明了这种影响。通过康德,对历史价值的追问第一次有意识地被抛出来了,洛伦茨甚至从这个说法中看到了"历史书写的崭新基础"⑤。但是,在施洛塞尔的科学个性中,整个康德式的价值衡量相较于历史学家的具体任务的不足之处,也异常清晰地凸显出来了⑥。因为,只要哪个地方在任何事情上都根据唯一一个抽象图式(Schema)千篇一律地进行判决,那么不偏不倚地专心致志于历史现实的行为在那里马上就会受到阻碍。"在某个人的行为于其史学裂变中从所有方面出发得到观察和阐释之前,就已经被似乎潜伏在背景中的严肃主义(Rigorismus)的命运所攫住,并在道德上被否定了"⑦。缺乏的是"对所有雄心壮志中积极的东西的敏锐感觉",是"对个体化原理(principium individui)的感觉"⑧。狄尔泰和洛伦茨的这些详细论述本当只用于确切地证实我们迄今所取得的成果,这些成果现在被毫不费力地挤进普遍的公式之中,它们便是:针对历史这个概念,康德出类拔萃地突出了价值的要素;他在这两方面的限度,一是将自己限定在形式价值上,二是习惯于把个别事物只当作价值普遍性的载体加以评判。 [12]

只是,另一方面,绝不应该忽视的是,价值要素的逻辑结构(这种结构向

① 《人类学反思》(厄尔德曼[Erdmann]编),第215、216页。
② 同上,第208 f.页。
③ 《普鲁士年鉴》,第九卷。
④ 《历史科学的主要方向和任务》,第一部分的《哲学性的历史书写》。
⑤ 出处同上,第18页;尤其还参见第56 f.、69页。
⑥ 洛伦茨,《历史科学的主要方向和任务》,第66 f.页下。
⑦ 同上,第67页。
⑧ 狄尔泰,出处同上。

我们证实,它与对历史之物的批判性把握的开创性开端不可分割),其贫乏甚至与理性批判最富价值的成果联系得越来越紧密。比如,按照批判的方法,存在于当前经验材料中的"理性"内容或者先天元素处处都是从这个材料出发通过哲学分析被析取出来的①。从中必然产生分解,分解成处处均匀的价值元素和处处不断交换着的经验材料。经验之物或后天之物是先天之物在每个个别情况中所采用的个体形态;也就是说,先天之物是后天之物的共同标志,是普遍概念,后天之物的杂多性为其提供了经验的范围,提供了可以含摄于其下的例证②。因为康德的研究就其整体目标而言现在只指向先天的组成部分,并且在先天组成部分中看到了超经验的(überempirisch)认识价值,所以价值和非价值必然以如下方式分配到普遍之物和特殊之物这一逻辑对立上:只有普遍之物同时可算作超经验的价值,相反,认识对象身上具体的或个体的东西,只能算作自身无价值的、最多只能作为普遍价值的、载体而得到间接的评价。这种带着更严格的前后一贯性、从批判的研究方式脱颖而出的价值分配最终规定着康德那里有关个体的问题,并因此为这个问题提供了最深沉的根据,即为什么对他而言——就像对于莱布尼茨-沃尔夫的理性主义而言——个体永远只意味着纯粹(rein)事实和"单纯"(bloß)经验性的东西,意味着典型的(κατ' ἐξοχήν)无价值之物。康德虽然把先天要素对经验材料不可避免的且非理性主义所能解释得通的限制放在理论领域特别着力地加以考虑,但是这个智识的(intelligible)或先验的命运(Fatum)③,经验之物的这种野蛮的(brutale)不可或缺性,应该不会向他隐瞒它根本的无价值。

[13]

在今天的我们看来片面性的东西,比如坚信经验之物、个体之物,是没有最内在的本己价值的,过去肯定带着心理的必然性、出于如此根深蒂固的思维习惯而被强加给哲学家,并从理论性的先验哲学传导到伦理哲学、法哲学和历史哲学领域。因此,虽然在伦理学中我们承认,道德法则只能在个别人的行为举止中得到实施,但只有形式之物得到了评价;人格尊严和道德行动无一例外建基于责任之重大这个普遍条件④。同样,在法权学说(Rechtslehre)中,自身漠然无殊的、实证的法律机构和法律关系存在的合法

---

① 参见原文第 9 f. 页。
② 参见有关这方面的更详尽的论述,在本书第一部分,第一章,第一节下面。
③ 这里是否是 Faktum(事实)的笔误或讹误? 存疑。——译者注。
④ 还要参照齐美尔(Simmel),《道德科学引论》,卷Ⅱ,第 21 ff. 、34 ff. 、54 ff. 页。

性应该完全归功于被抽象理性法则(自由生物的共存)所涵盖的可能性①。就是这种将范围局限于形式价值的行为,最后也将通过理性主义的国家观和历史观而得到认可。

于是便出现了这样的情况,启蒙哲学的克服者再一次使有关所有非史学的启蒙特征(Aufklärertum)的典型基本观点得到尊重,此观点便是将符合理性(Vernunftmäßig)或与理性相关的(Rationale)东西与只是事实性(faktisch)或经验性的东西截然对立起来。这种莱布尼茨-沃尔夫式的划分贯穿康德的所有著作,此外,与之一同被接受的还有"经验之物"和"史学之物"间的等同。两个历史概念借此而在康德思想的不可调和的分离中相遇:一是历史的文化概念(Kulturbegriff der Geschichte),二是史学之物的逻辑概念(logisch Begriff des Historischen),后者将史学之物直截了当地与事实等而视之。我们也可以这么说,康德可能已经以哲学的方式在其普遍性中规定了文化价值,但尚不能将其与史学的现实相结合,因为无时间的价值并不指示任何关系,并不指示任何潜藏于这些价值自身之中的、与现实和历史间的无论何种具体的分离关系。因此,在对历史做哲学的研究与"仅仅被经验性地把握和撰写的史学"之间,的确也存在像价值与事实间一般会存在的那种裂口。史学必然会导致最糟糕的编年史式的记录。他对文化领域的形式上的界划和对"史学之物"的逻辑结构的标示,都没有带来对历史科学的某种方法论上的理解。文化哲学和历史逻辑方面两种彼此独立的功绩无法被熔铸成一种文化-逻辑学。 [14]

要超越康德所完成的历史哲学研究,关键的一步只能通过有意识地克服理性主义的整个评价方式,通过洞识理性主义评价逻辑中的不足和片面性才能达到,因为,甚至这样的考虑(在康德那里也不是没有这种考虑,它源于对经验或个体要素的理论上稳固的、不可或缺的回忆),即无时间的抽象价值只能在种种个别实现(Verwirklichunge)的时间先后序列中得到充分发展,虽然可能唤醒对具体事物之价值的确定无疑的感受,但对于从哲学上吃透问题来说是不够的。因为即使在这样的认识那里,经验的被给予之物也被把握为具体价值,所以从来不乏这样的附带想法,即认为彼处最后无非事关对普遍价值的举例说明。那种抽象的图式——按照这个图式,个别之物只是价值普遍性的样本——即使到那时还是没有被触及并且可算作是对个体之物的意义的详尽的逻辑表达。但是,史学的种种表象,就像比如个别的

---

① 对于这点,同时还有对价值普遍性与原子主义间处处存在关联的认识,施塔尔(Stahl)有敏锐且深邃的把握,见其著作《法哲学》第五版,卷I,第213 ff. 、259 ff. 、282 f. 页。

[15] 人物,从来都不是以如下方式——即通过检验他们在多大程度上以具体的形态(Gestalt)于自身中实现了矛盾律或绝对命令——得到创造性评价的。在评判性的分析中把价值普遍性和个别的价值具体化分开,然后根据抽象的价值把史学的个别构造物(Einzelgebilde)视为两者的真正融合,视为已进入具体性、但根据其独立意义又是抽象价值的沉淀物或特定复合物,是远远不够的。史学的个体性中总是蕴含着更多的东西。还必须加上这种思想,即特定的价值大小必须为了其他个体性之故而在它的不可替代的独特性中得到衡量。根据康德的评价方式,价值的本质无论如何从来都不可能在于个体的差异,而只能在于处处皆相同的理性因素。在此,评价行为并不侵入个体性的内核,而是黏附于某个部分、某个标志之上,这对于同一个评价区域中的无数特例来说肯定是共同的。正是由于这个共同点,而不是由于它的个体特征,客体保持着它的价值。它虽然作为个别的充满价值之物而出现,但并非在其唯一性方面充满价值①。

如果我们将一个按迄今所勾画的、背离康德的方式得到评价的产物称为"价值个体性",那么我们因此就首先承认已认识到,评价应该并不是此外也涉及某个部分,而是一下子就涉及整体;其次,我们同时也完全切断了那种迥异的研究方式,这种研究方式在评价个别事物时总是指向一个超越直

[16] 接被给予物的形式之物②。因为,当一个事物(Ding)在其所有部分的共属一体中被当作整体来评价时,这样的出发点就会变得不可能,因为在这种情况下它根本不可能作为类的样品、作为普遍价值的载体而出现,因为它不与其他任何事物共享它的整个个体性。所以,事实证明,抽象的评价方法与这种新的评价方法是互不相同的,也就是说,因其之故,某种东西在我们面前变成的价值个体性的那种价值绝对不仅仅是相对个体性的,所以它可以从不同视角同时被思为价值普遍性,尽管是在非常狭小的范围内。"价值个体

---

① 受李凯尔特思想的决定性影响,笔者坚持尝试将康德的评价方式理解为抽象的普遍主义。李凯尔特的著作《自然科学概念建构的界限》(*Die Grenzen der naturwissenschaftlichen Begriffsbildung*)——尤其参见第四部分第二第三章——包含针对评价行为中延续千年的柏拉图主义的第一次有意识的思辨论战,这种评价行为中的柏拉图主义在所有时代的思辨中作为柏拉图主义的单纯次级形式,亦即逻辑-形而上学的"唯实论",而更加根深蒂固。

② 顺便提一下,在康德的感性论(Aesthetik)中可以找到突破其惯常评价习惯的种种萌芽。以感性的方式(ästhetisch)得到评价的客体,然后还有"天才"本身已经代表了某种得到了正确建构的价值个体性,因为在其渊源处它应该算作样品(参见《自然科学概念建构的界限》第二部分第二章,第三部分第一章;关于费希特那里的"天才",见第三部分)。

性"恰恰通过这种方式区别于所有个体性的价值大小（它只是抽象价值的载体），如果价值个体性也可能尚有些许普遍性的话。但是，作为不同的评价方法，两者是可共谓述的（Komprädikabel），也就是说，可以同时适用于同一些对象，并且，由于各自拥有独立的意义，它们相互间不可取代①。

　　就此而言，康德的评价方式绝不会因为另一种方式的出现而变得多余，只是第二种方式恰恰可以最好地服务于历史哲学。为此，必须把它最伟大的典型代表黑格尔视为康德理性主义历史哲学的克服者。黑格尔在针锋相对的片面性中完全摒弃了抽象的评价方式②。从个人思辨的最初开端起，黑 [17] 格尔就以激烈的论争不遗余力地反对这种区分，即把不牵扯任何价值的材质（Stoff）和与具体事物陌生地对立的价值普遍性分开。在他那里，谋划已久的、思辨与历史的完全和解已经在他指派给历史哲学家的任务中得到预示，这个任务便是，在历史中寻找理性，在个人及最微小者对历史的参与中寻找理性。此外，彼此和解的还有康德那里彼此脱节的文化和"史学之物"两个概念③。文化整体被理解成了被赋予完满价值内容的客观精神，另一方面，在"史学的（historisch）个别生命"这个概念中，最亲密的生活共同体与伟大的文化纽带一道被接受。同时，我们还认识到了对价值个体性行之有效的方法的全新特性。在抽象的价值图式这里，价值样品和价值普遍性被置于相互联系之中，在黑格尔的处理方法中，价值个体性与价值个体性并驾齐驱，也就是说，个别的分个体性与实际上涵括它的总个体性被置于相互关联之中。个别之物不是作为样品隶属于类，而是作为组成部分被整合进一个价值整体。作为这种崭新评价方式的标志而一同出现的，不仅有价值个体

---

　　①　不仅谢林和黑格尔，就连所谓的天才道德的代表们，都误解了两种方法间交互影响的这种可能性。夏夫兹博里、雅各比、浪漫主义者和其他人的感觉都是对的，当他们认为重要人物的内在价值（Eigenwert）并没有通过毫无区别地屈服于普遍的生活准则而变得名正言顺；但是，当他们竟然从中推导出——排除形式上的价值研究是必然结果——这样的结论，那他们就大错特错了。

　　②　当然，黑格尔只能间接地被算作对个体实施价值评估的典型代表，他的逻辑学的确将活动于我们所谓的个体之物和普遍之物之外。但是，在那里，他将会放在抽象之物位置上的具体普遍性也变成了对我们所谓的个体的评价，因此，他依然可以被我们视为评价行为的个体主义者——即使不是出于他自己的哲学意识。

　　③　参见《自然科学概念建构的界限》，第 14 f. 页。

性,而且还有个别个体性与总个体性以及价值整体的独特关系①。

价值个体性及其被整编进真正的价值统一体中的趋势,两者间的内在关联在新的评价方式中占有支配地位,因此,对这个关联进行简短的说明,[18] 非常必要。如果我们的研究不是(就像在抽象的价值图式那里一样)从一个具体的价值整体出发,而是从一个类的概念出发,那么,伴随着逻辑的必然性,它就只会落在某个孤立的样品上,这个样品只通过共同隶属于同一个类概念而与某种被思考为统一体的东西联结在一起②。因此,抽象的价值图式导致客体的分离。一旦人们把抽象的方法延伸到对文化客体的研究中,这个结果就会以特别的清晰性进入人们的感觉。因为,当我们通常习惯在真实关联中看到的东西在这里却只被视为隶属于类概念(比如隶属于抽象法则)的样品时,这种方法就会要求我们完全将注意力从事物(Dinge)间的真实关系以及将它们编织进具体的文化关联体中的行为上移开,并在所有个别对象那里始终只反思它们与概念的一成不变的关系。借此,整个观察场域(作为概念的"范围")自然会土崩瓦解,成为一堆彼此漠然无殊的个别现实的松散集合。一旦抽象的价值图式就像在康德那里一样,也变成了历史哲学和法哲学领域中唯一起支配作用的东西,在这种情况下,通过类概念的本质而在逻辑上被要求的、对研究客体的分离,就转变成了史学关联体的解体和所有社会构成物的原子化。因此,抽象的评价方式和原子论如出一辙,处于内在的关联之中。相反,另一方面,无论在哪里,只要有人从价值个体性的视角审视个别现实,并且对普遍之物的思考因此而完全无法得到表达,那么在那里,我们就必须把研究——假如不应该将研究停留在个别之物上的话——完全指向一种兼容并包的、货真价实的价值,因为个别之物只有作为这个价值的组成部分才能被理解。相反,可以说,谁若从某个真实的文化整体出发,谁就同样将在个别之物与整体的关系(因为这种关系在个别之物[19] 的具体性和唯一性中支配着个别之物)中,而不是在个别之物和某种普遍之物的关系中把握个别之物,并因此把个别之物理解为价值个体性,而不是价值的样品。出于这个原因,种种价值个体性并不是在漠然无殊的并置的松

———————————

① 康德和黑格尔简直以其片面性而为评价方式间的这种差别提供了范例:比如在康德那里,人格及其行为举止只作为德性概念(Sittlichkeitsbegriff)的样品、个别案例等出现,而在黑格尔那里只作为某种"伦理总体性"(sittliche Totalität)的组成部分出现。

② 参见本书第一部分,第一章,第一节,论形式逻辑的概念学说。

散状态中被一道思考的,而是在它们与种种直观的总体性的鲜活关系中得到研究①。

对此,个体性视角下的价值研究始终都自觉地与抽象方向上的原子化努力针锋相对。对这些关联的认识以及那种坚持不懈的努力,即努力使价值个体性和价值总体性的视角一反先前哲学数世纪的进程而再次行之有效,两者都属于黑格尔的思想性(Denkbarkeit)中最有价值且最强大的组成部分。似乎得有一个更详尽的论述,去说明黑格尔在文化问题史,尤其还有法哲学和政治哲学方面的观点如何完全植根于他反对抽象价值逻辑的论争②。为了说明整个价值逻辑的研究方式的合理性,我们不应该去指明肯定不会发生在这里的这种证明(Nachweis),而是至少应该隐约指明,关于价值问题的历史总过程,我们要通过对两种评价方式的区分去获得怎样的清晰性,以及,一方面对抽象的价值图式与原子论间的关联,另一方面对价值个体性视角与价值整体间的关联,进行特别的考虑,这样才能使这点成为可能,即把评价行为的历史中出现的、"个体主义"和"普遍主义"间的不同意义区分开来。下面的图式性概览就服务于这个目标——人们可以区分出: [20]

1.一种个体主义(1),这种个体主义断言,分离的个体(Individuum)独立于一个(史学的[historisch]以及社会的)关联,因此也独立于价值整体,但是相反地,却针对价值普遍性而允诺了一种几乎使个体喘不过气来的从属地位,因此就有了建基于抽象基础的原子论。其代表便是:所有领域中、适合所有时代的启蒙理性(实际上,在启蒙理性那里,个别对整体的愤懑几乎自始至终都与对某种抽象的合法则性的服从携手同行)。

---

① 超个体的普遍之物和超个体的整体之间的这些迄今为止几乎始终都被忽视的区别——它们对于历史哲学和社会哲学来说无与伦比的生殖力未来可能得到越来越清晰的证明——已通过李凯尔特的逻辑学研究而得到澄清,并且已被用于历史哲学的种种问题:史学中普遍之物的四种模式(les quatres modes de l'universel en histoire),1901年史学综合回顾(Revue de synthese historique 1901)及自然科学概念建构的界限,第四卷,第四节,"史学关联"(der historische Zusammenhang)。另参见齐美尔的一些言简意赅的评注,《社会分化》(Sociale Differenzierung)第15页及以下,《货币哲学》第466页,还有基斯提亚考斯基(Kistiakowski)极富价值的研究《社会和个人生活》(Gesellschaft und Einzelwesen),尤其是第五章。

② 这种论述似乎还必须同时去追踪黑格尔自己的价值学说与他的逻辑学之间的紧密关联。与此同时,似乎还要突出强调,最有价值的文化哲学成果往往与从纯逻辑和认识论立场出发而遭到摒弃的思辨有着最亲密的关联(参见本书"第一部分"的开头和第二章《黑格尔反对原子论的论争》)。

　　无论在哪里，只要重点难点放在了个别之物相对于抽象价值的虚无性和短暂性上，这种个体主义就会在那里完全变成与普遍之物有关的普遍主义（Universalismus）（1），新柏拉图主义、德国神秘主义（永恒之物与史学之物[das Historische]的对立，还有与共同体思想间的个体主义矛盾）尤其典型。

　　2. 一种个体主义（2），它捍卫价值个体性相对于一切单纯的抽象价值的独立意义，但相反又声称要融入某种价值总体。其代表便是：基督教（个别心灵的价值，其次是共同体观念），现代的史学世界观（在一个个个别领域的体现：史学的[historisch]法律学院派，历史的[geschichtlich]国民经济，等等；它们共同反对抽象理性和"原子论"的论战），更早的哲学家有比如施莱尔马赫。

　　此外，如果我们过度呼吁将个别之物纳入整体，那么，这种个体主义将完全变成一种与价值主体相关的普遍主义（2）。尤其典型的是在基督教中，比如奥古斯丁，更远的哲学家比如柏拉图（在国家学说中①）和黑格尔②。

[21]

　　3. 一种个体主义（3），它不仅断言个别之物具有相对于普遍价值的独立性，而且还拒绝将所有个别之物都纳入一个价值总体。其代表有：天才道德（比如狂飙运动的天才道德），尼采和希腊智者派的主人道德。

　　4. 一种普遍主义（3），它只是把一个个个体贬抑到某个整体的中介的地位，但同时，根据原子论-理性主义图式，个体只作为漠然无殊地彼此并列的平均样品臣服于某些抽象的标志和要求。其代表便是：社会主义，或称为集体主义更好。

　　现在，受到这个概览的指示，黑格尔历史哲学的特征在某些要点上得到了更详尽的表述和补充。有人把价值个体性的立场描述为一种学说，这乍一看肯定见所未见、闻所未闻，迄今为止，对个体的否定始终是其突出标志。只是，我们的价值个体性概念还在同等程度上包含了总个体性和分个体性的意思。因此，在纯粹价值逻辑的视角下，当思辨片面地偏爱活生生的文化总构成物并且倾向于将个别之物当作自身无本质的环节完全纳入"道德总体"之中时，当思辨在思及文化整体时突然变成某种"普遍主义"时，它也依然必须被视为价值个体性的代表。而且，文化的那些兼容并包的总构成物

────────────

　　① 肯定一眼便知的是，当涉及一些普遍概念（Allgemeinbegriffe）时，柏拉图在文化哲学中并不像在形而上学中那样，是普遍主义者；就此，参见施塔尔（Stahl）的详细论述，《法哲学》第一卷的第8-12页。

　　② 关于两种"个体主义的形式"，齐美尔《货币哲学》的第374页有个相应的区分，半月刊《自由之词》（*Das freie Wort*），1901年第13号，第397-403页。

的确是具有无与伦比且生动活泼的价值完满性（Wertfülle）的现实，因此，这 [22]
种普遍主义与抽象的文化哲学的方法尖锐对立，这种对立在黑格尔那里甚
至是有意识的。当然，必须承认，这种具体评价行为（Werten）的整个成就总
是一再遭到黑格尔自己的泛逻辑形而上学的暗中破坏。（参见本书 17 页注
3 和 20 页注 2）。

总的来说，就像在后康德思辨的发展中一样，在历史哲学体系的序列
中，费希特似乎也是中点。在评价方法方面，他尤其可算作先天主义哲学这
一方面，以及另一方面，黑格尔与史学的法律学院派，这两者之间的哲学的
中间环节。

虽然当他试图对历史之物进行概念规定时，对个别之物的康德式理
解——即把个别之物理解为普遍价值的具体实现——刚开始依然占据着巨
大的空间，但是，他却通过如下方式超越了康德，即首先非常严肃地把整个
人类所承担的理性任务视为在独特性方面充满价值的发展，并因此首先于
个别之物在整个过程中的独一无二地位中评价个别之物。因此，他已经把
整个文化的价值个体性视角也转移到部分现象上了，尤其是已经开始研究
民族（Nation）的本质，并部分地研究史学（historisch）人物的本质。

为了更好地理解费希特的历史哲学成就，必须在此插入一个更普遍的
说明。德国观念论的思辨，就其对某种排挤个别科学的"理性体系"的信任
而言，并不是要达到对实证科学的某种理解，可以说，哲学研究毋宁直接指
向历史本身的本质和材料。大家想要理解的是历史，而不是历史科学。人
们不是批判性地研究现成的史学概念，而是独立地制造历史哲学的概念。
或者，这么说也许会更好：这些概念在与整个哲学的关联中向前发展。制作 [23]
这个潜藏在历史哲学思辨中的概念装置（Begriffsapparat）就构成了我们迄今
为止浮光掠影地勾画出来的概览的任务。但是，我们只能追踪历史之物（das
Geschichtliche）这个概念的形成以及某些特定的评价方式的运用，并从不同
哲学体系的基本特征出发来理解它们，但与此同时，我们无论如何切不可断
言，那个实实在在地通向对史学之物（das Historische）之标识的历史哲学评
价行为——其逻辑结构我们必须在每个个别情况中首先加以确定——已上
升到有意识反思的明晰性并因此曾被用于从方法论上理解历史。人们不得
不提出这样的观点：对于历史之物的逻辑的和认识论的结构，在我们哲学的
古典时代要么根本没有被追问，要么就是以难以通达的方式被追问的。

为了更好地评价费希特的历史哲学，必须在此插入这个说明。因为恰
恰在其中我们观察到如下现象的极富意义的开端，即有意识的哲学研究往
往指向史学之物本身的逻辑内容。虽然在费希特那里康德把史学之物等同

于"单纯"经验之物的做法依然具有如此深刻的影响,以致他从未完全克服史学与理性之间的沃尔夫式对立,通过下面的方式,知识学跨出了超越批判哲学(Kritizismus)的本质性步伐,亦即明确地将那种对经验要素的不可或缺的洞识,那种对普遍之物和"形式"借具体现实化而相互联结的状态的洞识,从理论性的先验哲学转移到道德哲学领域。虽然道德材料的必然性已经只能从康德的规定中得出形式上的伦理价值,尽管如此,只有费希特才配得上这个功绩,也就是把这个推论推到前景处并因此推进到一个全新的阐明[24] (Beleuchtung)中。因为,对于形式的具体实现其不可或缺性现在再也不仅仅被认为是不可避免的智识命运(Intelligibles Fatum),而是作为有限的局限性(endliche Beschränktheit)与超感性的价值间活生生的关联而受到欢迎。具体之物包含着某种深刻的意义,它变成了"我们的义务(Pflicht)的感性化了的材料",变成了对我们个体的道德"使命"(Bestimmung)的显露。

但是,与此同时,史学之物与经验之物的简单等同被克服了。在史学之物这个概念中,价值因素现在毋宁已经与特别之物(das Besondere)或有规定之物(das Bestimmte)的已被接受的形式逻辑特征并作一处了。但是,史学之物也应该保护某种源始(ursprünglich)和独立的意义免受最深邃思辨的毒害。虽然,正如我们曾经所见,那种古老的偏见依然存在,即认为在个体身上最终只能看到从形式之物推导出来的价值。但是,总的说来,个体与价值的结合无论如何都已经建立起来了。此外,文化问题就包括通过尖锐的逻辑渗透进行深化,而康德的史学之物这个逻辑概念就包括通过与价值要素的开端性结合进行丰富。对史学之物(das Historische)之本质的完全洞识尚未被获得——因为价值个体性的思想总的说来还没有得到逻辑上的把握,但是,历史之物(das Geschichtliche)之总体结构的诸要素已经得到了正确的认识。因此,即使研究尚不充分,费希特的功劳依然不可磨灭,他至少开了一个端,亦即第一次将一个巨大体系的所有手段都运用于对历史之物进行概念上的确定(Festlegung)。在其历史哲学中,抽象的思辨开始处理与史学事实间的关系,并通过将其纳入兼容并包的概念关联而在逻辑−方法论上给这个事实以观照。

我们迄今为止的论述可归结如下:康德的主要功绩在于从形式上为文[25] 化概念和历史概念确定价值视角;而黑格尔独一无二的特点就是使用了价值个体性和价值整体;最后,费希特当之无愧的功绩就是,他第一次对历史之物的逻辑特性进行了方法论上意义重大的思索。相较于其声名卓著的历史形而上学,恰恰其历史哲学的这个方面被关注得太少了。它的确值得深入的评价。然而,只有当我们探究它如何将自己的根须一直延伸到知识学的最终原理时,我们才确信,它构成了整个费希特体系的一个如此坚实、如此重要的组成部分。现在,笔者相信,当人们探寻此处具有决定作用的认识论基础时,就已经迎面撞上知识学的组成部分了,这些组成部分不仅对理解通过它们而实现的对史学之物的概念规定来说必不可少,而且,对于如何评价费希特及其在观念论历史中的整个地位,这些组成部分都理应具有独特的意义。这个观察最终导向了如下结果:在眼下这本著作中,从对历史哲学本身的详尽探讨中分离出来的对认识论基础的论述又被交还了。有关于此,这份研究的绝大部分实际上都只能被视为前期工作,当然,对于有关费希特的文化逻辑和历史逻辑的论述来说,这也是最重要和最艰难的前期工作。因为,只有他的历史哲学成就的某些组成部分才需要并且配得上如此严格地被纳入知识学的基本原理。也就是说,直到本著作最后部分才变得完全显而易见的一系列关联,首先被费希特关于历史之物的纯逻辑概念驱逐出该概念了,并且,这个纯逻辑概念变成了无法抗拒的诱惑,诱使大家深入研究他关于经验现实的学说以及对某些逻辑学基本问题的处理。因而,这部著作主要是想为大家了解德国观念论的先验逻辑提供一份文稿,但此外,它还将不得不阐明文化哲学与对个体性问题的纯认识论框架(Fassung)间,尤其是与个体的逻辑非理性(logische Irrationalität)间已发生的交互作用。 [26]

我们的导论起先只试图将德国观念论的历史哲学创设理解为不同评价方式的展开。由于这里的主要注意力并不在思辨的内容成果之上,而是更多地倾注于思辨的形式和方法,对价值环节之逻辑结构的追问必然处处都走向前景处。最后,我们的研究迅速而清晰地从价值逻辑滑向纯粹逻辑学的问题,一开始,我们是将这些问题标记为历史哲学的最终认识论基础,为的是同时顺便将它们确定为本著作独立的且自为地(für sich)得到处理的对象。

导论就应该方向明确地向前推进,直抵论文的主题。这个主题已经如此这般地被勾勒出来了,而且已经被纳入正确的问题关联之中。关于更详细的内容,通过对德国观念论的详细论述以及暂时将费希特置入此处所探讨的种种思辨的发展进程之中,第一部分提供了进一步的阐明。然后,第二部分则包含对紧接着第一部分而提出的、有关知识学的种种断言的证明。对费希特历史哲学的展望,它是如何建基于已被证实的认识论基础的,只有到了最后的第三部分才能被提供出来。 [27]

第一部分

康德理性主义与黑格尔理性主义的
逻辑前提及德国思辨之发展
对费希特的接纳

　　导论中有多处已经提供了契机,去指明文化哲学与德国观念论的认识论之间亲密的交互影响。只有在以史学的方式(historisch)被给予的思想关联这样的事实背景下,才能唤醒批判(Kritik)的这个独特任务:否认不同系统中实际上相互连接的思想组件间必然的、事实性的共属性。这样,我们将允许人们赞同康德先验哲学的种种逻辑前提,而无须赞同评价行为(Werten)中的形式主义,这种形式主义从心理学上来说就产生于那些前提,并且是片面的形式主义。因此,我们反而能够拒不接受黑格尔关于概念的理论,这不一定就是误解他对价值概念的颇有成效的创造①。于是,这种批判的姿态在此找到了它独一无二的辩护:我们相信,康德的概念理论和黑格尔对价值观念的建构,两者之间是可以统一的。

　　但是,我们还可以再往前迈进一步,并提出这样的命题:康德的逻辑学甚至是唯一的、不可替代的而且充分的前提条件,这些前提条件虽然不是完全从概念上规定史学之物,但很可能是理解这个概念的某些必然要素的前提。因此,它们也是取得如下功绩的前提,这些功绩我们已经将其作为费希特历史哲学的主要功劳标记出来了。

　　从现在起,我们将把那个使康德和黑格尔彼此区分开来的逻辑的和认识论的基本观点当作独立的研究对象,更确切地说,我们与此同时还要按要求完全避免卷入不同的评价方式,同时还要特立独行地逐步上升,上升到那种将作为问题的真正中心而出现在我们面前的东西,上升到与经验现实的非理性相关的学说,上升到对个体的纯逻辑研究。因此,"第一部分"将只为那些逻辑和认识论的思路确定问题史的位置,在"第二部分",这些思路将作为费希特史学概念的纯理论基础而得到详尽研究②。但是,必须首先推出对此问题的一种具有定位作用的论述,因为只有旗帜鲜明地强调康德式理性主义和黑格尔式理性主义两者之间的矛盾,才能使大家理解费希特在非理性问题的发展中的位置,理解他在历史逻辑方面的贡献③的意义。

　　在康德和黑格尔哲学的这种对立中主要涉及的是概念理论。关于这一

[28]

---

　　①　比较之前[20]注2。

　　②　即使在现今的历史科学方法论中,个体经验现实的非理性也显得像最遥远的、纯逻辑的"史学之物"概念;在李凯尔特《自然科学概念形成的界限》的第三章那里,也是如此。个体无法从普遍法则中作为历史之物的真正特征被推导出来,这一点进一步参见齐美尔的《历史哲学问题》,尤其是41ff.页及以下,还有文德尔班的《历史与自然科学》(校长就职演讲);比较原文第26、27页。

　　③　它们与非理性思想的关联将在"第三部分"的第三章得到体现。

点,在详细研究两个体系之前至少暂时简明扼要地澄清一下那个建立在比较之上的学说片段,似乎正合目的。

在决定应该赋予类概念怎样的真理内容和事实内容这个问题之后,所有迄今所提出的概念理论主要可以分为两组。其中一组的拥夯把逻辑上处于从属地位的、内容最丰富的、从低到高地为概念的阶梯顺序设定界限的,简言之,就是无数的个别事物、经验上可直接体验到的东西,视为唯一的现实(Wirklichkeit)、视为一切概念建构都要从中获得起点的不可动摇的基础。在他们眼里,经验之物成了唯一且完满的现实(Wirklichkeit),而概念则成了没有自身实存能力(Existenzfähigkeit)、人为地分离出来的部分,这个部分经由源始(ursprünglich)结合物的解体而形成,并且只作为思维的产品而得到证明。在此,概念建构通过对直接被给予物的分析得以完成;我们可以把执此立场的逻辑直截了当地称为分析的逻辑。在与个别事物相关的方面,概念的逻辑统治完全改变了对与分析逻辑针锋相对的方向的解释,使其朝向某种更高现实(Wirklichkeit)的真实(real)力量,相对于这种现实,经验之物的世界就被压低成一种低下的、依赖性的定在形式(Daseinsform)。这个方向已经发展出某种巨大的形式丰富性,其中有各种各样形而上学和认识论的思想在起作用。但是,需要指出的是,这一切又都旨在达到概念的某种纯逻辑的理想,根据其结构,这种理想——正如分析逻辑所要求的——在一些本质要点上与概念是对立的。因为,在这些理想处,概念必须始终显得比经验现实内容更加丰富,概念不是将经验现实作为经验现实的部分包含在自身内,而是相反,必须这样来思考,即概念将经验现实当作自己的部分,当作自己的超现实的本质并包含在自身内。于是,概念与个别之物间的种种关系在某种程度上并不是经由最初对概念具有建构作用的某种思维而成为可能的,而是源自对特殊之物(das Besondere)的真实依赖,源自类和个别现实间"有机的"、亲密的渗透。因为在这种情况下,概念可以说把特殊的现实化案例从其漫溢的丰满中释放出来了。所以,致力于取得如是成果的直观方式可以被称为流溢说逻辑(emanatistische Logik)。这个简明扼要的概览已经明确告诉我们,划分出两种逻辑这种做法,原理是通过概念与经验现实间的种种不同关系建构起来的,也就是说,概念有时将经验现实当作不那么具有现实性的部分,有时又将它当作超现实的源初基础(Urgrund)而与之发生关系。

[29]

[30]

[31]

第一章 康德关于先验概念的分析逻辑

第一节　普遍之物中的先验概念的逻辑结构

康德可算是分析性概念理论的典型代表,这个事实首先在形式逻辑的领域里清清楚楚地显示出来了。我们发现,在这个领域里,他是传统学说中某些主要信条的拥护者。被把握为完备的构成物(fertiges Gebilde)的类概念,是一种反思的产物,即对那样一些标志的反思,这些标志类似于某些可供比较的表象,而不同于对个体的分离(Absonderung)。类概念的普遍性,它在许多个别表象上的可使用性,只归功于它的抽象特征,亦即它脱离了"直观"(Anschauung)这个未遭切割的整体。它是首先通过思维而被创造出来的浓缩物(Konzentration),是各种标志的浓缩,因此它只是概念性的,而不是真实的、直观的大小量(Größe)。从此还必须与所有诸如此类的想象一刀两断,即想象个体(它只是立于概念"之下")对类的真实依赖[①]。但是,往前一步说,就像样品(Exemplar)和类之间并不存在真实的依赖关系一样,同一个类的样品彼此之间也没有任何真实的联结。围住某个概念的经验范围的那条绷带只不过是对它们共同的隶属地位(Unterordnung)的思考。经验范围是样品的一个总和,一个单纯的集合,而概念只是被播撒(verstreuen)在它们的无限数量上而已[②]。正如从属关系(Subordination)并不是什么真实的前因后果(Wirkung),概念自身也并不是什么真实的实体,并列(Koordination)也不是什么真实的统一。

[31]

康德在虑及纯逻辑时就是根据这种分析的概念理论而主张概念的无内

---

① 有关康德的整个逻辑,参见《康德全集》卷Ⅶ。

② 参见比如《康德全集》卷Ⅲ第 60 页第四节论空间的那个著名段落;卷Ⅵ第 476 页的注释:将"总括"(Inbegriff)等同于"复合体"(complexus)、"集合物"(aggregatum)。

容（Inhaltsleer）的，并因此在虑及认识论时主张概念的非现实性。这样的话，他必然落入某种唯名论和经验主义。但是，这种唯名论和经验主义似乎与他的"理性主义"是相互矛盾的。根据他的"理性主义"，对象性恰恰源于纯粹的思维形式，因此也就是源于一种与经验的感觉材料相反的普遍之物。照此说来，就仿佛那些认识论的类概念，那些先验的普遍性，并不属于分析逻辑似的。我们现在想要试图通过如下方式来说明分析逻辑与批判的认识学说间的相容性，即把分析逻辑与所有前康德的唯理论区分开来，并借此准确地规定理性要素的逻辑结构，正如批判哲学所主张的理性要素那样。

　　我们最初是在独断论形而上学的地基上发现前康德唯理论的。唯理论者体验到了以经验方式自我呈现出来的认识材料相对于我们理性的最终努力的不恰当性。在唯理论者眼里，理性的这些努力通向了统一化和概念性。现在，当唯理论者受种种理性目标引导而对材料进行加工时，作为本质之物向他显现并且有别于偶然之物的那种东西，他并不只将其视为不断克服着"现象世界"（Erscheinungswelt）的思维能力的一个产品，而且也同时视之为一种第二性的且更真实的现实（Wirklichung）的映像（Abbild）。因为唯理论者把认识行为（Erkennen）①的价值转变成了现实，所以，对他而言，认识行为的意义始终在于对某种现实的反映（Abbildung）。他非常必然地通向一种建立在反映论之上的两个世界学说。就这样，一方面，在唯理论那里，认识行为完全依赖绝对存在（Sein），因为前者是后者的忠实复制品；但是，另一方面，绝对存在又再次完全经由认识行为而得到标画，因为独断论的唯理论者的确将其一向所秉持的认识目标（Erkenntnisziele）实体化为形而上学的实在（Realität）。在唯理论者那里，思维的必然性，认识的理想，都变成了内容上[32]确定无疑的超感官对象，变成了自然哲学的始基（ἀρχή），变成了柏拉图式理念，变成了中世纪的共相（Universalien）、自然法则和原子，变成了斯宾诺莎主义的实体，变成了莱布尼茨-沃尔夫哲学的理性之物（rationale Dinge）。前康德派的唯理论其标志就是反映论以及将认识价值实体化为内容确定的实在。

　　康德是反映论的摧毁者，他的"哥白尼"之举就在于此。存在、实在、对象性都是表象联结的规则，是判断行为的必然性和普遍有效性。因此，被否定的是我们称为"思维对存在的依赖"的这个东西，同时还有圈定唯理论的

----

　　①　为了更好地区分 Erkennen、Erkenntnis、Erkenntnistheorie、Wissen、Wissenschaftslehre，本书统一将它们分别译为认识行为、认识、认识论、知识、知识学。——中译注。

最后界限的东西,就像最初看上去的那样。康德还凭一己之力抨击了形而上学家们的另一种学说,即将认识价值转变成内容上确定不移的实在的学说。他虽然否认绝对存在并将对象性归结为判断行为的必然性,但是,按照他的看法,必然性的这种认识价值只是对象性的基础,而不是内容上有规定的(bestimmte)对象的基础。因此,对"存在对认识的依赖"的形而上学理解也被清除了。批判的框架只允许让对象性东西的价值或尊严或必然性源自认识,而且不仅允许,它还要求内容上有规定之物或经验之物,具有完全的独立性。批判的框架要求这种独立性,是因为认识行为所产生的任何必然性都是一种没有内容的形式。但是,就像在超验(transzendent)世界中一样,在经验之物身上,单纯的对象性永远不可能作为普遍概念而实存(existieren),只能作为感性或超感性的对象而实存。借此,我们已经清楚地看到,康德式的理性主义不仅容许某种经验主义、容许经验之物的不可替代的独立性,而且它就建立在这个基础之上。

无论如何,在我们看来,对经验现实的态度显示出决定性的重要性,这对之前提到的两种逻辑间的矛盾来说是如此,对现在所说的康德式理性主义与前康德的唯理论形而上学间的差异而言,也是如此。同时,某种前景也借此被打开了,即分析逻辑与批判的理性主义是相容的,甚至分析逻辑必须转战先验领域。因为无论哪里,只要先天的认识成分(Erkenntnisbestandteil)被理解为单纯的、空无内容的形式,那么这个成分在那里就似乎已经在更高等级上类似于其余的类概念了。在此,我们已经准备好接下来将更详细地加以论述的成果,亦即按照先验的方法,将先天之物视为只是认识论分析的产品,并将纯粹的思维形式当作按某种分析逻辑的规则而得到正确建构的先验类概念加以证明。[33]

虽然跟经验主义紧密相随的分析逻辑与康德式的理性主义之间的相容性现在原则上站稳了脚跟,但是尽管如此,必须承认的是,将分离理论运用于先验之物会导致逻辑视角和认识论视角之间纠缠不清、一团乱麻。因为在那里,那些应该作为单纯抽象的类概念出现的纯粹认识形式自身却作为实在性(Realität)和客观性(Objektivität)的真正制造者而起作用:在与任何其他普遍概念相同的意义上,"经验现实",带着它对独立意义的要求,都与这些认识形式针锋相对,这是如何可能的? 因为,为了能够将某物一般地称为对象,我们肯定已经一并思及了众范畴。只是我们可以从纯逻辑的立场出发,将这种思虑与以下事实进行对比:跟一般而言认识某个事物时一样,先验的特性、范畴,以及任何一种任意的经验属性比如黑色的属性,在对一个黑色事物的把握(Auffassung)中已经一道被思及了,或者换言之,在于每一黑色事物相同的意义上,黑色的属性,只要它是"经验"对象,就独立于(in-dividualiter)实在的诸普遍范畴而得到实现(verwirklichen),就像在每一个一

[34] 般事物中一样。因此,从这方面看,对于我们的纯逻辑思考而言,先验的类概念与所有其他通常的类概念间根本不存在任何区别①。分析逻辑恰恰必须在批判哲学中庆祝其最大的胜利——我们可以这样暂时清算一下这份研究。因为在批判哲学中,甚至奠定了内容性思维的认识价值的那些形式,甚至那些与单纯形式逻辑的种种思维运作明显对立的形式,也被严格地把握为单纯的形式,把握为抽象的认识价值,而并没有实体化为独立的实在。

此外,出于同样的理由,分析逻辑与流溢说逻辑间古老的对立也得以在后康德的思想运动中延续自身,只是各种条件已发生改变,亦即得到了发展。为了能够足够敏锐地领会黑格尔对康德的超越,我们现在必须在某种程度上更详细地回忆一下批判学说,在其逻辑和认识论的双重缠绕中回忆它。

另外,我们还要走出康德对某种"直观着的知性"(anschauendes Verstand)的否认。也就是说,我们的认识是以两种不同的方式从推论的(diskursiv)特征推断出来的。一是普遍的逻辑命运,即认为,就有关现实的一切认识行为而言,都不可避免会分裂成"两个完全异质的部分,适用于概念的知性和适用于客体(与概念相对应的客体)的感性直观"②;二是将这种普遍的逻辑现象(Phänomen)特别地转移到对认识本身的认识上,也就是说,转移到先验研究的方法上。也可以这么说,全然的认识现实(Erkennt-niswirklichkeit),与一般的现实一样,都向某种"智性直观"(intellectuelle An-

[35] schauung)敞开自身。先验哲学家的任务也在于某种分解,通过这种分解,潜藏于"经验"概念中的价值内容(必然性和普遍性)得以被吸取,知识则在其先天要素方面得到了检验③。但是,以下这点也必须在此加以保持:如此赢

---

① 参照康德的《逻辑学》(*Logik*)第五章;库诺·费歇尔(Kuno Fischer)的《反-特伦德伦堡》(*Anti-Trendelenburg*),18—23 页;法伊英格尔(Vaihinger)的《康德纯粹理性批判评注·卷二》(*Kommentar zu Kants Kritik der reinen Vernunft* Ⅱ),第 209 f. 页。

② 参见卷Ⅴ,第 414 页;卷Ⅷ,第 36、88 页。

③ 参见里尔(Riehl)的《哲学批判论》(*Der philosophische Kritizismus*),第一卷,第 343 页:"为了说明先天(Apriori)这回事情(Tatsache),康德采取了这条道路,对表象进行一种纯粹概念性分析的道路。"在先验哲学中看到"分析"逻辑的观点,比康德自己将其"区分经验和理性这样的处理方式"比作化学"分析"和"还原"更加合情合理[第Ⅲ页,注 20,第 554 页,第Ⅴ页,第 169 页,并参见里尔的著作,第一卷,第 344 页,还有厄尔德曼(Erdmann)的《概论》第二卷,第 388、511 页(第四版)]。

获的认识价值只有在经验的舞台上才能实现,即使它们的意义根本不是从只是舞台的东西出发去评价的。作为哲学分析的构造物,它们必然以这样一些东西为前提,认识价值正是从这些东西出发经由分析而被赢获①。人们放弃先天要素时所遗留的那个知识成分现在就成了后天要素,成了材料或纯经验之物;先天和后天构成了某种不可溶解、只能通过批判加以分解的统一体。但是,对我们而言,区分也是必要的,因为我们也许会体验到两者合而为一且相互渗透中所包含的东西,而不是在这种东西对"有意识的先验知识"的种种用途所具有的意义中直接洞察到它,也因为我们只能思考统一体的个别成分,并且只能将这些成分思考为彼此分离的。

因此,跟所有的现实一样,知识现实也必须得到分析;而且,跟所有现实一样,知识也必须进一步分解为"概念"和"直观"或者——按照康德的逻辑——普遍之物和特殊之物这样的成分。据此,一种纯逻辑的对抗就与对两个知识领域的先验区分联结起来了。也就是说,先天之物就成了处处都保持不变的知识成分,而经验之物则成了处处都变化多样的知识成分。为此,种种理性的必然性,比如范畴和由范畴所产生的知性的诸基本原理,都可以被视为共同之物或普遍之物,单个成分作为样品归入其下。借助在其余方面无限相异的感觉内容,像实体性(Substantialität)和因果联系(kausale Verknüpfung)这些概念就作为认识论的类特征而出现。比如,每一种可感知的因果关系,比方说太阳晒和石头热之间,都只是一般因果性(Kausalität)的个别现实化案例(也就是因果概念的现实化案例)。因而,将范畴运用于经验可以典型的算作将特殊之物(das Besondere)归入普遍之物的判断力的事务。康德大体上按照普遍性的三个主要等级来划分对可经验对象总括、对"自然"具有构建作用的那些因素。他将特殊的因此只是相对普遍的自然法则②置于"普遍的自然法则"之下,使前者隶属于后者。这些"普遍的自然法则"只是抽象地得到把握的普遍合法则性(Gesetzlichkeit),只是自然(Natur)的"普遍概念"③,并且,关于事物,它们只是"根据它们的类"而不是把它们

[36]

---

① 为了理解我们对先验方法的有意的片面描述,必须再度回想以下事实,即在我们看来,这里只涉及对先验先天(transzendental Apriori)的逻辑结构的一种标明,同时也涉及"先验逻辑"的形式逻辑。

② 《康德全集》卷 V,第 192 页,"不同的东西,虽然对每个物种而言都是普遍之物"的东西。

③ 同上,第 186 页。

当作某种"特别的"①（spezifische）东西而做出某种陈述。尚只是个体而根本不再是普遍之物的反面、"杂多"、"特殊之物"或者可归入先验"规律"（Regel）的"案例"②，统统作为普遍性的最低等级而归属于相对普遍的自然法则。

事情已经再清楚不过了：在某种程度上，对先验的概念世界的逻辑把握并不是这些奇怪的、只是外在地照搬到概念世界之上的研究方式中的一种。所以，从现在起，完全区分纯逻辑的问题和纯先验的问题将不是不可能的。[37] 一方面，逻辑阐明毋宁已经给我们提供了理解先验方法的最重要贡献，并且，正如我们所见，可以说康德理性主义的生活问题恰恰触及这个将康德理性主义与所有其他理性主义体系区别开来的点。另一方面，我们下面将明确强调，康德关于先验的普遍之物的理论，连同他的概念学说总体以及他的整个分析逻辑，总是可以得到日益清晰的揭示。因此，我们从逻辑之物与先验之物的亲密渗透中提炼出了康德关于先验的概念建构的学说，这样一种概念建构的主导原则就是先验的认识价值。

第二节　先验逻辑的偶然概念

到目前为止，对个体的知识要素而言，我们无论如何都从理性之物的逻辑结构和我们思维的推理特征中推导太多了，以致我们再也无法在现实的直接被给予性中接受现实，而总是必须为了认识的目的而将现实分解成一种选言判断（Disjunktion），普遍或抽象之物只是它的一个部分。另外，以下这点已得到进一步的明确，即我们必须将那种以此方式被召唤进生活的、个别与普遍之间的关系跟某种实际的且形而上的整合（Eingliederung）对立起来。

但是，分析逻辑还要求对认识行为作进一步的限定；分析逻辑不仅从普遍概念那里掠夺了某种更高实在的形而上尊严，而且也揭示了普遍概念的逻辑意义的特定界限。由于它如是这般地揭露了概念在逻辑上的不足，因

---

① 《康德全集》卷 V，第 190 页。

② 《康德全集》卷 V，第 192 页，关于普遍的和特殊的自然法则，关于自形式所观之自然（natura formaliter spectata）和自质料所观之自然（natura materialiter spectata），另参见卷Ⅲ，第 153 f.、583 f. 页，卷Ⅳ，第 44 f.、54 f. 页，关于"特别化"（Spezifikation），参见卷Ⅲ，第 443 ff. 页。

此也在一定意义上遭遇到了它自身造就的某种困难；因为概念恰恰在自身
与经验之物的关系中暴露出上面提到的不足之处，概念自身，就像普遍与特
殊的整个二元论一样，最初都是人为制造用来把握和应对经验之物的。就
这样，如此轻易地向直接经验敞开自身的个别之物或经验之物，经由在某种
独特且成问题的阐明中特地为思维之目的而创造的"普遍之物"，突然出现
在反思领域，并且在这里我们最终来到了这个关键点上，在这个点上，认识
论的现实问题及个体性问题与先验抽象概念之性质间的至深关联得到
澄清。 [38]

　　同样，关于特殊之物与普遍之物间亘古的基本关系，我们发现在康德那
里形成了这样一个正确观点，即使特殊之物比它的类概念更加突出的那种
更丰富的内容，并不能为了我们的知识而从这种基本关系中推导出来，因
此，考虑到我们的概念行为（Begreifen），特殊与普遍的关系理应被称为非理
性的。从逻辑上说，特殊并不包含在普遍之中，尽管前者的确处于后者之
下，从概念上来说，特殊之物是"偶然的"。暴露在这种非理性中的认识行为
的无能，乃是逻辑中偶然概念（Zufallsbegriff）的根源①。康德将偶然概念再
一次到处挪用到先验普遍之物的种种关系上，通过这样的方式，他创造了一
种对偶然概念的特别运用或变种，亦即先验逻辑的偶然概念。他那为人津
津乐道且常被人误解的偶然学说——特别是采用了《判断力批判》中的最终
措辞——不仅具有严格的批判性，而且甚至属于他伟大且富有成效的成就
之一②。

　　但是，恰恰对于康德那里的这种严格的逻辑论证，注意的人太少了③。 [39]
当然，在他那里我们会发现，逻辑论证以所有能想象得到的敏锐得到了突出
（特别）强调。特别是莱布尼茨那里依然存在的、关于某种绝对的和独断论
意义上的偶然之物（Zufällige）的思想，通过批判地得到把握的偶然之相对性
（Relativität des Zufalls），也就是说，仅仅通过偶然与我们认识的关系而被克

---

　　①　文德尔班的《偶然论》第68页以下提出的这个学说对澄清先验哲学的问题也具
有奠基作用。

　　②　这一点不受《判断力批判》限制而普遍有效，同时，在《纯粹理性批判》中，在正确
的洞识旁边，扰人的莱布尼茨形而上学残余依然存在，文德尔班在《偶然论》第74页也提
到这种残余，但在此处却没有突出强调康德对偶然概念的功绩。

　　③　尽管有柯亨（Cohen）、施塔德勒（Stadler）、里尔（Riehl）和文德尔班的论著，在其
中，除了理性批判的先验逻辑特征之外，偶然概念作为理性之物的某种界限的合法性恰
恰找到了恰如其分的表达。我们有机会在更多地方探讨这些作者的观点。

服了。因为康德并不把偶然之物视为一种物理的或形而上的事实,而是独一无二地将其视为一种先验逻辑的、与我们的认识能力有关的、与抽象概念之逻辑结构有关的事实。对我们的理性(Vernunft)而言,对我们的"推理知性"(diskursive Verstand)而言,摆脱普遍之物与特殊之物的对立是可能的。并且,与这种从未得到克服的一分为二纷然难解地联系在一起的还有这种情况,即对我们而言,从"着眼于可能区分的(逻辑领域的)无规定性"①过渡到某种特殊的内容,这种过渡在概念上是无法进行把握的,还有,"着眼于普遍之物的如此这般的特殊之物包含着某种偶然性的东西"②并通过普遍之物而称其为"无规定的"③。"我们的知性是一种概念能力,亦即一种推理知性(diskursiver Verstand),对于知性而言,不管自然中能被给予它的并且能够被带到它的概念之下的特殊之物有怎样的不同且有多么不同,这当然都肯定是偶然的。"④逻辑上的偶然概念是整部《判断力批判》的思辨地基。

[40]

现在,将偶然概念运用到诸先验关系上,这种运用产生了如下有关经验现实问题的最终说明,这个说明上面是预告过的。认识行为的形式和内容、同时扮演着普遍之物的先天之总括(Inbegriff)以及同时扮演着特殊之物的经验舞台,这些东西彼此对立⑤。决定一切知识并因此而不可或缺或必需的因素,这样的角色落在了形式要素头上。偶然之物无法从形式要素推导出来,但形式要素自身却是偶然之物的对立面(Widerspiel),亦即必然之物。必然性也不是有关事物的一种陈述,而是有关我们认识的某种特性的陈述。就像偶然性表明某种不足一样,必然性则表明我们知识的某种力量。"普遍的自然法则"意味着这些法则是必然的,因为它们作为从自然(Natur)的概

　①　《康德全集》卷Ⅲ,第443页。

　②　《康德全集》卷Ⅴ,第417页,试比较卷Ⅳ,第493页的注释。

　③　《康德全集》卷Ⅲ,第393页,卷Ⅴ,第419、420、186页。

　④　同上,第418/19页,比较414页以下"也就是说我们的知性具有这样的特性:它必须从分析的普遍之物(从概念)走向特殊之物(走向被给予的经验直观);因此在这件事上,知性在后者的杂多方面并没有规定什么……";420页,比较第418、186、189页。他在417页将我们理性的这种束缚命名为"我们(自身的更高级的)知识能力的独一无二性,我们被诱使草率地将这个能力当作客观的谓词移用到实事(Sache)本身之上。"

　⑤　比较原文第37页。

念产生的、本质性的标志①"必然适宜于……自然"②。对自然而言是必然的
东西，对理性（Vernunft）而言同样也是必然的（因为最高的基本原理在种类
和数量上都不是从经验材料那里采摘来的）、可以从理性之本质中推导出来
的并因此是理性之物（das Rationale）。必然之物奠定了理性知识的基础，并
且关于它可以形成以下洞见，即它必须为某种认识奠基。它是独立于经验
且对一切经验来说的"可预见之物"，没有它的话，经验根本无法被思考。康
德在"知觉的预测"这一节中所使用但又被用来标明一般的形式之物③的这
个表达，为划分先天之物和经验之物提供了一种摆脱了心理主义之附带意
义的逻辑原理。

　　当然，根据真正的分析性的基本前提，形式之物现在必然由于其高度的
内容匮乏而遭受难以被人理解之苦。同时，形式之物只构成一种"可能经验
的图式"④，而先验统觉则被抬升到个别范畴之上，还被抬升为最高的先验抽
象概念，抬升为最高级的、最普遍的并因此最缺乏内容的认识条件⑤。

　　由于与所有这些性质完全对立，材料现在被草率地描述为先验逻辑的
偶然之物。与按普遍性的三个等级（见上文 37/38 页）所作的分级相应，偶
然性的命运在虑及普遍的自然法则时却碰上了特殊的自然法则，在虑及特
殊的自然法则时却又碰上了诸知觉⑥。很可能一切事物，包括个别最微小之
物，都由法则性所主宰，但是落入法则之下的东西在其特殊性中恰恰永远无
法从法则中推导出来并被概念把握，这种东西从逻辑上说并不包含在法则
之中。"特殊法则，因为它们在经验上涉及特定的现象，因此无法从中"——
亦即从普遍的自然法则中——"完全推导出来，不管它们是否概莫能外全都

[41]

---

　　①　当"必然性"不是被理解为只在经验的某种系统性统一体的理念中才能被表象
的知识方式（以这种方式偶然性被克服直至最后的残余），因此不是被理解为无限性
（Unendlichkeit）中所潜藏的偶然性之替代（Ersatz），而是理解为为我们的知性而存在的
偶然性之对立面（Gegensatz），当必然性和偶然性被视为毗邻存在且分布在不同领域时，
"必然性"就具有这种意义。比较本章第四节。

　　②　《康德全集》卷Ⅴ，第 193 页，参见第 189 页。此外，"偶然性"恰恰相反地被等同
于"无法被先天认识"。

　　③　《康德全集》卷Ⅲ，第 159、215、357 页。

　　④　同上，第 210 页还有别处。

　　⑤　先验统觉意指"最贫乏的表象"，《康德全集》Ⅲ，第 279 页；"内容完全空洞"，第
590 页；共同概念（conceptus communis），第 117 页注释；它是一切概念的基础，第 572 页；
它必然能够伴随所有表象，第 115 页。

　　⑥　参见上一页所引观点，此外特别参见Ⅴ，第 186 页及以下，第 189 页，第 191-192 页。

处于普遍的自然法则之下"①。"直观的杂多"被证明为逻辑上并非产生于形式要素而是全新的附加在形式要素上的,因此只能以经验的方式被把握的、"被给予"的内容充实物②。如果人们放弃可理解之物,那么感觉作为"完全无法预测"或完全无法先天地加以规定的东西③,作为非理性的剩余,就依然是多余的。偶然性或非理性是材料(Material)的真正意义,是"在我们看来如此杂乱无章的(实际上只是无限杂多且与我们的接受能力不相称的)材质(Stoff)"④;偶然性或非理性也是唯理论在讨论有关经验现实的问题及个体的问题时不得不说的最后词汇,唯理论因此也恰好同时变成了"批判的反理性主义"⑤。对于这里的"现实"一词的意思,我们切不可以将之与比如对象性的"尊严"(Dignität)相混淆,它更多地意指一种知性的必然性。在每种知识那里,作为知性综合能力的对象性恰恰意指可以从思维形式推导出来的东西,而经验现实则相反,它意指无法从形式推导出来的剩余。因为形式的知识要素和材料的知识要素事实上是相互融合的,所有我们可以说,在每一个个别的知识对象身上,就它不仅应该是"知觉",还应该是"经验"而言,它的现实就必然同时配备了对象性之特征,或者相反,必然已经以个体的方式(individualiter)在自身中实现了对象性。因此,"现实"只意指那种不可言说且不可思议的东西,它绕着个体的特细嬉戏,同时意指一成不变的规定性和不可动摇的如是存在(Sosein),当人们说出"现实"这个名称时,心里想的肯定是这个如是存在。

[42]

所以,对于认识论的概念理论而言,我们似乎已经证明,经验现实就是一切概念建构的牢固且绝对的中点。相应地,我们可以如此概括我们的结论,先验概念是对完整的知识现实进行某种分析之后的抽象,且因此事实上并非独立出现的产物。这种知识现实内容上比先验概念要丰富,无法从先验概念推导出来,也是先验概念所无法抵达的,它只向直接体验开启自身。

[44]

---

① Ⅲ,第 134 页,参见文德尔班的《哲学史》(第二版),第 462 页。

② 这是这句话——杂多肯定是"被给予的"——的真正的批判意义,参阅比如Ⅲ,第 77、98 页,第 117 ff. 页,第 130 f. 页,第 481 ff. 页。

③ 参见比如卷Ⅲ第 139、483 页。

④ 卷 Ⅴ,第 192 页。

⑤ 参阅文德尔班《新近哲学史》,第二版,第二卷,第 337 页以下;有关偶然概念尤其参见第 153 f. 页。里尔最深入地研究了康德关于特殊之物不能从普遍形式中推导出来的学说,见第二部分第一章第五节。

第三节　数学作为分析逻辑和流溢说逻辑的中间环节

必须一再强调,对于分析逻辑学家而言,个体的这种不可通约性指的并不是比如现实相对于我们的种种逻辑理想的不相称,相反,它指的是我们的概念把握(Begreifen)相对于现实的一种永远的不全面性。康德已经通过如下方式印象深刻地提醒人们注意人类认识的无能,即针对人类的认识,他提出一种"直觉"知性的图像(Bild),作为处于无限距离中的理念。这种直觉知性创造了认识的整体以及每个个别之物的整体,而且一眼便能穿透一切。而且,事实上,流溢说逻辑,也就是说作为有关某种超人类知性的逻辑,现在似乎可以被直接置于分析逻辑的反面并且恰恰通过这种对立而使其变得可以理解。非批判的观点从批判的观点出发被预见到了并得到建构。真理是它自身的标准,又是辨别谬误的标准(Est enim verum sui index et falsi)①。只是,在有条件的概念思维(Begreifen)和绝对的概念思维间此外还插入了一种居中的概念思维,也就是数学的概念思维。借助它我们得到这样的好处,能够借助某种被我们完全掌控的获知方式(Wissensart)去研究那种超自然逻辑的特定的开端基础。

在康德的前批判思辨中,也就是自 1764 年那部作品获奖后,数学在方法上已占据重要位置;当然,这个位置与后来批判时期所占据的位置完全不同。首先因为,那个时候康德承认只有在某个独一无二的领域(数学领域)才存在某种综合的先天(synthetische Apriori);其次,他只承认某种分析性的加工(即对知识的最终的、"不可分解的"材料进行加工)以及纯经验的有效性。就此而言,将综合的先天移用到哲学领域对彼时的他来说与唯理论者对"数学方法"的可恶尝试是一个意思。某种彻底的改变伴随着批判哲学诞生了。因为除了数学,现在还有第二种名正言顺的综合的先天,确切地说就在哲学本身之中。但是现在,要证明它的存在,就必须这样,即尽管它存在,但要接受它,就需要这种接受本身不造成某种倒退,倒退到"数学方法"中去。并且,这个任务现在至多只能通过比较从此并存的两种综合的先天而得到解决。因此,在批判时期,数学-先验之物就不再像之前那样只与"分析 [44]

---

① 这是斯宾诺莎的名言,引自《伦理学》——译注。

的"①先天和单纯的经验相互对立,而是首先与哲学上的综合的先天相互对立。但是,通过这种方式,数学－先验之物就适用于对先验的经验概念和与之牢固地联接在一起的非理性进行深入的阐明。因此,在新的认识论体系中,数学就包含某种全新的方法意义。

理性批判的最后部分尤其为以下情况提供了一个经典的例证②,即在康德的批判时期,哲学的理性认识与数学的理性认识间的比较服务于非理性问题。理性批判为此对"先验方法论"注意太少。触及我们的问题的、方法上的论述其主要内容可概括为:对于概念性认识而言长期存在的普遍与特殊之间的鸿沟,因此也就是非理性,在数学直观中将通过建构(Konstruktion)的可能而得以天堑变通途。数学概念的个别实现案例(Verwirklichungsfälle)可以通过概念自身来加以制作。从圆的概念出发,人们通过建构而抵达单个圆的数学个体性,因此也从普遍一直推进到个体的最后残余③。直观且杂多之物与普遍概念一样,在某种"只关注数量"④的知识中是可以被掌控和计算的。而且在数学中,直观的客体是个别的、具体的、"被给予的"东西,但不是先天被给予的⑤,而是像感觉材料那样被给予的东西;它是——逻辑的稀有之物！——个体的、一次性的,同时又能先天地被建构⑥。在先天被给予物那里,我们可以从普遍规则出发使概念的杂多得以形成⑦,相反,在后天被给予物那里,人们在试图使它形成时迎面撞上逻辑上的不可穿透性(Undurchdringlichkeit)这个硬核。因此,从普遍规则出发,种种关系昭然若揭;但是这些逻辑关系必须在它们的颠倒(Umkehrung)中——因此也就是从杂多出

[45]

---

① "分析的"一词此处是在康德的意义上讲的,与"综合的"相对。

② 参见《康德全集》卷Ⅲ,第477–485页。

③ 书写的纯粹经验性的辅助工具如纸、墨水、黑板、粉笔等并不属于数学的个体性,参见《康德全集》卷Ⅲ,第478页,《康德全集》卷Ⅵ,第8f.页,以及麦蒙《超越先验哲学的尝试》(Versuch über die Transzendentalphilosophie)第43页和《批判性研究》(Kritische Untersuchung)第77页。

④ 《康德全集》卷Ⅲ,第478页底部。

⑤ 康德著作中比如卷Ⅲ,第98页、第481 ff.页出现的术语"先天给予",在麦蒙那里变得如此重要。

⑥ "因此,一个概念的建构需要某种非经验的直观,所以作为直观,非经验的直观就是一个个别的客体,但是尽管如此,作为对某个概念(某个普遍的表象)的建构,归属于这个概念的、对所有可能直观都有效的普遍有效性,必然在表象中显露自身。"第478页,还有479页及以下许多处。[参阅西格瓦特(Sigwart)《逻辑学》第二版,第Ⅰ部分,第263、389页;李凯尔特《论定义的学说》第59页。]

⑦ 《康德全集》卷Ⅲ,第482页第3段以及第483页。

发进行研究——得到证实。然后，在后天被给予性的情况中，杂多，依照它对概念而言的不可穿透性，同样也是不可分解的；相反，在另一种情况中，它是可透视的且可分解为种种普遍的规则，因为我们自身的逻辑（建构的）能力所放进去的东西也可以再一次轻松地被取出来。所以，我们在个别的数学构成物中同时也直观得到了概念。

这种通过数学之物所进行的阐明，这种将直观−先验方法和推论−先验方法对立起来的做法，回溯性地带来了有关非理性思想的一种如此巨大且新颖的明晰性，以致理性批判的种种基本问题也同时借此而向某种更深刻的理解敞开了。

在推论−先验的先天那里出现了众所周知的困难：当先验的经验概念、范畴通过非理性的鸿沟（为了它们的具体充实，它们的确需要非理性的鸿沟）而从经验的杂多那里被剥离出来时，如何用概念去把握它们在经验世界上的运用？诚然，出于这种困难，康德在纯粹理性的"图型法"中找到了出路，即在范畴和纯后天要素间插入"时间"这样一个先天−感性的连接部分。即便通过时间，诸概念在经验之物上的间接可运用性也只是在这样的程度上得到了保障，即它们的运用材料不是由感觉（Empfindunge）的无限杂多提供给这些概念的，而只是通过时间自身的、先天给予的材料（在上文提及的意义上，见第 46 页）而得到具体化的。因此，图型法只能保证一直推进到感性的先天诸条件。但接下来恰恰从这里开始显露出致命的道路分岔。也就是说，从先天的支路出发，我们只有在以下条件下才能抵达个体之物、具体之物，这个条件便是，这个个体、具体之物是一种可以先天建构的杂多，因此是一种数学的亦即恰恰处于经验现实之外的杂多。具体特殊化（Besonderung）的诸先天条件只在这种情况下才向我们聚拢；相反，恰恰对于我们在自然科学中试图竭力掌握的客体而言，这些先天条件——即使经过时间的中介之后——依然在无法克服的形式普遍性中岿然不动。图型法极好地调和了概念和直观，但并没有调和概念和经验直观，也没有调和概念和个体现实。相反，对于在经验之物上的运用，图型法只帮我们获得了一些形式原理，这些原理包括普遍的因此也是非个体的应用，一直到最高级的基本原理、类比、公设；这与数学完全对立，在数学中我们完全可以获得一个个满足种种严格的先天论要求的个别定理。概念+先天直观，我们的这个基本条件，恰好在数学中处处存在，而在纯自然科学中只出现在基本原理中。数 [47]学中有先天综合判断，在纯自然科学中只有先天综合基本原理。"我想建构一个三角形的数学概念，也就是说在直观中先天地给出它，并且以这种方式获得一种综合但理性的（rational）认识。但是，当某种实在（Realität）、实体

（Substanz）、力等被给予我时，这个概念既不表明某种经验直观也不表明某种纯粹直观，而只是表明对种种经验直观的综合（这种综合因而是不能先天地被给予的），因此，从这个概念中不可能产生任何具有规定作用的（bestimmend）的综合定理，只能产生有关种种可能的经验直观的某种综合原理，因为综合无法先天地走向与概念相对应的直观。"①所以，只有当人们重视数学与纯粹自然科学间那个根据绝对理性（Rationalität）的公设而提出的区别，并与此同时笃信这个基本原理，即个别案例中先天综合判断的明晰性和可证实性是否可通达且完全合理（rationale），其标准（对先验感性论和先验逻辑论同等有效的标准）必须到先天论制作（aprioristisch Erzeugung）的可能性中去寻找，只有这时，关于先天综合判断的可能性这样的经典的根本问题才能真正得到解答②。比起在《纯粹理性批判》里，康德在《判断力批判》中更敏锐地将图型法思想与非理性思想结合在一起。他明确指出了经图型法中介的范畴适用性的界限：它的适用性只遍及"必然的"基本原理，但不遍及"偶然的"经验法则③。只有从个体的绝对可概念把握性这个假设出发，才能够进一步理解康德的观点，即自然学说包含非常多真正的科学知识，就像在数学中那样俯拾即是。因为对他而言，如下思想在这里再一次具有决定作用：唯独数学通向个体的理性，而概念性认识只通向某种图型法的普遍之物的理性④。

[48]

---

① 《康德全集》卷Ⅲ，第483页，参阅第491页："……虽然更确定的基本原理……""……并不是由概念构成的唯一的、直接的综合判断……"；第482页："现在，一个先天概念……要么自身中已包含一种纯粹直观，然后它才能够被建构；要么只包含对种种可能直观的综合……"在"导论"中就已经有这种独特的区分了：数学判断是"总的综合"判断，相反，自然科学则自身包含作为"原理"的先天综合判断。第42、44页。要进一步了解数学"类比"和哲学"类比"间的对立，根据这种对立，在一方那里确实的部分得以"建构"，在另一方那里相反，从三个被给予的部分出发，只能推导出三者与一个第四者的关系，而不是第四者本身，请参看167 f.页。此外，在自然科学中，个别之物并不像在数学中那样被计算。

② 《康德全集》卷Ⅲ，第19页（第二版前言）。

③ 见《康德全集》卷Ⅴ，第189页。

④ "特定自然事物的可能性……无法从单纯的概念出发被认识。""因此，为了认识特定自然事物的可能性，也就是先天地认识它们，就需要，……建构概念。而通过概念建构而获得的理性知识就是数学性的。所以虽然关于一般自然的某种纯粹哲学，即只研究普遍地构成自然之概念（Begriff der Natur）的东西的哲学，没有数学也可能存在，但是关于特定自然事物的纯粹自然学说（身体学说和灵魂学说），只有经过数学的中介才可能存在。"（见《康德全集》卷Ⅳ，第360页。）

对于这个在康德那里无论如何只是得到暗示的、直觉-先验方法与非理性的关系，最突出的强调出现在迈蒙（Maimon）那里。在那里，假设这个地方直截了当地指偶然概念（偶然概念是明明白白地通过数学制造出来的）在这位康德学者那里所产生的强大持续效果的话，那么，对某个问题的历史影响的证明将能够帮助澄清事实本身。迈蒙的整个思辨也可以前后一致地透过他对非理性思想的心无旁骛的专注去理解①。他的怀疑主义并不是针对先天（Apriori）的普遍有效性（他的确是理性主义者中的独断论者），而是针对从理性到经验的过渡的可概念把握性②。同样，他并不怀疑先天之物在后天之物中的实现，而只是怀疑这种实现在任何一个个案中的可认识性或先天之物在实践中的可用性。可用性全然是迈蒙思辨中的问题。令他不安的不是康德意义上的"法权问题"（quid juris），也就是说范畴对于一般经验的有效作用如何得到解释说明（康德的演绎），他担心的毋宁是先天（Apriori）的立法（他并不担心这种立法的合法性）在实践上被谴责为毫无效果，因为个体、实际事物并不归属（subsumieren）于普遍法则；令他不安的是"事实问题"（quid facti）③。就像康德一样，他从先天（Apriori）的可运用性和可描述性这个视角出发，被迫得出这样的结论：只有数学才必须作为绝对理性的模范，作为一个我们在其中"与神相似"④的领地。唯有数学才通过建构允诺了这样的情况，即普遍之物在特殊之物上的合法的，亦即完全可见的运用，对个体的一种先天的制作⑤。因此，对迈蒙而言，这样的要求，即杂多必须是一种"先天被给予之物"、一种先天可制作和可掌握之物，就变成了"真实的"思

[49]

---

①　对这个看法的更详细的证明肯定要交给更详尽的论述。然而，通过此处紧接着的一些暗示和例证，所有对我们来说本质性的东西都可以得到勾画。

②　"哲学……还无法架设任何桥梁，借之，先验之物可以过渡到特殊之物。"《哲学历程》，第 16 页（《哲学论争》的第一篇论文）。

③　《试论先验哲学》第 48 ff.、70 ff.、128 ff.、186 f.、192 页；《哲学词典》第 167 页；《哲学历程》第 56 页；《一种新逻辑的尝试》第 301 f. 页；《批判性研究》第 55 ff. 页，第 144 页。

④　《哲学历程》第 20 页。

⑤　"只有数学能吹嘘自己是从普遍之物向特殊之物之发明的过渡。"《哲学历程》第 14 页，《试论先验哲学》第 20 ff. 页，第 49、82 页，《哲学历程》第 15 ff. 页，《批判性研究》第 23 f. 页，第 96 f. 页。图型法通向范畴的可见运用性，只可运用在某种先天直观之物上，不能运用在某种经验的-个体性的东西上，这个观点得到了比康德那里更好的强调，参见《试论先验哲学》第 38 f.、41 页，《亚里士多德的范畴》第 229 ff. 页，《批判性研究》第 119 f.、126 ff. 页。

[50]　维,同时既是先天论的又是具体的思维的唯一标准①。然后,他远比康德自
己更果敢和一往无前地招致了"怀疑主义的"后果,这些后果是某种极度彻
底的先天主义必然会产生的。只有数学而不是自然科学能够包含真正的
(relle)思维。唯独数学概念具有真正的运用,而最纯粹且最高级的自然概念
也只有形式的运用②。下面这个透彻的洞见是迈蒙的一项毫无争议的功绩,
即数学和自然科学中的先天综合判断其所发挥的可证实的效果中存在平行
关系(Parallelismus),这种平行关系只能用某种限制才能得到贯彻实施(比
较原文第48页)。这个重要学说比在康德那里更令我们刻骨铭心,即以推
理-先验的方法,带着绝对的、建立在理性基础上的确定性,只能抵达综合的
基本原理,而不能一直深入个别的经验定理③。

　　由于我们到目前为止的详细论述已经表明,数学作为一种摆脱了非理
性这个障碍的认识方式,以怎样的明晰突出了推理-先验认识的偶然概念,
所以接下来应该进一步证明,数学概念的逻辑在多大程度上可以被视为分
析逻辑和流溢说逻辑间的连接部分。首先我们必须在此回顾一个质疑,这
个质疑可能针对的是有人宣称从数学的普遍之物到个别样品的过渡中所包
[51]　含的理性。也就是说,如果人们忽视了绘制某个图型所使用的辅助媒介(比
如纸张、黑板、粉笔等)④,那么的确不可否认,比如,圆的半径大小——它无
疑也属于数学(而不仅仅属于经验)的个体性——是无法通过"先天的圆"的
概念得到规定的。由此就产生了现实之圆的无限可变性(这种无限可变性
在圆的类概念中是没有被明确预见到的),产生了概念的可能性与具体的实
在化(Realisierung)间的一道非理性的鸿沟。只是这种反驳被简单粗暴地清
除了。因为无限的无规定性和可变性——它延伸到数学概念的经验范围之
外去了——虽然将作为事实,但并非作为对理性的损害而得到承认。因而,

---

　　①　参见比如《哲学论争》的第3篇论文,第193 ff.页;《亚里士多德的范畴》第208
ff.页,第249 ff.页;《一种新逻辑的尝试》第404 ff.页;《批判性研究》第94 ff.页。
　　②　参见比如《哲学论争》第203 ff.页;《一种新逻辑的尝试》第431页;《批判性研
究》第55、94、109 f.、147页。
　　③　尤其参见《一种新逻辑的尝试》第416 f.、40 ff.页:"我们只对与某种一般的可能
经验的客体相关的综合判断有所了解,但对与现实经验的特定客体相关的综合判断一无
所知。"第430页,《批判性研究》第150 f.页。"最严格意义上的经验",也就是说,从先验
的普遍之物向经验的个别性的可见过渡因此只是一种"观念"(Idee)。《批判性研究》第
154页。紧接着第二部分第一章第四节和第五节,对迈蒙哲学的概述有一些简短的补遗。
　　④　参见[45]注3。

它只是一种大小上的可变性,而大小的差别是可随意掌握和计算的①。如果我们拥有圆的概念,那么可建构性就不仅通向个别的圆,而且也随意扩展到整个经验范围之外,这个经验范围实际上也通过这种方式而甚至不再是一个经验范围了,而是自身成了一个可建构的范围;同样,普遍"公式"的运用的所有个案都潜在地包含在普遍"公式"中;不仅概念和直观,而且概念的内容和范围,都通过建构,因此也就是通过整全的(vollständig)理性而彼此连接。所以,这里存在对分析逻辑的双重偏离:一者,我们看到了个别样品的关系(Verhältnis),看到所有样品与类的关系如何以与那里完全不同的方式得以形成;二者,我们借此而保持着一种在范围之内、同时又偏离范围的状态(Verhalten),也就是说样品之间的状态或者并列关系的状态,正如下面将表明的。康德在理性批判的第一部分先验感性论中已经触及这两点。

在最后两个关于空间的论点中,概念和先天直观以这样的方式得到比较,即在逻辑概念那里只回顾了类相对于其样品的状态,而在纯粹先天直观中只回顾了空间与部分空间的关系。也就是说,样品处于概念"之下",而部分空间则在"唯一的、无所不包的"空间中仅仅被直观为对空间的种种限制。因此,类只将其样品囊括于"其下",而不是"其内"②,换言之,样品无法从类中被创造出来,样品通过不可推导性这个永恒阻隔而与类相分离。非理性与"之下"这个概念关系而不是与"之内"这个直观关系紧密相连,与概念性的普遍性(共相[universalitas])而不是与直观的全体性(全体[universitas])紧密相连③。 [52]

只是,一旦人们考虑到在概念性知识内部还会出现一个全体(universitas),一个部分与整体间(亦即个别样品与经验范围之总和间)关系的类似物,那么在直观认识和概念认识间做这样的对立就不再令人满意。然而,根据康德论述,直观之总体性(Anschauungstotalität)不仅与共相,而且也与这种全体有天壤之别。因为一个概念,其范围的总和是一个缺乏相互关联的集合④,相反,空间并不是由一个个分殊的统一体拼凑而成的集体

---

① 关于对"触目可见的"数学杂多中的非理性的扬弃,参见李凯尔特《自然科学概念建构的界限》的第 89-93 页。

② 卷Ⅲ,第 60 页。"低一级概念并不包含在高一级的概念中……而是在高一级概念之下。"卷Ⅷ,第 96 页。参见库诺·费歇尔《新近哲学史》,Jubilaeum 编辑出版,卷Ⅳ,第 369 页。

③ 参阅费英格(Vaihinger)的《康德释义》(Kommentar)第二卷,第 212 页。

④ 参见原文第 31 f. 页。

（"复合体"[compositum]），而是一个连续的整体（"总体"[totum]），这个整体不是个别部分的产物，而是个别部分的前提，这些个别部分只能被视为对空间的种种限制，而不是一个个独立的、分离的统一体①。

[53]

　　为了进一步延续分析逻辑和数学逻辑间的比较，我们可以对先验"感性论"的这些结论进行如此改造，以至于它们采纳了先验"方法论"的语言，以至于纯粹直观与概念间的对立因此而再一次汇入对两种概念方式的比较研究，汇入直觉之物的概念与由推论方式构造的、经验现实的概念间的并肩而立。因为就像康德在"方法学"（Methodenlehre）中为了比较不同方法而在数学之物内部进一步区分概念和直观、普遍之物和特殊之物一样，虽然"普遍"空间是纯直观而非概念这个观点无比正确，尽管如此，"空间"这个抽象概念毫无疑问还是由空间和个别空间构成②的。于是，在逻辑的意义上，所有空间性的构造物包括总空间似乎就构成了这个概念的外延；此外，此前提到的空间连续性对于概念样品间的关系，因此也就是对于概念样品间并列关系的逻辑结构似乎都有决定性意义。然后，最后提到的、集体总体性与连续总体性间的对立以如下方式被置入分析逻辑与数学逻辑的先验对比中，即把这种对立理解为将一个分析-逻辑概念和一个数学概念这两种外延相对照。此外，如果我们将事先阐明的、数学概念范围的"可建构性"（见原文第52页）与数学概念范围的这种连续性放在一起，那么我们马上就会清楚地看到个别样品的数学并列关系与其他类概念的个别案例的状况（Verhalten）间的整个区别。因为我们在其他概念样品那里肯定已经确定的孤立性（Isoliertheit）并不附着于数学构造物的并列关系，而毋宁是，一个数学概念的

[54]

经验范围往往被想象成一个固定的组织（Gefüge），一个固若金汤的系统，在其中每一个个别之物都通过各种明确的、直观的关系在这个数学空间中与另一个个别之物联系在一起。数学的范围不是一个集合，而是一个直观的、通过所有方向上的可建构性而在自身内相互连接的、种种特定空间关系的

---

　　①　见费英格《康德释义》第二卷，第216 f.页的好几个有趣的例证。这个观点对时间跟对空间一样适用；数字序列通过其同质元素间关系的可计算性而有别于单纯的"复合体"。

　　②　参见费英格《康德释义》第二卷，第209页。

并存(Nebeneinander)①。空间自身的数学概念显示了所有其余几何状况的模范(Vorbild)、最后基础和简化后的案例。也就是说,空间的数学概念其范围不仅与集合式分类相反,也通过以下方式占据了一个特殊的位置,即它的个别样品、种种空间,不仅构成一个坚固的体系,而且在这些空间的总体(Gesamtheit)中再次构成一个对每个个别空间而言都一样的、连续的整体,它们就是这个整体经过限制才得以形成的部分。

当直观构造物中还要以这种方式区分出概念和直观、普遍之物和特殊之物时,这也许看上去很矫揉造作,对很多人来说甚至看起来有误导性。尽管如此,康德自己(还有迈蒙)已实行这样的区分,并且孜孜不倦地阐明了这种区分对于批判问题的合目的性。此外,只有在这个视角之下,才有可能像在我们的论述中所尝试的那样统一地概括康德在不同场合分别对数学的逻辑所进行的种种阐发。

数学上的从属关系和并列关系将向我们证明,它们对流溢说逻辑具有典范作用。即使根据流溢说逻辑的观点,每个个别的实现案例以及整个范围也应该从概念的内容出发加以建构,范围则应该进一步被思为在自身中相互联结的整体。虽然流溢说可能会最终迷失于其中的那个最后的神秘结果、将内容与外延相等同的行为以及从中产生的结论——即围绕着外延的那条绷带(Band)必须在概念本身的单纯内容中去寻找,这些都没有在数学中得到完全实现;但是无论如何,将整个外延当作内容的外延加以建构性建立(Herstellung),看上去都类似于建立行为的继续,并且潜在地包含在建立行为中②,所以我们还不可以只思考概念内容中诸样品的某种直接被包含性。 [55]

因此,数学那富于教益的逻辑中间阶段可以用如下几句话来做最后的描述:在这里,概念与直观之间的非理性这道鸿沟被清除了,诸样品的分离(Vereinzelung)得到了扬弃;相反,普遍之物与特殊之物、内容与外延间的同一性尚未被接纳。

---

①　费英格在《康德释义》第二卷第 213 页将洛采(Lotze)的详细论述[《微观世界》(Mikrokosmus)第 3 版第三卷,第 494 页及以下,《形而上学》第 2 版,第 197–199 页]称为康德学说的"进一步形成",是有道理的。按照洛采的看法,普遍概念并没有"促成"其个别样品间"任何内容丰富的关系",相反,"并存的法则"根本不允许人们去思考普遍概念之运用的任何案例,这个案例"孤立如同在一个世界里自为地存在"。

②　人们再一次想到数学公式的本质!

第四节　直觉知性的理想逻辑

迄今为止的研究已经表明,在康德之后,思辨理性按照直觉方法和推论方法的区别朝而两个方向运动并由此瓦解成一种受制于非理性的认识行为和一种摆脱了非理性的认识行为。但是,由于经验(质的)现实的个体之物完全处于纯数量学说(Größenlehre)的领域之外,所以对数学而言,经验之物的不可理解性对人类的概念把握(Begreifen)只是无害而已,并不是被数学克服了,人类的概念把握根本克服不了它。正如在其他地方已经强调过的①,康德反其道而行之,虚构了某种神的知性,从而使人们意识到知识的这种难以抵达性,这一操作很有说服力。在对数学(Mathematik)的"直觉的"理性运用中是没有非理性的,它在直觉智性(intellectus intuitivus)中被克服了。为此,人们可以根据数学(Mathematik)类比将直觉智性视为对现实的一种认识。正如数学的直觉只处理纯数量,直觉的知性也完全一样,必须处理所有现实②。所以,如果我们不仅在流溢说逻辑中,而且在对某种直觉知性的批判性表象中碰见数学类比,这是有其深刻原因的。

[56]

像康德那样断言"批判意义上的经验现实具有偶然性和非理性(Irrationalität)"的人,并非像独断论的"唯理论者"③那样,将经验现实与某种非思想(Ungedanke)相提并论,这种非思想属于那个未出现在理性(Vernunft)中的个体的某种绝对的不合理性(Unvernünftigkeit)。他只是确定,借助这种非理性的残余,对知识批判论的先验阐明(这种阐明可能深入到最深层)找到了边界。因此,上面言及的对"完满知识(Wissen)"这个理念的提出,无非意指一种隐秘的想法(Hintergedanke),这个想法必然与偶然概念的相对性紧密相随;同时,它当然也意指某种可靠的标志,即标志着我们

---

① 参见原文第 44 页。

② 参见迈蒙《哲学历程》第 36 页,"我们通过真实的(reelle)思维,亦即通过建构创造出数学的客体,上帝则以同样的方式创造出自然界的客体。"叔本华在《意志和作为表象的世界Ⅲ》(WWⅢ, Grisebach)第 151 页注释中同样描述根据直觉逻辑而被思的柏拉图式理念的特征:"柏拉图式的理念至多只能被描述为正常直观,这些正常直观不仅对形式之物有效(就像数学直观一样),而且对完整表象的材料也有效。"另参见康德卷Ⅵ,第 467 f. 页。

③ 文德尔班,《新近哲学史》卷Ⅱ,第 345 f. 页。

承认存在某种我们无法超越的限制。现在,偶然性必须以不同的方式得到
先验的阐明:一是通过指明认识的逻辑结构,也就是指明这样一个事实,即
特殊之物无法从普遍之物推导而出;二是通过以对照的方式对认识进行反
驳,推理知性(diskursiv Verstand)的种种缺陷再也不跟认识联系在一起。作
为第三种阐明方式,数学当然就被纳入考虑之列。因为这个领域更多地处
于非理性之外,而不是处于非理性之上,并且,由于它跟自身是否适用于知
识批判的比较目的无关,所以拥有独立的意义。相反,"无限的认识"这样的
理念将在一种只供先验比较之需的、严格的批判体系中得到构想,因此,再
明白不过的是,这个理念必须在远比数学狭窄的意义上扮演辅助概念的角
色,帮助理解经验之物的"偶然性"。　　　　　　　　　　　　　　　　　[57]

　　康德精心策划了理念与个体问题间的这种关联并明确指出,这种关联
恰恰就是对物质性认识因素中存在的非理性进行反思,通过这种反思,我们
被驱赶到与某种"经验整体"相关的思想那里去了①。因此,对他而言,"无条
件者"(das Unbedingte)这个理念又意味着对非理性的完美扬弃,意味着"必
然性"对整个遭到排挤的偶然性的胜利②。"必然性"因此包含着另一种含
义,这个含义与对偶然性的全新研究方式相对应。必然性所标志的不是对
我们而言理性的东西,即形式之物的区域,而是标志着绝对的理性,在这种
绝对理性一旁不应该再有任何偶然性;因此,它标志的不是那个同样对我们
而言才存在的、不可理解之物领域的反面,而是被移置入无限性之中的、偶
然之物的绝对替代品(参见原文第41页注3)。偶然性所意指的始终是这同
一种先验特性,但正是当人们对它进行先验阐明之后,才能在这个或那个意
义上将其视为必然性的反面。批判的研究方式的这种双重性(Doppeltheit)
(在康德那里,偶然性就归属于这个双重性),以及对某种必然性所进行的这
种相应的双重(zweifach)对置,都太少有人注意。因为人们忽视了康德逻辑
上的偶然概念,忽视了它如何诞生于对纯粹知性的认知能力的检验,所以,
"偶然性",就人们对它的一般重视而言,大多只是在最后谈及的意义上得到
评价,并且只是被把握为与理念的距离(Abstand von der Idee),也就是被把

---

① 参见卷Ⅲ,第399页。
② 参见卷Ⅲ,第388 ff.、419 ff.页,卷Ⅴ,第415页。

握为必须通过对理性种种权利的某种展望（Ausblick）才能被理解的概念①。

最幸运的是，在这之后，康德通过虚构一种"智性直观"、一种"直觉知性"驾轻就熟地阐明了偶然性。这个批判的辅助概念其意义从命名中肯定就能猜出来。因此，对非理性的克服只有跟对概念和直观二元论的同时扬弃才能得到思考②。对这位审慎的批判哲学家来说，对我们认识行为中的这种分裂进行排除首先存在于无限性中。尽管如此，人们另一方面仍然不得不说，与理念对立的这种二元论本身、对思维的这整个组织，的确又一次包含某种短暂性和相对性的假象。在理想的认识状态下，甚至先验普遍概念也必须被视为起省略作用的东西，而且康德已阐明，对直觉知性而言，杂多的综合作为"特别的行为"肯定没有任何意义。在"完满的认识"这个理念中，普遍之物和特殊之物这组对立被部分和整体、有限之物和无限之物这组对立整个地排挤掉了。对个体的完全穿透、对非理性要素的完全的彻底排除，只能被视为封闭的"经验整体"，视为全体（universitas），而不是共相（universalitas）③。在这个全体中，个别之物占据着特定的位置，而不是像在推理知性的知识中一样漂浮在一种与概念对立的"无规定性"中④。"也就是说，我们的知性具有这样的特性，在其关于比如某个产品的原因的认识中它必然从分析的-普遍之物（从概念）走向（被给予的经验直观的）特殊之物；与

[59]

---

① 让人们从这个方面出发注意偶然概念，这尤其是柯亨的一项功绩，参见《康德的经验理论》第二版，第499 f.、502 ff. 页，另参见第506 f.、522 ff. 页、《伦理学奠基》第30 ff. 页；"……这是理性无法避免的任务；这是对理知的（intelligible）偶然性所揭开的深渊的遮盖。"第34页，《美学奠基》第118 f. 页。但是，这种"理知的偶然性"存在于何处，在柯亨那里并没有通过这个观点而说得清楚明白，即材料无法从形式推导出来。柯亨还进一步指出，"体系的统一性"这个概念与内容性的知识要素密切关联，见《康德的经验理论》第508 ff. 页。这里当然略微提及了这个思想，即偶然性无法从形式之物出发，得到说明，但还是没有得到明确强调的是，这事主要涉及特殊之物和普遍之物间的逻辑关系，另，比较第556 ff. 页，《美学奠基》第113 f. 页；还有《康德的经验理论》第524 ff. 页，《伦理学奠基》第65 ff. 页。施塔德勒（Stadler）也在他对康德那里的偶然问题的杰出论述中将这个主要问题放在理念的视角下从而使人能够理解它并因此而将其视为"只归属于理性的权限"的问题。见《康德的神学》，尤其第61 ff. 页。康德那里的纯粹逻辑学的奠基在他那里也只是蜻蜓点水似的被提及，见第63 f. 页，比较第32 f. 页，第54页。

② 参见比如卷Ⅲ，第79、117 ff.、123、129 ff. 页，卷Ⅴ第415 ff.、419 f.、421页。批判动机在最后一些段落中得到卓越的表达：原型理智（intellectus archetypus）存在于对推理知性（diskursiv Verstand）的"反对中"。

③ 《康德全集》第262、394页，比较上文第53页，注2.

④ 《康德全集》第393页，比较第394页，第396页及以下。

此同时,它也因此在经验直观的杂多性方面不规定任何东西","但是现在我们还可以想到某种知性,这种知性,由于它不像我们的知性那样是推理知性而是直觉知性,从综合的-普遍之物(从将整体直观为整体)走向特殊之物,也就是说,从整体走向部分;所以,它以及它对整体的表象并不包含'整体之结合'这样的偶然性以便使整体的某种特定形式成为可能"①。无论在哪里,只要康德试图描画这种知识理想的逻辑结构,数学类比,尤其是空间类比就会向他涌逼过来。因此,个别之物和"实在之全体"(All der Realität)的关系——正如部分空间被包含在空间中一样——与概念对特殊之物的涵括(Subsumtion)正好相反②。所以,被整合进总体中的个别现实不应该被视为独立的量,而只应该被视为整体的部分。整体不是由部分来表象的,而是部分依赖整体而得到表象,正如部分空间只有通过对唯一空间(Einen Raum)的限制才得以形成③。在直觉知性这种逻辑中,斯宾诺莎的原理颇为有效: [60] 一切规定都是否定(omnis determinatio est negatio)④。此外,因为所有的部分实在都彼此相邻(untereinander)并且与整体处于坚固的关系中,所以,这个"有机的"⑤知识统一体,就像数学空间中直观性的并列(Nebeneinander)一样,构成了某个概念的种种样品间集合式分类的最极端反面。正因如此,在康德之后,与我们受限的、非-直觉的认识相应,我们切不可将世界理解为总体,因为必须好好地将普遍之物而不是将封闭的整体置于个别之物的对立面。

就这样,批判哲学家为理念假定了一个认识阶段,非批判的("流溢说的")逻辑学家则误以为我们已经达到这个阶段了。 [61]

---

① 《康德全集》卷 V,第 420 页。

② "因此,对所有事物的通常规定其大前提无非就是对所有实在的总括(Inbegriff)的表象,而不仅仅是一个概念,这个概念根据所有谓词的先验内容而将它们不仅把握在自身之下,而且把握在自身之中。"《康德全集》卷 III,第 396 页。

③ 尤其参见卷 V,第 420、421 页。还有费英格《康德评注》(Vaihinger)卷 II,第 220 页的一些段落。

④ 尤其参见卷 III,第 396 页。

⑤ 见卷 V,第 420 页。

第二章 黑格尔的流溢说逻辑

如果说康德只是分析的概念理论的一个矢志不移的代表，那么我们在黑格尔身上看到的就不只是一个支持者，而同时也是流溢说逻辑的古典完成者。因为我们肯定在对一种崭新的文化概念的充满力量的构建和评价中看到了一个革命性的、高度未来可期的开端（见导论），在我们看来，黑格尔在概念理论中似乎暗示了某个人们永远无法超越的界限（Ende）①。

经过以上章节的多方面勾画，我们迫不及待地要去设想流溢说的诸要素。所以，当我们在黑格尔那里看到在他所有著作中都自始至终不停地重复着对康德哲学的指责，指责康德在其哲学中通过把纯粹概念、"绝对的空无"、"无限者"与经验–具体之物、有限之物（正是从这个经验–具体之物、从这个有限之物出发，概念才通过抽象而获得它的整个内容）对立起来，而将一种令人难以忍受的冲突插入认识之中②。批判学说被称为分裂的立场③，按照这个立场，一种"漠然无殊的"对立，一种形式和内容间的完全疏远必然会接踵而至④。无论在哪里，一旦绝对的总体经由反思和抽象这两种分离活动而分裂成无限之物（概念）和有限之物两种"反思产品"，非理性的鸿沟就会变得不可避免，正如黑格尔正确地认识到的那样。"无限之物和有限之物

[61]

---

① 接下来的描述只是遵循这样的目的，即从黑格尔逻辑学说的全局出发来突出强调概念理论的"流溢说"特征。

② 见《黑格尔全集》卷Ⅰ，第9 ff.、13 ff.、34 ff.、47、50 f.页；卷Ⅴ，第19 ff.、47页；卷Ⅵ，第398页。

③ 卷Ⅰ，第177页，"形式的观念论"，"二元论"，参见卷Ⅰ，第31、35页。

④ 形式和内容间"外部的"、"漠然无殊的"，亦即恰好从逻辑上看不出来的关系，不断地遭到抨击。在自我意识的"形式同一性"上，还"必须以一种非概念的方式附加上经验之物的某种剩余（Plus）、附加上并非通过这种同一性而得到规定之物的某种剩余，以之作为陌异之物"。卷Ⅰ，第46页，参见第120页和其他地方。

间没有任何过渡;无规定之物和有规定之物间也没有任何过渡"①。我们看到抽象分析自身的特征、概念的内容贫乏、非理性和二元论等所有基本前提在这里都受到了攻击。后者只是通过无限的进步和理念的"绝对彼岸"得到了美化,而不是被克服了②。黑格尔认为,我们理所当然拥有直觉智性（intellectus intuitivus）的逻辑,在二元论的位置上他要求直观着的知性（auschauend Verstand）这个"绝对的中心点"。因此,他在提出这个理念时也看到了批判体系中独一无二的"思辨萌芽"并明确强调,在判断力批判中,我们借此获得了"关于知性的普遍之物与直观的特殊之物间另一种关系的思想",这种关系不同于"在理论理性学说和实践理性学说中起奠基作用"的关系③。 [62]

　　"目光短浅的知性"④的逻辑必然通向一种"事关有限性的唯实论"。对这种唯实论而言,只存在某种绝对合规则的经验之物,它在一个与其相对的概念中以不可言喻地稀释了的形态得到反映（widerspiegeln）⑤。这种唯名论与种种空洞的概念抽象最紧密地联系在一起,因为概念越空洞,人们在面对经验之物的种种美丽的具体性时就越欢欣鼓舞⑥。相反,真正的哲学并不选择经验现实,而是选择对原理而言真真切切的普遍之物,并能够在真实的"先天性"中找到"后天性本身的可能性"⑦,在无限性中找到所有个别且有限之物的萌芽。诚然,只有当人们不区分一般之物（das Generelle）和特殊之物（das Particuläre）并使两者相互疏离,而是从"同一性""无差别"以及两者的相互渗透中获得出发点,因此也就是在一种并非普遍之物而是实在的整体、并非"形式的"统一体而是"有机的"⑧统一体的原理中,展现出一种封闭的总体性,即所有在该原理之下和之中被把握的东西的总体,只有当这个时候,这个要求才能得到满足。所以,一直以来,恰恰就是通过二元论的问题

---

　　① 《黑格尔全集》卷Ⅰ,第 255 页。关于康德和费希特道德哲学中形式和内容间的某种类比性的撕裂,见比如第 350 ff. 、357 f. 页。

　　② 见比如卷Ⅰ第 47 f. 、129 f. 、137、155、177、225、245 页,卷Ⅲ,第 142 ff. 、270 f. 页,卷Ⅴ,第 23、238 f. 页。

　　③ 卷Ⅰ,第 33、39 ff. 页,卷Ⅵ,第 116 ff. 页,参见卷Ⅴ,第 26 页。

　　④ 卷Ⅰ,第 38 页。

　　⑤ 尤其见卷Ⅰ,第 9 ff. 、13 f. 页。

　　⑥ 见卷Ⅴ,第 19 f. 页。

　　⑦ 对此在康德那里也已经能找到一些征兆了,见卷Ⅰ,第 33 页。

　　⑧ 关于这个矛盾,参见比如卷Ⅰ,第 42、44、244,试比较卷Ⅴ,第 27 页,还有其他众多地方。

以及由二元论产生的非理性问题,黑格尔获得了这样的确信:迄今为止的逻辑不知所云,他从一开始就被迫经由这个问题试图用纯逻辑去克服非理性。

创造一门崭新的逻辑学,尤其是创造一门崭新的概念学说,这个任务黑格尔是如何逐渐并且越来越强烈地感觉其势在必行的,对这个问题进行研[63]究,也许是一个迷人的任务。因为在他的早期著作中,他还仅仅满足于与康德式的哲思方式进行论争,并且在概念与直观分叉的地方,他所知道的无非就是设置谢林式的绝对,他还把这个绝对刻画为与纯粹概念性的、形式的统一体相对的"总体"或"体系"。然而他还没有建立一种与分析逻辑的概念理论针锋相对的一个新框架,但是紧接着——转折点是《精神现象学》——这样的确信就愈加清晰地暴露出来:即便是思辨哲学意义上的绝对,也不足以解决非理性的问题。因为毕竟,如果它像一个空洞的概念那样并不意指任何单单形式上的同一性,而是意指一种总体性,那么它的确被视为一种已完成的、坚固的整体,一个极度贫瘠的总体,并且从这种无限之物产生出有限之物,就像从普遍之物产生出个别之物那样不可思议①。在绝对之物的这种"坚固性"中,在斯宾诺莎主义的实体的"不动的同一性"中,个别的变更(Modifikation)不断消失,而非不断生成,"绝对向非本质性的演进(Fortgang)"就像先验逻辑的偶然(Zufall)一样,无法用概念来把握,实体自身仿佛就只是"昏暗的、毫无形状的深渊",将所有有规定的内容都作为本来就否定性的东西吞进自身中②。正如特殊之物的非理性是分析逻辑的未解之谜,有限之物的问题也是非宇宙论(akosmistisch)形而上学的礁石③。就此而言,必须——之前还没有任何思想家胆敢尝试——把某种源始的(ursprünglich)可变性当作一切变化的根据而安放进原理自身之中。必须将坚固之物置于运动之中,使完满之物(das Fertige)进入发展过程之中,将实[64]体提升为"主体",与此同时,作为全新意义④上的真实的"概念"真正地渗透到所有个别之物中。就像在康德的直觉知性这个理念中和在有关某种绝对之物的形而上学思想中一样,将特殊之物与普遍之物间的关系简单地排除掉并代之以有限之物与无限整体间的关系,这是不够的。情况毋宁是这样:

---

① 对某种背离谢林的立场的暗示1801年已出现,见卷Ⅰ,第177页,库诺·费歇尔《新近哲学史》卷Ⅷ,第242页,参见卷Ⅶ,第145页。《精神现象学》前言(卷Ⅱ,第13页下)中的著名段落,库诺·费歇尔,卷Ⅷ,292页下。

② 卷Ⅲ,第296页;卷Ⅳ,第196页下;卷Ⅵ,第303页。

③ 参见卷Ⅵ,第300页。

④ 卷Ⅱ,第14页;卷Ⅲ,第55页;卷Ⅴ,第9页。

不仅必须用"辩证地运动着的概念"这样的流溢说逻辑取代早先的逻辑(后者在黑格尔看来是站不住脚的,这一点在他哲学发展的第一阶段就已经确定无疑了),而且还必须用它来取代迄今为止的流溢说形而上学①。只有当诸概念自身发生变化,当生成(Werden)以及生命的无限灵活的可分层性(Abstufbarkeit)被移置到这些概念当中时,那些被砍掉的具有古老风格的概念才会消失,现实从来无法借助这些概念去衡量,也无法用它们来补偿现实②。于是,概念就变成了它自己在"现象"中的自我实现,每个个别的现实都变成了概念发展的一个阶段,一个"整体的位置",但却是一个"运动(Bewegung)的整体③"的位置。唯有作此理解,才同时避免了先验逻辑的非理性与形而上学的非宇宙论。因为从无限之物到有限之物的过渡,其辩证地"被中介的"完整(völlig)理性④就产生于"自身运动着的思想"的亲密渗透和个别的、按流溢说来讲从中流溢出来的活生生的实现(Realisation)⑤,另一方面,在绝对之物中,有限之物并没有消失,而是成了整体之发展中的一个必要"环节"⑥。 [65]

通过这个概念学说,黑格尔被迫得出了与分析逻辑针锋相对的结论:概念越普遍就必定越具体,内容随着外延的扩大而增加⑦;普遍之物的最高等级同时也是具体性的最高等级⑧。黑格尔意义上的"普遍性"同时也意指在

---

① 黑格尔在评论斯宾诺莎主义时详细探讨了"东方人对流溢(Emanation)的表述",卷Ⅳ,第197页。

② 尤其参见卷Ⅴ,第48 ff.页,"……此固定之物存在于抽象普遍性的、被观察到的形式中;通过这种形式它们变得"(指诸规定性)"一成不变"。"现在,当这种永恒性借助纯粹概念而归属于它的本性(Natur)时,它的种种抽象规定只有按照它们的形式才是永恒本质;所以,它们并不是真理和不朽",而是必然会被"溶解"并且"过渡"到它们的反面。

③ 《黑格尔全集》卷Ⅱ,第36 f.、42页;卷Ⅵ,第318、367页。

④ 辩证服务于某种绝对的理性主义。参见《黑格尔全集》卷Ⅴ,第330页:没有任何客体是辩证的方法"无法穿透的";第25 f.页:"真实(das Reelle)起源于"概念,参见第20 f.页。

⑤ 有限之物和无限之物的同一在最早的著作中就已出现,参见比如卷Ⅰ,第148页;后来,这个思想不断重现(参见比如卷Ⅱ,第328页及其他地方),只不过经过辩证运动的观点的修正,比如卷Ⅵ,第390 f.页。

⑥ 《黑格尔全集》卷Ⅱ,第48页以及上文的引言,第65页注4。

⑦ 《黑格尔全集》卷Ⅵ,第316页,比较卷Ⅴ第41、349、352页,"……自身概念化着的(sich begreifende)概念,作为活生生的、同时也绝对内包的(intensiv)总体的存在(Sein)"。

⑧ 《黑格尔全集》卷Ⅷ,第435页。

一堆样品(这些样品是概念内容的逻辑质性)身上的适用性以及覆盖外延总和的自我延伸(这种延伸真实地[realiter]涵括样品),内容与外延的同一借此而得到宣扬。所以黑格尔告诫我们,不要把"抽象的普遍之物""仅仅是共有的东西"与"真正的普遍之物、共相"混为一谈①。通过不可概念把握性(Unbegreiflichkeit)这个间隔,特殊之物与抽象的普遍之物大相径庭,但是按照流溢说的表象方式反而与真正的普遍之物融为一体。"据此也可以这么说,绝对理念是普遍之物,但不仅是作为与特殊内容相对的抽象形式的普遍之物,而且也是作为绝对形式的普遍之物,所有规定、所有通过这些规定而得到设定的内容,都可以追溯到这种绝对形式那里去。"②

[66]   黑格尔式逻辑与非理性问题间的种种关系现在肯定已经变得很清楚了。对所有个别之物的绝对可概念把握性的渴望,对完全可从理性原理进行推导的可推导性的渴望,首先作为思辨的动机显露自身,这个动机便是赋予概念以纯逻辑的特征,这个特征就是:概念的内容远比概念之实在化(Realisierung)的每一个可归属于概念之下的个案丰富;因为只有在这个前提下,在同时对概念之"普遍性"进行维护之时,才能够避免那种由于概念较之于具体个别之物的漠然无殊性而绝对应该予以谴责的空洞性。于是,从这同一个要求出发,也就是对渗透所有个别之物的某种理性的要求出发,便产生了辩证的自我运动及灵活的具体性这样的特征。但是,除此之外,比一切经验现实都更丰富的东西,同时必然是真实的或者毋宁说具有更高的实在性;由此便产生了形而上的独特生命的独特性,一种比单纯经验现实之上的上层建筑更高的现实,并由此推导出:辩证的进程同时也就是世界的进程,逻辑学同时也就是形而上学和本体论。相反,在我们看来,缺少独立存在的能力确实与抽象概念的内容贫乏紧密相连。黑格尔在许多场合卓越论述过纯逻辑的流溢说与实在的形而上优先秩序间的这种联系,尤其在《哲学百科全书》中最为精彩:"认为构成我们表象之内容的那些对象是首要的,其次才是我们的主观能力(我们的主观能力通过前面提及的对抽象行为以及对对象所共有的东西的归纳行为这两种行为的运作而构造了这些概念),这是错误的。概念毋宁说是真正第一位的……在我们的宗教意识中会出现这种情况,即我们会说,上帝从无中创造了世界,或者换言之,世界和有限的事物产

---

① 《黑格尔全集》卷Ⅱ,第359 ff.页,卷Ⅲ,第320 ff.页,卷Ⅴ,第39-42、64、334页。正如抽象的概念内容一样,大家也切不可将通常意义上的外延"全体",与真正的普遍性混为一谈,参见卷Ⅴ,第97页,卷Ⅵ,第339页。

② 《黑格尔全集》卷Ⅵ,第409页。

生于神之思想和神之决定的充盈之中。"①

因为,阐明黑格尔概念学说的纯逻辑架构并与分析逻辑划清界限,这只是我们的任务,所以必须停止证明,对规范概念(Normbegriff)和价值概念的考量对流溢说概念理论的形成发挥过怎样决定性的影响。尤其在反对文化哲学的原子主义的论战中有着怎样的伟大功绩,这在导论中已经指明了。黑格尔反对各种抽象的价值普遍性并入木三分地看到了它们与原子化倾向不可避免地相互联系。但是,就像在他看来价值概念深深影响着逻辑理论那样,很可惜恰恰相反,他也一再想通过纯理论的和形式逻辑的思辨来支撑文化哲学并据此也把某种个人主义文化哲学的敌对立场回溯到一种纯逻辑的原子主义。所以,他的论辩的最终思辨基础并不是方法论上的担忧,即担忧那个只有在其统一性中才可以理解的、活生生的文化整体经过原子化的努力而土崩瓦解,而是形而上的担忧,即担忧概念的超经验整体,那种形而上的–具体之物以原子主义的方式遭到排除。因为,关于逻辑领域的原子主义,的确只能在一种前提下去谈论,亦即像黑格尔刚刚所做的那样,把概念自身实体化(hypostasieren)为某种形而上的实在,这个实在将自己的一个个个别的实现案例拼合成一个统一的整体。也许只有在这个前提下,那个由分析逻辑断定的、种种个别特殊性(Particularität)所包含的孤立性(Isoliertheit)才能被称为不合情理的分离(Vereinzelnung)、对现实的原子化。只有到那时才能很好地解释,为什么黑格尔在每个个别现实中只能看到一个理知的(intelligibel)连续体上撕扯下来的片段,一个唯有通过抽象的孤立

---

①　卷Ⅵ,第 323 页,比较第 316 页:"当然,概念应该被视为形式,不过要视之为有着无限创造力的形式,这个形式在自身中包含着内容的充盈并且同时不断地释放自己。"

[68]　(Isolation)才能够独立的原子①。

　　这种反原子主义的结论使人再一次想起数学类比。流溢说的概念范围应该按照数学范围内的直观关系,被视为在自身内相互联结的整体(见原文第54-5页)。此外,每个个别的现实都应该从概念出发(就像从数学的普遍之物出发一样)而得到建构和计算。然而,一个如此这般的、由所有支持"数学方法"的人所代表的理性主义,其古典的典范并非黑格尔,而是斯宾诺莎;因此,只以数学为定位方向的形而上学至多可被视为黑格尔逻辑学的先驱。就像在数学的构造物(Gebilde)中,个别的具体的直观性与类似于概念的普遍有效性碰巧一致②,在斯宾诺莎的体系中,种种有限的事物也应该在真实的、同时在时间上无限的相互依存中从神性中推导出来③。此外,在黑格尔

[69]　之前的思辨中,数学关系对有限性问题的形而上学理解也有着显著的影响。正如上文所表明的,在数学中,概念和归属于其下的概念间,就像在总体的外延(个别之物被嵌入这个总体外延之中)内部一样,存在着相似的建构之可能性。与此完全相应的是——当然这里仅仅是假设——先天论建构一者

---

①　见比如第9 ff.、119页,"一个经验以及杂多的王国,其中经验缺乏统一且杂多是偶然的",第128页,比较第250页,"杂多之物的统一性缺乏",卷V,第49页,还是原子论对费希特的道德学说和法的学说的这种批评,明确地结合了抽象的类概念(abstrakte Gattungsbegriff)的本质。"但是,那个知性国家(Verstandes-Staat)并不是一个组织,而是一台机器;民众(Volk)并不是具有某种共同且丰富生活的有机团体,而是一种原子主义的缺乏生命的多(Vielheit),其构成元素是一个个绝对对立的实体……这些元素的统一体就是一个概念。""点的这种绝对的实体性奠定了实践哲学的某种原子论体系的基础。"卷Ⅰ,第242页,参见第243 f.、152 f.页。信奉自然法的理性主义其抽象的、通向原子主义的方法,有关这种方法,详见第332 ff.、367 f.页,关于"政治学中原子主义观点",见卷Ⅵ,第193页。在《精神现象学》中,尤其见第360 ff.页,"人格的纯粹的、空洞的一"。通过整部《法哲学原理》,个体主义的法制建设(Rechtsconstruktion)与对"形式的普遍性"的黏附间的亲密关系得到证明,见比如Ⅷ,第63、221、247页。此外,契约显现为"单纯的共同意志""共同协商的东西"(Gemeinschaftliches),第116、314页,在卷Ⅰ,第243页就已经这样表达了:"共同意志的、被敲定了的抽象物"。

②　关于此,参见叔本华《著作集》(Grisebach版)卷Ⅲ,第151页;西格瓦特(Sigwart),《逻辑学》卷Ⅰ,第389页注释。

③　因此,人们通过思及数学类比而最深刻地把握到斯宾诺莎泛神论的本质,见文德尔班《序论》第97页下,第101页及以下,《新近哲学史》卷Ⅰ,第203 f.页、207 ff.页,《哲学史教程》第342页,里面提到了叔本华的"存在的根据律"。在新一代形而上学家中,谢林尤其强调数学对于思辨的典范性:在数学中,我们能清楚地看到"普遍之物和特殊之物间的同一""在直观中得到呈现的理念"。"论哲学中的建构",全集,卷V,第125 ff.页,"学术研究方法讲课录",同上,第251 ff.页。

从那个在抽象的点性(Punktualität)中被思考的无限之物过渡到个别的有限性,二者也将绝对之物扩展到——一定程度上是平面地延伸——其个别产物的整个外延之外。于是,按照普遍之物和整体的意义,形而上学原理的某种独特的闪耀便从中产生了,并且,有限之物与无限之物的关系就成了特殊之物与类的关系和部分与整体的关系间的一种不是很好理解的中点。当然,意义间的这种相互渗透也是很多古老形而上学思辨的典型特征,并且在柏拉图主义的整个历史中,尤其在普遍真理之争(Universalienstreit)(类=实体)中扮演着重要的角色。从这些观察出发,对有关逻辑-形而上学的个体性问题的某种总括性历史展望为何只能在此得到勾勒,就真相大白了。这种历史其任务也许就在于研究在个别体系中个体在多大程度上被视为类概念的样品,又在多大程度上被思考为(可经验的或形而上学的)总体的组成部分。然后,它可能同时还必须追踪个体的两个主要分支(即逻辑偶然性的形式和形而上学有限性概念的形式)中的非理性思想,这种非理性思想总是一再地、如影随形地紧跟着矛盾的双方(Gegensatzpaar)。也许恰恰在将种种问题如此分离出来的实施过程(这个过程至今尚未实行)中,不得不去彰显一种如此这般的研究的合理合法之处①。 [70]

但是,现在已经变得确凿无疑的是,在黑格尔的逻辑学中,思辨踏出了超越此前所有唯理论体系的本质性一步,展现出比以数学类比为特征的形而上学还要更高的一个思想层次。如果说真的有可能克服一般的非理性思辨的话,那么黑格尔就是唯一一个完成这个目标的人。之前的所有流溢说形而上学都是白费力气。因此,他理直气壮地将形而上学的典型精神产品,斯宾诺莎的"实体",称为自身运动着的概念的未完成阶段,正如黑格尔自己所宣扬的②,他的学说是对先前的所有形而上学(尤其是柏拉图主义和斯宾诺莎主义)概念的把握和完善。

对柏拉图来说同样如此,虽然类概念变成了超经验的实在,但是它们永远是没有变化的、冷冰冰的形式,与"无限的"诞生(γένεσις)处于无法掌控的、非理性的对立状态。当我们至多只能将个别事物视为类概念的外延的

---

① 因为眼下这部著作试图给非理性问题提供一份小小的论稿,以后还会论及这个问题的整个发展的各个个别阶段。此外,大家一望便知,文本中勾画的个体性问题的历史也许可以并且很可能必须扮演这样的角色,即作为对导论(见原文第21 f.页)中所勾勒的评价个体主义(Wertungsindividualismus)和评价普遍主义(Wertungsuniversalismus)的种种不同方式进行历史研究所需要的逻辑-认识论的以及形而上学的平行工作和奠基。

② 卷Ⅵ,第301页,参见卷Ⅴ,第9 ff.页。

某个部分，并且相反总是试图将理念当作现实的某个部分加以对待时，个别事物应该只是对类概念的充实内容的"分有"。另一方面，斯宾诺莎那里的实体根本不应该是一种普遍之物，而是一种形而上的总体。但是，假如说斯宾诺莎很可能会非常决绝地反对将类概念实体化，那么对他而言，实体恰恰烟消云散了，变成了内容空空如也的普遍性。后者是最无所不包的外延总和，具有我们所能够想象的最贫乏的内容性。传统逻辑的厄运如此理所当然地因它而发生了。用理念这个词，柏拉图想要的是最丰富的内容，外延就是因为这种最丰富的内容而强加给我们的；用实体这个词，斯宾诺莎想要的是外延，但又无法同时避免内容的最空洞的抽象性。在这个体系的最高原理中，普遍之物和整体这两种意义撞到一起了，但相互间却没有任何渗透。确切地说，前者在柏拉图那里分量过重了，后者则在斯宾诺莎那里分量过重了。但是，两位思想家并没有武断且毫无顾忌地得出对每一种流溢说而言都不可避免的结论，即认为原理、普遍之物、绝对之物比个别的经验现实内容更加丰富。理念和实体都是黑格尔的"概念"的讳莫如深的前身，这些思想家们企图用它们来达成的东西都没有达成。只有当人们将内容和外延置于同等地位并以此方式克服普遍性和总体性之间的差别时，内容和外延才能达到完全协调一致。到那时，外延就成了不断现实化着的（verwirklichend）内容；内容伴随着外延的扩大而增加，反之亦然。

[71]

从内容和外延的这种同一性出发我们就明白了，为何在最后部分对黑格尔思想的论述中完全看不到数学类比的影子。数学类比还是足以刻画流溢说形而上学的特征的，而黑格尔自己最初作为谢林的支持者与这种流溢说形而上学走得很近；但是，一旦我们专心致志于辩证理论的最终结论，数学类比就变得不那么令人满意了。数学方法重新证明自己是分析逻辑和流溢说逻辑的一个中间者。

此外，从批判的立场出发，黑格尔在非理性问题史中也将占据一个特殊位置。毫无疑问，无论在他之前还是之后，都不曾存在更加浓烈、更加透彻的理性主义。并且，的确从未有过哪种哲学比他的学说更加远离对非理性的误断。批评者还将不得不赋予黑格尔这方面的权利，即当辩证地自身变化着的概念可被人接受时，这时并且只有这时才存在对非理性的克服。这个洞见中无疑潜藏着巨大的思辨成就。但是，批评者当然会否认前置句（Vordersatz）的条件即黑格尔意义上的概念。

[72]

第三章 | 费希特在观念论体系发展次序中的地位

将分析的概念理论与流溢说的概念理论对立起来的做法本该只是间接地给逻辑学史做出某种贡献，首先是与此相对地阐明理性主义在德国哲学中的发展。通过以下方式，即在前康德形而上学的绝对理性主义那里，经由假设(hypostasiert)的知识理想创造出内容上得到规定的超感官对象。而在康德那里则相反，知识价值只不过是内容空洞的形式，以此方式，我们把与某种特定的经验主义相容的批判理性主义跟前康德形而上学的绝对理性主义区分开来(见第32页下)。就此而言，首先必须把黑格尔的学说——至少考虑到经验主义和非理性——与前康德形而上学放在一起，并将两者一道与批判哲学对立起来。然而，异常重要的是让那个重大转折以此方式发生，即首先是独断论的(前康德的)和观念论的(康德以及后康德的)理想主义土崩瓦解，然后两个主要分支进一步分解为次级种类。将独断论理性主义和观念论理性主义区分开来的，是认识对存在的依赖，即模仿论(见第33页)。所以，康德和后康德思辨在清除模仿论方面是一致的，因而就此而言两者都是观念论的。于是乎，在观念论的理性主义内部，进一步的分叉只根据存在对认识的依赖等级而形成。因此，当批判哲学在两个方向上从理性主义形而上学中脱颖而出时，我们就为康德和后康德的理性主义保存了一种按照理性等级而鲜明的阶梯式上升的发展次序。

现在，对这个观念论-理性主义体系其序列内部存在的一种截然区分而言，分析逻辑和流溢说逻辑间的对立扮演着出类拔萃的分化原理(principium divisionis)的角色。当时正是通过这个原理才得以对先天(Apriori)进行逻辑结构上的检验，对理性要素进行精确的测定，因此也就是对存在对认识的依赖性进行测定。然而，在此切不可把逻辑上的特征理解为外在的、次要的装饰品，而是必须将其概念把握(begreifen)为本质性的组成部分，概念把握为所涉及的理性主义的独特内核。就这样，我们第一次以如下方式犀利地表达了康德的形式先天论(formal Apriorismus)，即学会把先天的组成部分理解为先验的类概念，这种类概念是按照分析逻辑的规定而得到正确建构的；于是我们将黑格尔的绝对先天论准确称为流溢说逻辑（"流溢说逻辑"）。种种个别体系的理性主义成分就通过这个方式按照固定的逻辑标尺得到检验。

现在，就种种观念论思辨的这整个方向（它们都将认识置于绝对存在之上）而言，归根到底只有一个具有根本重要性的问题，即认识能力到底是毫无限制的还是受到种种限制的约束？存在对思想的依赖应该理解成绝对还是受到思想之意义的局限？对此问题的两种唯一前后一贯的答案就是康德哲学和黑格尔哲学。两者都看到了个体咄咄逼人的非理性。只是一个认为这种种限制是无法克服的，一个认为它们最后是可以被扬弃的。

对于这个巨大的、决定一切的对立——我们现在如是发问——费希特采取了怎样的态度呢？知识学是绝对的理性主义吗，抑或它给理性之物树立了一道界限？它是否已然属于那个偏离了批判哲学的德国思辨？这就是我们"第二部分"应该回答的问题，这也是我们的研究的主要课题。

[74] 或者，也许根本不可能再有什么怀疑了？的确，表面看来，仿佛历史书写的判断已经做出最终决定，即基于康德的知识"批判"，因此也就是基于分离着分解（sondernde Scheidung），基于对形式的知识价值的析取，一种完全不同的方法已经伴随着费希特的出现并且恰恰通过他接踵而至，这种方法便是"建构"（Konstruktion），它否定一切被给予物，并将其整合进一种无时间的理性关联中。的确，在费希特的同时代人那里已经毫无争议的是，知识学宣扬的是一种大胆的观念论，在这种观念论中，知识（Wissen）的"形式"和"内容"间的差别变模糊了，并且一切都从一种"独立性的空壳"①中、从纯粹自我出发得到演绎和建构。

毫无疑问，批判方法被一种不同的、全新的方法取代。此后，没有任何人可以否认德国观念论的无可争辩的努力，即努力在越来越高的水平上怀着骄傲的意识思索着知识（Wissen）相对于存在的绝对独立性和在认识论上的优先性。但是，人们依然能从中看到的恰恰总只是对康德之"先天"（Apriori）的至深意义的揭示。因为对每位观念论思想家来说，"先天"都意味着"必然性和普遍性"，意味着无条件的并且是最高的知识价值，意味着思维王国中的绝对最高者，一种甚至不依赖绝对存在之印迹（Druck）的东西。此外，按照康德的说法，我们可以如是进一步论证，除了这种向上的不依赖性外，它还有一种向下的支配。虽然它向下，也就是说在它起效应的范围

---

① 弗里德里希·海因里希·雅各比，全集第三卷，第37页。

内,在思想内容的集合中,仅仅作为形式而出现,但这个形式因此是不可避免的。不过另一方面——批判哲学恰恰在这方面有所保留——也必须格外留神,先天的这种向下的支配隐瞒不了它纯形式的特征。因为理性的组成部分从来不从自身产生任何个别的规定性,它总是需要一个具体的支撑物,一个基底(Substrat),一种经验舞台上的实现(Verwirklichung)。并且,必须承认,在这个至关重要的点上,德国哲学的历史证明,想要严格地保持形式的理性主义屹立不倒,将对思维之自治性(Selbstherrlichkeit)的思索与对先天(Apriori)的"向下"支配的批判性理解结合起来这种做法并不成功。康德的追随者们无法抵抗这个尝试,即尝试将也是向下的先天(Apriori)之强制力提升为某种甚至在个别之物的个体性方面完全规定着个别之物的支配力,他们把批判的-形式的理性主义逐渐地转变为一种流溢说的理性主义。 [75]

　　现在,为了能够对知识学的发动者及其在这种发展中的地位做出判断,只要对费希特最初的几部奠基性著作有一个浮光掠影的了解就够了。在最初的体系计划中——它应该包含在其他情况下也合情合理的东西——无论如何都找不到康德那种有节制的认识论(这种认识论要求在纯粹理性中只看到对知识起奠基作用的、抽象的、无内容的形式)的蛛丝马迹。理性在此毋宁说是作为绝对创造性的世界原理、作为纯粹源始的(ursprünglich)精神性、作为神性和绝对者而出现的,它因此也作为凌驾于经验现实之上的形而上的上层建筑而出现,对它的接受必然是每一种流溢说逻辑的永久的伴随现象。在拥有某种"智性直观"(内容和形式通过它而均等渗透)的幸运之所,批判性分解的整个艰苦卓绝的工作似乎被弄得多此一举了,与之一同消失的是康德为先验研究的方法所确定的二元论。在对理性之本质的一种如此这般的看法中,自然不可能有人承认在科学理论中尚有任何限制束缚着概念把握(Begreifen)。相应地,知识学的这位作者自己也"以寥寥数语"解释道,经验的杂多也是"由我们通过一种创造性的能力制造出来"[1]的。对于这位流溢说的逻辑学家而言,康德的抽象理性形式正好转变成了形而上活力(Lebendigkeit)的一个构造物。另外,即便应该因此而赞同这一点——费希特想要从某个最高原理中推导出范畴或者一般而言的知识之形式条件(在康德那里,这些形式条件被当作现成的事实而被接纳)——的人,即使在其试图把理性的本质概念理解为通过内在必然性而相互联结在一起的诸理性功能的统一关联整体这样的尝试中,也能看到一种静水流深的哲学成就, [76]

---

① J. H. 费希特编《生平和书信》(第二版),卷Ⅱ,第 166 页。

甚至看到一种至今尚未得到解决但远远指向未来的任务的人①,也无法对这个洞识视而不见,即费希特在此大大超越了所有可能建构的种种藩篱,通过先天之物将经验之物分解直至最后的残余,将个体连同现实一道纳入辩证的进程之中②,简言之,就是踏入了流溢说逻辑的舞台。即使是完全能够注意到知识学的各种建构从一开始就没有被视为比如惯常观点的人也无法否认,知识学显而易见的基本倾向就在于通过先天之物来整个地排挤和废除经验之物,与此同时,那个唯一的绝对理性(die Eine absolute Vernunft)在逻辑的-概念的方面就成了一切中的一切(alles in allem),就像它在伦理方面一样。

　　同时代的反对者们已经将他们的攻击主要对准了 1794 年草拟的有关知识学的论述。但是,即使对像谢林、莱因霍尔德、施莱格尔这样的一些支持者,知识学的最初形态也施加了决定性的影响,而黑格尔和赫尔巴特则恰恰从他们那里接收到持久的刺激③。由于这种巨大的历史影响,那份不断证明其强有力的原创性的那个最初的大胆计划一直到今天都还宣示着它唯我独尊的地位。在哲学的整个历史书写中,在对先前的也就是 18 世纪出现的知识学的论述中,人们几乎毫不例外地指向 1794 年《自然法权基础》④。人们对某些学说在逐渐发展过程中通过对道德学(Sittenlehre)和宗教哲学的奠基所经历的深化进行了很好的探索;但是,没有人想到的是,在知识学自身的真正核心之处,某种转变本可以与之相伴而得以实现;没有人想到,在此期间,费希特这位不知疲倦的昂首阔步者本可以摇撼他自己的哲学的基础⑤。

　　然而,认为 1794 年横空出世的费希特的观点可能对整个旧时知识学而言都具有标志性,这样的理解还是被认为完全站不住脚而遭到摒弃。在旧时的知识学(它甚至单独就可以代表名副其实的观念论)内部,也就是说在1800 年的大事件之前的那个阶段,一场大变革毋宁说——已经过了很短暂的时间——已经在认识论的基础中而不是在次要的附属品中发生了。

　　当然,《第二导论》中由他开始的背离先前学说之精神的进程,除了跟第

[77]

---

　　①② 见文德尔班《新近哲学史》,卷Ⅱ,第 204 ff. 页。《序论》第 274 ff. 页。

　　③　见厄尔德曼(Erdmann),《概论》(Grundriß)卷Ⅱ,第 444 f. 页。

　　④　此外还包括比如"第一导论"和"一清二楚的报告"。

　　⑤　即使青年费希特也只是使人注意到,最初的论述尚需要很多的完善,并且其中最常用的一些表述比如对自我和非我等等的"设定"都被抛弃了,但是,他没能够显示加入了哪些重要的变化;见《生平和书信》卷Ⅰ,第 227 f. 页,《作品全集》卷Ⅰ,前言,第Ⅷ页、第Ⅹ ff. 页,参见厄尔德曼,《概论》卷Ⅱ,第 444 页。

一个计划一样对少许冒失之处给予了严厉批评外,并没有展示出多么高的原创性,而是展示出对康德更强烈的借鉴。当我们现在打算恰恰将费希特学说这个新颖且晚近的开端挪移到论述的中心位置时,当我们从对认识论原则的这种修正中推导出某种意义(这种意义傲然耸立于费希特自身哲学的发展之上并关涉他在德国观念论历史中的整个地位)时,一种如此这般的处理方法的确像是要人为引进完全异质的、对知识学之精神而言陌生的、因此是非本质甚至误导性的视角,这些视角只会扭曲费希特思想的形象。对于这种异议我们只能暂时引证本书"第二部分"的详细论述:人们将从此部分获得这样的确信,即费希特那里最严格意义上的批判哲学的某些成果,其持续影响至今也只是受到不恰当的低估并且一直不为人注意。 [78]

　　另一方面,必须强调,我们总体来说的确离这个错觉十万八千里,即好像通过对理性要素在不同系统中所采纳的逻辑结构进行阐明,由此而得到研究的哲学其思想的丰富性就在某种程度上能够被穷尽似的。我们更不可能突然想到,通过突出强调某些特定的问题就想要在费希特思维的整个直观性和原创性中去把握它。不仅规定着费希特的世界观的整个实践哲学依然无人重视,而且纯理论区域上的某个他所独有且富有成效的行为也是如此。我们甚至就只追踪非理性问题是如何贯穿德国观念论的整个发展过程的并与此同时详尽地考察在挺进并穿越费希特哲学的领地时所拣择的道路。

　　但同时,从以下这点出发肯定还是可以理解的,即为何非理性思想恰恰在其问题史的分离孤立(Isolation)中而且是摆脱了与知识学其他组成部分的活生生的连接后,才的确可以帮助我们至少在德国思辨的形成过程中为费希特指定一个确定的位置。因为,我们当然坚定地认为,我们对理性的逻辑测度也许还当不起某种穷尽一切的探索和全面的理解这样的价值,尽管如此,还是给哲学的那整个历史阶段的划分或分期化提供了最好且最合情合理的工具。在这些前提下,我们,如果这个证明——费希特已带着对康德先验方法之影响的明确意识而将其吸收到自身中——(不太顺)成功的话, [79] 将不得不相应地纠正我们对后康德哲学之发展进程的描述。到那时,费希特所跨出的超越康德的步伐,不管其他方面可能跟他有怎样息息相关的地方,无论如何都不可以被解释为是批判性研究的锋芒变钝了。德国观念论已使认识批判的那些伟大的、富于成效的思想再一次黯淡无光且已倒退为种种形而上的表述,这种在其他情况下正确无误的观点在康德的第一位伟大追随者费希特身上似乎并不适用。相反,在他真正的批判时期,费希特看上去更像先验哲学家和分析逻辑学家,而不是形而上学家和流溢说者。

　　正如导论中对价值逻辑进行了一番问题史的勾勒一样,第一部分也从德国观念论的逻辑出发进行了一番问题史的概括。并且,正如导论只是通过嵌入正确的问题关联而方向性和准备性地抵达一些纯粹逻辑性的问题一样,第一部分应该也只是暗示了费希特对这些纯粹逻辑的和先验的问题的态度。

[80]

第二部分

费希特的理性主义及经验之物的非理性

第一章 | 1797 年的转变和对批判性反理性主义的奠基

在本书"第一部分"中，我们做了这样的尝试，即在描述从康德到黑格尔的观念论体系的特征时将符合运用的理性主义方法推到前景处，并据此将 [80] 思辨的发展理解为理性因素其逻辑结构的一种逐渐变化。当我们做如是理解时，也许就可以将朝体系迈进的方向视为超越康德的进展中的、方法上的本质之物。从批判性的分析过渡到体系性的建构，紧接在批判之后的是理性的体系。

康德哲学本身潜藏着这种改造的实实在在的连接点。按照我们的证明这意味着，先验分析将整个知识劈成先天和后天两个组成部分或理性之物和非理性之物两个部分。现在，虽然个别的理性因素以及它与经验之物的关系已经借助批判的方法得到了足够的证明，但是，先天理性功能的总括并未以同样的方式被把握为休戚相关的统一体。并且，通过先验哲学的任务，人们急迫地要求这项进一步的成就。因为，正是在康德自己关于先天领域所有组成部分的观点之后应该才能够理解并先天地预测，这些组成部分作为普遍的理性法则"必然"适用于经验对象（见原文41页）。于是，可概念把握之物(das Begreifliche)的领域作为剩余应该与"偶然的"、非理性王国的疆域相对立。但现如今，如果缺乏对两个领域进行精确划界所需的统一标尺，缺乏判断什么东西必须包括在理性区域内而什么东西又不必包括在其中的某种先天标准，那这整个区分不就飘浮在空中了吗？对经验材料的超经验内容进行划分无法简单地从经验材料自身中觉察出来，因此，甚至康德也苦心孤诣地想要对纯粹理性的诸形式进行一番系统性的安排，它们的原理应该从纯粹知性能力的纯粹逻辑和内在法则中推断出来。

对先天的知识内容只进行归纳性的确定，这条道路肯定恰恰在那样的人——即按照严格的批判性非理性思想的所有前因后果而对这种非理性思想斟酌再三的人——看来显得最行不通、最令人怀疑。形式和内容之间的 [81] 这种逻辑上的新奇对立、横亘在两者之间的不可概念把握性

（Unbegreiflichkeit）的距离，使如下情况显得不可思议：只有从直接被给予的现实的结构出发，先天（das Apriori）领域内部一个个个别的理性组成部分之间的种种关系有朝一日才能被猜测出来。从先验的普遍之物过渡到特殊之物，从这种过渡的非理性出发接踵而来的毋宁只能是迈蒙的批判性怀疑，他怀疑的不是先天（Apriori）的可能性及其超经验的有效性（Geltung），而很可能是个别之物中也存在某种先天知识这样的事实，是形式和材料间的某种现实的、无论在任何情况下都能以绝对的确定性得到证明的混合状态，因此也就是对这种可能性的怀疑，即无懈可击地将绝对先天的（apriorisch）组成部分与后天的组成部分划清界限的可能性。根据外在的最终结论而不是论证过程，这个立场与休谟的立场高度一致，即无论在任何地方，怀疑都必然溶解为更浓厚的习惯性。区别同样在于，休谟大体上否认某种用分析方法无法概念把握的先天具有合法性，因此他立即为内容性知识获得了某种有别于仅仅是相对普适性的东西；与此相反，迈蒙从综合性知识形式的绝对有效性出发，但紧接着却似乎痛苦地错过了在依然如此无法控制地增长的经验中一再认识对某种绝对必然性的保证，认识可能性，认识先天[1]。批判哲学在迈蒙那里所经历的命运恰如其分地表明，那种单纯归纳性和"狂想曲式的"[2]做法（康德的确也依然拘泥于此种方法[3]）必然会通向何方；它教导我

[82]　们，在单纯经验之物的基础上，关于相对普适性和绝对普适性的区别人们无法做出任何决定，在这个基础上也从来无法带着好的良知（Gewissen）搞清楚，应该到哪里去寻找经验之物和真正的先天之物之间的分界线。人们只相信种种理性的必然性，但却无法说出它们的根据；难怪迈蒙会称自己为理性方面（im Rationalen）的"独断论者"。这种独断论还依然可以作为最后的结论吗？克服独断论，恰恰意味着为深化和巩固批判哲学铺平道路。

现在，谁若是固守城池，坚决防范怀疑先天世界的怀疑主义破门而入，他可能就会仿佛吸取了前车之鉴，而变得豁然开朗，相信唯有在体系性的上层建筑中才能找到庇佑并且肯定会试图去揭示种种纯粹的理性功能间的某种关联（这种关联只是从先天要素自身的意义中推断出来的，因此是无法从

---

① 迈蒙《争鸣集》，第三篇论文，第 188 f. 、191 ff. 页。

② 参见《康德全集》卷Ⅲ，第 101 页。

③ 费希特在致莱因霍尔德的信中说：康德"采用了一种启发式的思想形式；只是猜测直观的种种形式并通过归纳进行证明"。［《生平和书信》卷Ⅱ，第 215 页。参见《费希特全集》卷Ⅷ，第 362 页以及卡比茨（Kabitz）的《费希特知识学的发展史研究》第 74 f. 页，附录 25。］

后天进行攻破的内在关联),并且试图以这样的方式以这样的方式将康德那里毫无联系地相互脱落的东西整合成一个坚固且统一的结构①,即通过从种种最高原则(Grundsätzen)出发所进行的建构和推理去清除所有假设性的要素。

各种后康德体系,尤其是费希特的知识学和黑格尔的辩证法,它们之间显而易见的亲缘关系就在于这种体系性倾向的共性。与此同时,在理性主义的方法中,在某个特定的方面,毫无疑问必须把费希特和黑格尔以及与黑格尔一道的康德放在对立面。但是,为了解决我们的任务,即更准确地确定费希特在理论的、观念论的思辨之发展进程中的位置,还需要在体系的和辩证的方法内部进行一些将通向如下结果的研究,即再一次松开黑格尔和费希特的同属性,不夸大也不缩小"黑格尔偏离了批判哲学"这个断言。 [83]

当然,首先,每一种尝试,即试图通过体系性建构来克服先验概念与理性诸功能的单纯"集体式"②统一体特征之间的毫无联系,这似乎都是向黑格尔逻辑的一种靠拢,这种靠拢的努力同样走向通过起中介作用的种种过渡而将漠然无殊的并列彻底转变成一个辩证发展的整体。尽管这个基本特征具有这整个相似性,但是辩证方法的两种截然不同的方案必须泾渭分明地划分开。也就是说,在一种情况中,用辩证法进行中介的倾向只有在一个纯概念的场域中才有效,与之相对立的是未被触及的且辩证法的渗透对之无能为力的单纯经验之物的整个区域。在另一种情况——我们在黑格尔那里已经认识到这种情况——中则相反,概念自身必须通过辩证的自身运动(Eigenbewegung)得到如此高度的提炼,以致它能够把个别的且最微小的东西也一起吸收进辩证的进程之中,然后,概念与经验现实间的完美补偿与诸概念的彼此中介携手并进。两个区域间的分裂在此完全消失了,整个认识世界被呈现为唯一的、无差别的辩证全体(Masse)。同时,问题的关键在于辩证进程是否均等地抓住了一切,或者,由于辩证进程诞生于概念的区域,它是否还一如既往地容许概念和经验现实的二元论。紧接着这种二元论也就出现了按照分析逻辑的种种规定来思考概念与个别现实之关系的可能性,结果,尽管整个理性主义存在于先天世界内部,经验之物还是经由非理性的鸿沟而与这个世界分裂开来了,并且,尽管有这整个演绎推理,经验之物依然是一种无法被推理出来的剩余。但因此却证明了分析的概念理论和

① 参阅文德尔班的《序论》,第 272 ff. 页。
② 参见库诺·费歇尔《新近哲学史》,卷 V,第 627 f. 页。

[84] 流溢说的概念理论间的矛盾也已经决定性地嵌入辩证法中,并且在其中通过如下方式产生了两个分支,即辩证法要么忍受有一种分析的逻辑在其旁边,要么将其完全清除并从头到尾都以流溢说的方法进行。

现在,所有进一步的区别都可以轻而易举地从这个事实中推导出来,即一个采用的是分析的-体系的进路,另一个采用的是流溢说的-体系的进路。虽然体系的特征将两者与康德"狂想曲式的"进路置于共同的矛盾之中,但恰恰必须注意的是,除了概念间的辩证联结,分析的-体系的方法任由从属于某个概念的一个个个别样品之间存在未连接状态(Unverbundenheit)和分离(Vereinzelung)。所以,不管人们是像康德那样狂想曲似的提出诸先验概念,还是像费希特那样对之进行体系性的排列,在这两种情况下都可能依然是黑格尔意义上的"原子主义者"①;而且,切不可因此而将狂想曲式方法与体系方法间的矛盾与黑格尔的原子论式方法与有机方法间的矛盾混为一谈! 一个完善的概念体系还不是整体现实的一个辩证有机体。还有,在本书"第一部分"所观察到的、逻辑学说与形而上学的因果性(Konsequenz)间不可避免的联结,肯定会在种种体系性理论内部不断重复。结果当然就是,先天的领域可以从分析的-体系的立场出发被理解为只是一种毫无形而上自身生命(Eigenleben)的、单纯抽象的概念世界,只是一种无时间的理性关联整体,正如我们也必定在方法论方面剥夺了它的绝对独立性,剥夺了它建造体系性建筑的自给自足的能力,并且无法让它幸免于一种不断的回顾,回顾那种不可替代的而不是那种理性主义的、可以预测的经验材料。相反,从流溢说的-体系的立场出发,辩证的概念发展必然同时也是渗透一切的世界
[85] 进程。

事实证明,即便在体系的立场内部,分析逻辑与流溢说逻辑的矛盾也具有举足轻重的重要性,有了这个证明,我们也就为如何将费希特准确地安放在康德和黑格尔之间确定了主导的视角。因为从现在起,我们就能够毫不动摇地通过这种状况——即费希特已通过建立一种"理性的体系"超越了康德——而将我们的研究重点放在分析逻辑和流溢说逻辑间的矛盾与知识学有着怎样的关系这个问题上了。

此外,我们把主流看法(这种主流看法看到了费希特理论哲学真正且唯一的源泉就在 1794 年的知识学中)与如下断言对立起来了,即其后没几年,对认识论的奠基就完成了一种转变,通过这种对立的方法,我们同时也详细

---

① 正如黑格尔针对逻辑原子主义的论辩也是反对费希特的。

且清晰地勾勒出了下面的论述的进路。也就是说,我们首先明确了无拘无束的理性主义对知识学一向的指责只涉及它的初创阶段(第一节),以便在此基础上通过确定1797年的根本转变所赢获的成果而明确地突出强调对费希特所做评价的片面性(第二节到第四节)。 [86]

第一节　1974 年先验逻辑的流溢说

在费希特自己的思辨的开端处,我们看到,他还深受那样一种想法的支配,即想要清除康德学说中的未完成的和碎片化的东西并通过无所不包的体系性扩建为观念论哲学赢得一个坚不可摧的基础。但是,在对体系的过度需求中,知识学的这位奠基者只看到种种限制蜂拥而至,而每一种诸如此类的举措都被无情地拘役于这种种限制之中。所以,费希特马上就迎面碰上了理性主义建构可能总有一天会抵达的最极端界限:他突然掉进了流溢说逻辑的绝对理性主义中。费希特个人发展的独特性恰恰就在于这种发展与哲学的总体发展南辕北辙,这是在其个人发展中从一开始就能预测到的、在后来的哲学进程中将反复出现的思辨阶段,在此之前,费希特自己早已在其批判性思维的制高点上摆脱了这个阶段①。虽然通过指出他刚开始恰恰只把重点放在体系的建构上,然后才逐渐补充加入对体系中有限之物及个体之物问题所要求的观点的考虑,人们或许能在最初的计划和后来(直至1801年)的转变间尝试某种平衡,但是,即便是在被认为存在如此这般的连续性发展的断言中,也可能潜藏着许多正确的东西,所以在下面的论述中我们将不得不向大家展示,对有限性问题起初根本不可能有什么深刻的把握。经过后来的批判性转变后情况则相反,这种深刻的把握变得不可避免了。所以,我们将证明,从先验逻辑的流溢说到分析逻辑的过渡是逐渐突出、逐渐清晰的非理性思想的最深层原因,与此同时,我们也将揭示出费希特观念论两个不同阶段的最终根源。

因为费希特哲学所经历的所有转折,其核心点就在其哲学的最高原则——"我"之概念——的独特发展史中,所以我们必须首先将我们的注意力指向那个成为1794年知识学典型特征的绝对概念。

---

①　然而,作为前黑格尔的流溢说,费希特1794年的立场终究还是通过对数学类比的优势地位而得到标记,有关于此,参见本书原文第69 ff.页。

[87] 　　关于费希特的"绝对自我"所意指的东西,首先可以十之八九地确定的是,它应该成为先验概念的金字塔的塔尖,并且,按照其结构,它似乎必然与康德的形式的、毫无内容的先验统觉(参见原文第 42 f. 页)完全对应。在某种程度上,这种理解并不是一种对费希特的原初思考而言非常陌生的、只是从分析逻辑那里借来并且被固执己见地翻译过来的推论,而是当时知识学自身的组成部分。当然,这个组成部分已深深嵌入不同的并因此不相容的思想集合中。所以,毫无疑问,在 1794 年的重要著作的一开头,那个涤除了所有陌生成分的、剥夺了一切内容的、对自我的"自我 - 设定"就作为抽象的先验普遍概念被思考了并且被正确地标记为最后的且因此最空无内容的、"作为一切之基础"的、"包含在一切之中"的自我之环节、意识之环节或理性之环节①。假如费希特一直忠实于对先验抽象概念的这种表达的话,那他当然不可能将自己的写作推进到超过第三章。因为除了对"第三原理"进行详细论述外,一个事实上与先前的思想层次并无联系的全新的思想层次也同时开始了。也就是说,发生了以下现象,这个现象对只接受过批判哲学训练的读者来说耸人听闻,然而对流溢说逻辑的行家而言又作为真正的标志而尽人皆知,这个现象便是:将最高的概念、最终的认识价值转换成内容最丰富的构造物、最真实的潜力(Potenzen),将抽象的 - 形式的东西重新阐释为具体的 - 物质的东西。尤其是将普遍概念"自我"假设化(Hypostasierung)为理性的总体,这一举动成了流溢说辩证法的基础。暴露其真面目的症状就是用整体与部分的关系来代替类和样品的关系,这种替代无异于从非理性思想的纯逻辑根源处抨击非理性思想。当我们看到认识论上的类概念从逻辑上的上层性和支配地位突然一下子变成存在的绝对丰富内容,变成"实在之[88]总体性"(Totalität der Realität)时,也就走下了先验的舞台而踏上了形而上学的舞台②。

　　此外,恰恰是后康德流溢说的独特性在典型的纯粹性中显示自身,因为并不存在对某个概念的简单实体化,而是存在对某个先验概念、对某个认识论形式之物的形而上的重新阐释。先验的概念理论其更大的复杂性(参见原文第 34 f. 页)在于,在它那里,内容性思维的、生产着实在的(realitäterzeugend)种种形式无法被制作成内容性的实在。费希特恰恰死于

_____

　　①　尤其见《费希特全集》卷 I ,第 91 页,《反思》、《抽象》,第 92、95、134 页,参见第 96 f. 、102 页。

　　②　将形式上的"自我 - 设定"等同于总体性,在第 I 卷第 129 页上面以及第 137、192 页尤其明确。

这种危险。因为他从如下事实，即认识概念或实在的种种形式范畴必须奠基于"自我"之中，从这个事实推断出自我——在物质的意义上作为一个整体——包含着实在。但是，通过这种向总体的意谓（Bedeutung der Totalität）过渡或者毋宁说跳跃，"单纯的形式"这样的概念已变得不可能，与此同时，形式与材料的分裂（这是发掘非理性的必要条件）立刻遭遇挫败。本该被驱逐到九霄云外的对二元论的克服似乎被转移到哲学建构的当下性中去了。人们从形式中获得理念，获得理性整体，走的是迅速重新阐释的道路，而非绕过个体之物之事实或内容之事实的弯路。同时，有限性被真真切切地跳过了。于是，诸如此类的迷误就产生了模棱两可的表达，比如：一切事物的最终根据必须被设置进自我之中，一切必须从自我出发去阐明（der letzte Grund von allem müsse in das Ich gesetzt, alles müsse aus dem Ich erklärt werden）。这些表达必然首先只包含对一以贯之的观念论的声明，此外无他：没有任何东西可以逃脱成为意识内容的命运；我性（Ichheit）、知识（Wissen）是最高的哲学抽象概念；一切存在皆为我而存在或者在我之中存在，一切皆与我有关（alles is ichhaft）；我性是先验的普遍之物，一切的一切，尤其是经验性的知识，都归于其下。但其次，就像纯粹自我的意义熠熠生辉地照进总体之中一样，那些表达也逐渐具有了这样的意义：个体之物作为如此这般的个体之物在其特殊性中被包含于自我之中，作为经过分类的部分个体性被包含在总个体性中或者作为部分被包含在知识之整体中。因此，一以贯之的观念论其最普遍的原则与下面的断言不可分割：即便经验的-个体性的东西也是可以推理演绎出来的，是可以通过辩证的思辨加以掌控的。特殊之物归于其下（但通过非理性这条鸿沟而被分离）的我性转变成了早已完全包含特殊之物的自我。所以，通过辩证法的技艺，经验现实被魔术般地从一个以辩证的方式骗取过来的概念（知识总体）中变现出来。 [89]

　　同时，1794 年的知识学代表着对黑格尔的辩证法而言具有典范性的尝试，即试图把康德为理念所设想的、有关直觉知性（intuitives Verstand）的逻辑从九天之外拉回来并移置到科学的现实中去。但是，直觉的方法只能运用于一个纯数量之物的世界，因而，如我们所见，任何流溢说逻辑如果没有暗中使用数学类比是不可想象的，这一点恰如其分地借助知识学而得到了证实。因为首先是通过种种空间关系进行的直观化（Veranschaulichung），这种直观化无论对斯宾诺莎的泛神论（参见原文第 69 页）还是对知识学的泛逻辑主义而言,都是使真正的理解成为可能的东西①。我们能够精确地追踪到费希特如何眼睁睁地看着自己被迫把某种直观的特征搬到流溢说的本质头上,并借此而把形式上的我性直截了当地重新阐释为包罗一切的"场域"(Sphäre),特殊之物就是通过对这个场域的限制(就像空间的情况一样)而从中产生的。"……这不是一般的处理方式(Handeln),而是一种特定的处理方式:一种一般地包含在处理场域下的特殊处理方式。(画一条圆线=A,于是,由这根线所圈定的整个平面=X就与无限空间中的无数个平面相对置……)"②因此,流溢说的篇章由之开始的"第三原理"典型地具有重要的方法意义,即它将"量的能力"(Quantitätsfähigkeit)的原理引进到先验的概念关系中。通过具象的逻辑重释,普遍之物与特殊之物间的鸿沟变成某种可以通过种种量的规定加以表达的区别。自我概念作为填满整个场域的东西而出现,非−我作为只是占据场域的某个部分的东西而出现,是从场域中选取的部分,是受到限制的量,是个体之物、特殊之物。所以,非经验之物或纯概念之物与经验之物或可涵纳于概念之下的样品间的质的矛盾或无法跨越的距离,就变成了一种"可数量化的"东西,并且,我们发现自己身处更大之物和更小之物的可控世界之中③。无限性和有限性、实体与偶性④间的反向对立(konträre Gegensatz)就源于自我和非我间的前后矛盾的对立(kontradiktorische Gegensatz)(非我总是意指经验之物),因此,我性的"在之

[90]

---

①　有关于此,请参照卡比茨(Kabitz)基于迄今尚未付梓的费希特遗篇而作的论述和观点介绍,《费希特知识学的发展史研究》第 61 页及以下,附录 25。

②　《费希特全集》第 I 卷,第 140 f. 页下,参见第 191 ff. 页,还有其他地方。

③　自我和非我的设定只能以如此方式被统一起来,即两者"相互限制"。但是,在"界限"(Schranke)概念中包含着"可分性""量的能力"概念,见第 108 f. 页,比较第 109 ff. 页;作为"数量活动"(Quantum Tätigkeit),作为"缩减"的非我,见第 139 f. 页,比较第 133 f. 页。

④　《费希特全集》卷 I,第 142 页。

中"（in）源于"在之下"（unter），现实的矛盾（Realrepugnanz①）源于逻辑对立②。这里所从事的逻辑，实际上不再被当作人的知性，而只是被当作直观着的知性。当然，这种知性能够走出总体性并通过规定（Determination）达到内容的缩减，亦即通过简单的限定抵达经验现实，因为它不得不加以规定的倒不是空无内容、单单逻辑性的普遍之物，而是一个通过流溢说方式得到捕捉的概念的绝对内容充实，并且与此同时，在这种知性看来，非我看上去肯定像是缩减了的自我活动（Ichtätigkeit），不是像在我们看来那样，看上去像是实用性的，也就是说，恰恰是内容丰富的自我活动③。但是，对我们而言，一种如此这般由充盈而来的创造，是不可能的；于是，我们毅然决然地沉迷于真正的流溢说开端，开始从逻辑–形而上的渊源（Urgrund）中真真切切地"挖掘出"经验的定在充实（Daseinsfülle）。 [91]

就像在流溢说逻辑中总是发生的那样，在旧的知识学中，形而上的直观与以纯逻辑方式得出的种种结论扭结成对个体化问题的某种独一无二的、无法被分析的表述。流溢说主义者可能不会将个体视为孤立的、自我封闭的构造物，而是视为非独立的部分、视为从某种超个体的整体上撕扯下来的部分实在，而这个整体本身作为形而上的上层建筑耸立在一大堆经验性的个别之物上。但是这个整体，就像在数学直观和康德的理念逻辑中一样，是先于部分的，它不是一个"组合物"（compositum），而是一个"单一整体"（totum）（参见原文 60 ff. 页），整体不是部分的产物，而是部分的最终根据，部分不过是对整体的"限制"。由此可以推断出，基于这个立场，个体永远不会出现在特殊之物的逻辑视角下，而只会无一例外地出现在有限之物的形而上视角下，并且必须只通过与无限之物的矛盾去阐明和把握它。无限之物作为对个体之物的特征进行本体论刻画的绝对标尺，肯定总是在背景处一道被思及了。"为了一种量能够被思考为活动（Tätigkeit），人们必须拥有一种活动的标尺，即一般的活动（就是上面称为实在的绝对总体性 [absolute

---

①　这是康德早期哲学中的一个概念。——译者注。

②　"一切非直接在自我之中的东西都在自我之中：自我被放置（liegen）；并非直接通过这种设定（Setzen）而被它自身所设定"，因此"对于这种痛苦（Leiden）（一般的情感）而言"是前后矛盾的对立面（Gegenteil）！因此立刻就成了反向的对立面！（《费希特全集》卷 I，第 135 页）"仿佛一种真实的否定（一种否定性的大小之量）"源于前后矛盾的被对置之物（das Entgegengesete），《费希特全集》第 133 f. 页、第 137 ff. 页。在第三原理中，辩证法技艺进一步从被相互对置之物的逻辑不相容性中变戏法似的变出一种真实的相互限定和相互挤压，变出诸对立部分间的一种自我逼迫（Sich–Bedrängen）。

③　有关于此，试比较原文第 60 页和第 60 f. 页。

[92]

Totalität der Realität]的东西)"①。(分析逻辑意义上的)特殊之物必须被呈现为特殊之物,不能把关于普遍之物的思想照搬过来,因为这是构造普遍之物的出发点;因此,(形而上意义上的)有限之物作为有限之物必须与它的对立面(Gegensatz)无限之物对照着加以思考。无限之物是正极(das Positive),有限之物是负极(das Negative),"绝对的(absolute)有限性"是"自相矛盾的概念","绝对地"(schlechthin)设定一种有限之物,这是一种"诸人皆知的自相矛盾"。分析逻辑和形而上逻辑并不是通过两者都将其置于个体的对立面的那种东西的差别彼此区分,而也仍是通过如下事实相互区分,即在一种逻辑中"经验杂多"扮演着它们的逻辑方向的绝对出发点的角色,而在另一种逻辑中则是无限之物扮演着它们的逻辑方向的绝对出发点的角色。康德走的是第一条路;但费希特指责到,在这条路上,"虽然一种集体性的普遍之物,一种迄今为止所有经验的整体,必须被解释为相同规则下的统一体,但从来不是某种无限的普遍之物、经验向着无限性的某种进展。不存在从有限之物出发进入无限性的任何道路;但相反却的确存在一条从无规定的且无法被规定的无限性通过规定的能力而抵达有限性(因此一切有限之物都是规定者的产物)的道路。理应囊括人类精神的整个体系的知识学,必须择取这条道路且必须从普遍之物上升到特殊之物"②。

此外,个体性的问题还通过将内容(Inhalt)与外延(Umfang)相等同这样的尝试——这种尝试同样已经变得对黑格尔具有典范性(见原文第66页和71 f.页)——被卷入最大的困难之中。在旷日持久的研究中,费希特所孜孜以求的就是向前发展某些结果(Konsequenzen)(这些结果产生于将形式的

[93]

"自我-设定"、将"单纯的概念"——正如它明确意味的——重新阐释为无所不包的"场域"[Sphäre]或绝对的总体性),尤其是对个别之物被包含在普遍之物中的"被包含状态"给出更确切的解释说明。但是,由于在持续不断的概念混乱中普遍之物的"场域"一会儿只被思考为概念性的内容,一会儿又被思考为外延的总体,所以达不到任何令人满意或者哪怕可以理解的结论。就像"实体"概念在费希特那里承载着它在哲学史中所接受的五花八门的意义一样,有限之物也在双重意义上作为偶性出现,一会儿作为包含在实体(这个实体囊括整个绝对得到了规定的、所有实在的范围)之中的"偶性",一会儿作为处于"本质"(Wesen)外部、被排除在"源概念"(Urbegriff)之外

---

① 《费希特全集》卷 I,第 139 页,参见第 137 ff.、140 f. 页。

② 比如第 138 ff. 页,另参见第 214 f. 页。

（也就是说恰好不包含在概念的内容之中①）的"偶性"②。特殊之物与普遍之物的逻辑关系的确处处都一再被不经意地转嫁到有限之物和无限之物这对形而上的反义词上了。尽管如此，通过这样的方式而对非理性进行的种种必然的推论还是受到抑制，而且，自我和非我间的鸿沟、"裂隙"（hiatus）应该通过某种连续的过渡这样的可能性而加以清除③，就像用一幅使人回想起古代流溢说的画面来详细说明一样。由于费希特想将落入概念之下的真实世界的连续渐变偶尔也转移到从概念到个别现实的过渡上，所以在他那里，黑格尔的那种直观方式已经初露端倪，根据这种直观方式，概念和现实被混杂成驳杂难辨的一堆可塑性极强的具体性（Konkretheit）④。

因此，这样的设想无论如何都是不允许的，即认为在知识学的最初纲领 [94] 计划中我们这位哲学家只完成了对理性功能的总建构。正如事实所显示的，费希特毋宁说相信，随着对康德的无体系性的克服，同时也恰如其分且一劳永逸地解决了对康德而言依然无法解决的个体之物的问题。他在那封抨击"启发式"方法（见原文第 82 页注 3）的、致莱因霍尔德的信中的确说过："知识学至今仍在上下求索的、在理论部分只是抵达了某个特定的点而在实践部分却得到了全部解答的主要问题就是：如果自我初始地（ursprünglich）只设定它自己，那它是如何设定某种与它对立的不同东西的呢？它是如何出离它自身的呢？"⑤并且，在书信和著作的其他地方（参见比如原文第 93 页注 4）也明确地将这种从绝对之物的出离（这种出离在此处的提问中已经被预告了）当作处理个体性问题的正确且唯一的方法，从而使之与康德的分析方法针锋相对。他甚至想把知识学的绝大部分理解成一种探访，即探访"最终的根据，为什么自我要出离自身"，并且以下观点风靡一时，即认为经验现实作为已包含在绝对之物中的萌芽只需辩证地从绝对之物中发展出来。不断规定着自身的自我，同时也在自身中捕捉和规定着物质的（das Materiale）可能性。因此，自我从自身的出离可以被视为只是一种自愿的自我限制，而非我只是自我的一种创造性活动的产物。

现在，无论如何都不应该否认，费希特在 1794 年的知识学中就已经看到他自己在某些个别地方被迫承认非理性。但他在其中只展现了彼时整个观

---

①　从这种洞见出发，那时候已经有非理性思想的种种苗头了，参见下文。

②　《费希特全集》卷 I，第 142、165 页。

③　《费希特全集》卷 I，第 144 f. 页。

④　《费希特全集》卷 I，与 144 f. 页一道，尤其参见 207 f. 页。

⑤　《费希特生平》第二卷，第 214 页。

[95]　点的模糊不清，以及一些奠基性原理的反复无常。同样，1794 年的知识学并没有呈现出统一的体系，而是已经朝着辩证法的主要方向不可调和地迎面撞上了后来经过清晰塑造的经验论的种种苗头。也就是说，在纯粹抽象概念于形而上学的建构构造物（Konstruktionsgebilde）背后再次显现的地方，在普遍之物和特殊之物间的纯逻辑关系通过这种方式而变得清晰可见的地方，处处都必须让非理性行之有效①。由于经验的"启迪"（Anstoß）（它在此体现了个体化原理），其理论上的不可把握性得到承认，思辨就跨越到实践领域中去了；完满的（vollendete）可概念把握性作为任务，作为"无限的理念"得到认识，"因此，通过它，将得到解释说明的东西并没有得到解释说明，而是毋宁得到了展示。它将得不到解释说明以及为什么得不到，这个钮结并没有被解开，而是被置入无限性之中了"②。一旦非理性得到承认，那么，绝对自我或知识（Wissen）的总体性就可能恰恰不被理解为原理（Prinzip），而只是依然被理解为与原理不同的理念。

　　此外，一旦人们考虑到，"演绎推理"常常有目的论和实践的意味，而且通过这种特征恰恰包含对理论上的不可说明状态的承认，最初计划纲领中的某些最大胆的辩证法冒险马上就呈现出不同的面貌。当然，不必划出泾渭分明的分界线，而是，这些演绎同样毁灭性地突入理论问题的区域。有关

[96]　于此，反辩证法方向的种种结论常常只具有非常模糊的轮廓而并没有确凿的思辨论证，更多的是作为直接直观的和幻想的构造物③。这些结论横空出世，但它们并不触及坚固的原理，并不触及彼时思辨的基本特征。

　　在对康德哲学的论述中我们得出以下结论：对于将认识分裂成形式和材料这种行为，我们是无法克服的，这种无法克服性在如下事实中找到了批判性的表达，即对二元论的克服被转移到无限性中去了。因此，就像形式与

---

　　①　自我与非–我之间的非理性鸿沟在好几处得到了清晰的认识。"所有不是自我之设定（das Setzen des Ich）的设定，都必然是反设定（Gegensetzen），这点是绝对确定的；确实有这么一种设定，这个说法每个人只能通过他自身的经验去表达。""客体并不是先天的，而是唯有在经验中才被给予他；客观的有效性给每个人都提供了他自身对客体的意识，这种意识只能先天地被假定，但无法被推演出来。"《费希特生平》卷Ⅱ，第 253 页，参见第 252、275 页。

　　②　《费希特全集》卷Ⅰ，第 156 页，参见 177 页下面；关于"理念"，尤其参见 248 ff.、254 ff. 页。此外，与之相符的还有一个早先的表述，见卡比茨《费希特知识学发展研究》第 96 页。

　　③　关于"创造性的想象力"，参见下方对第一部分第四章和第二部分第二章第一节的末尾提到的费希特在非理性问题史中的地位的详细论述。

材料间的鸿沟一样,将纯形式与理念相互对置——在其中形式和内容得到了平衡——就成了批判立场的一个标准了。因为在知识学中,先验的先天统一地通过自我概念被表征了,所以非批判的立场必须在形式自我与理念的相互靠拢中才能屈服于认识。事实上,抽象的自我概念与理念的这种混合以最简单和最集中的形式包含了流溢说逻辑的根据和所有其他概念混杂的源头。上面已经谈论过的、将形式上的先天之物重新解释为真实内容之总体的行为,以及直接由此推导出来的个体之物的跳越(Ueberspringung),只是过去对这种混合的另一种表达。因为,为了能够大体上弥合普遍之物与特殊之物间的鸿沟,人们必须总是同时将理念拉进那个对我们而言可能的东西的范围,并将"千禧年主义"赶到逻辑领地上去。据此,在 1794 年的知识学中我们发现,虽然超经验的自我与经验的自我相对立,但在超经验的自我内部并不存在进一步的分离,即分离成形式的自我和理念。就像费希特明确解释过的,"自我绝对地设定它自己"这个句子应该以此方式让人明了这里所意指的不是"现实的意识中给出的自我",而是一个"自我的理念"①。所以,超经验的自我虽然作为哲学反思的构造物而得到认识,但是,由于非哲学的理解力无法通达它,所以就会出于这种无法通达而毫无根据地得出结论,认为它肯定是理念,但稍后毋宁说是这种观点占支配地位,即作为只有哲学对之才有切身体会的抽象行为,作为知识(Wissen)的最高的、因此也是无条件的条件,它是从日常观点中抽取出来的。哲学的出发点、先验概念装置或原理,与一切认识的最终目标还是毫无区别地并存于费希特早期的思辨中。"纯粹自我的形式"、"单纯的我性"、纯形式的无条件性及同一性,应该同时也是"一切理性本质的最终规定"②;相反,理念则下降为单纯的形式同一。但是,此外,神性者的理念,"一个没有任何对立面的自我"因此也就是一个根本上并非"源自"自身的自我,一个个体性问题在它那里完全被省略的自我,依然应该得到区分③。

[97]

　　因此,"绝对的、通过自身而自我设定的"④自我,必须以费希特通常将之与经验之物相对立的形式真正地只思考为形式自我与理念间的无差别性(Indifferenz),而不是一本正经地认为它要么与形式自我,要么与理念具有完

---

　　①　《费希特生平》卷Ⅱ,第 277 页。

　　②　尤其见《费希特全集》卷Ⅵ,296 ff.

　　③　《费希特全集》卷Ⅰ,第 253、254 页,然而还要参见第 23 页,《费希特生平》卷Ⅱ,第 166 页,卡比茨,《费希特研究》,第 100 页。

　　④　《费希特全集》卷Ⅱ,第 248 页上可以明确看到这种并置。

全一样的意思;它既不作为普遍之物而处于个体化之上,也不作为对一切被限制状态的最终的、神性的克服而将个体完全抛在身后,而是必须像黑格尔的"概念"那样,被理解为先被暴露出来而后又再一次被辩证地统一起来的所有矛盾的绝对无差别和同一①。

根据最初的论述而奠定了关于绝对自我思想之基础的、种种知识论和形而上学动机的鱼龙混杂,迄今为止通常被冒充为一般知识学的标志和基本概念。当我们追踪那些恰恰在一切纠缠的这个结点上实现的转变时,我[99]们将至多不过赢得了有关费希特思辨之进展的某种洞见。

第二节　1797 年的自我概念:纯粹自我与理念

正如在 1794 年的自我概念中我们能找到早期观点的一切盘根错节的源点一样,现在,我们必须在 1797 年的新学说所澄清的自我概念中指出对各种观念所进行的一切条分缕析的最深层基础。从中发展出证明的义务,即证明在《第二导论》(我们在其中窥见了新时期的颇具意义的开端)中,通过对此前在模糊不清的混杂状态中被一股脑地加以思考的东西进行分解,我们将追加性地赢获批判立场的清晰性。首先必须指出,对理念的一种如此犀利的剔除对应着对形式自我的同样犀利的突出,即将其从早先自我概念中彼此联结的东西的无差别的复杂体中突出出来,所以,现在,有意识地将自我分解为作为纯形式的自我和作为理念的自我终于发生了。

通过进一步的详细论述(第三节和第四节),这一跨越的奠基意义将越来越强烈地凸显出来。因为,只有当有朝一日,在思辨的深处,我们获得了纯形式的自我这样一个概念,当这个概念作为先验研究的永不丢失的组成部分而得到突出之后,形式与内容间的鸿沟也才能被强加给已变得具有批判精神的意识。只有在被如此平整过的土地上,非理性思想能够耸立其上的某种地基才能得到创造和保障。因此,就像 1794 年的流溢说在模糊不清[99]的自我概念中达到登峰造极的程度一样,我们相反也将能够从对自我概念的澄清中推导出分析逻辑的必然性。

---

① 当黑格尔从费希特的知识学的普遍瑕疵中恰恰挑选出一种费希特那里的流溢说逻辑的种种萌芽并将它们当作"理性"或"思辨"的立场而与在知识学中常常占支配地位的"知性"或"反思"的观点相区分时,他就给我们的论述提供了一个杰出的间接证明,尤其见《费希特全集》卷 I 第 208 f. 页。

　　在《第二导论》中，可以找到对自我概念的原则性的阐明，并且这种阐明用的是完全古典式的表述。这个导论的所有部分都大体上指明了向批判性思辨的显而易见的回归，这是稍后在其他点上也将得到证明的东西。

　　带着令人惊叹的简洁，即新赢获的清晰性在其中一目了然地映现自身的那种简洁，新赢获立场的结论用三言两语就概括了："我依然用两个词来回想一种古怪的混淆。那便是作为智性直观的自我，知识学就源起于其中，以及作为理念的自我，知识学即以之为终结。在作为智性直观的自我中，只存在我性的形式，只存在向自身回归的行动（Handeln），这种行动自身当然也变成了自我的内容。""但是，在下面的情况中两者针锋相对：在作为直观的自我中，只存在自我的形式，并且，我们无法考虑这种自我的真正材料（Material），这种材料只能通过他对一个世界的思考才能得到思考；相反，在后一种自我中，我性的完整质料（Materie）则得到了思考。"值得惊叹的是那种透彻，正是带着这种透彻，此处基于两个彼此分离的概念而进行的、对形式和内容的分配才做到令人明白易懂，还有那种直观生动，以下两件事情正是带着这种直观生动发生的，即内容性的东西从知识学领域脱离并被移置到不断摆脱自我概念的理念上。因为只有作为智性直观的自我才应该是知识学的"基本概念"，所以，这种分裂中存在某种并不矛盾的标志，表明按照哲学家的想法，那种只适用于先验建构的概念装置（Begriffsapparat）并不足以阐明经验现实的内容。"只是自我的形式"—"我性的完整质料"这样一种勉强的对立应该会让所有进一步的阐述都显得多此一举。 [100]

　　但是此外，费希特也像康德那样，认识到了理念这个概念与经验现实问题的纯逻辑关联，明确地根据两种自我概念与个体之实事（Tatsache）间的关系来刻画两种自我概念的特点并对它们进行排序。形式的自我和理念一样，两者都意指一种超个体的理性，但却是在完全不同的意义上，也就是说，智性直观意指形式的、尚未个体化的自我，而理念意指已经摆脱了个体化的自我。"自我的理念和作为直观的自我只有这个共同之处，即两者中的自我都没有被思考为个体（Individuum）；在后者那里之所以如此，是因为我性尚未被规定直至称为个体性，在前者那里正好相反，之所以如此，是因为通过按照诸普遍法则所进行的建构，个体新消失了。"也就是说，在我们的认识中，感性作为个体化原则（principium individuationis），因此也作为二元论的根据起作用，理念因此作为对两者的克服、作为"理性的本质"而起作用，这种本质"多少……已经不再是个体了，后者只有通过感性的限制才成为个体"。人们肯定以为，普遍之物与特殊之物、概念与直观间的分裂已经被排除了，还有概念的普遍性肯定也跟个体的特殊性一道消失了；因为概念的普遍性作为对个体的抽象只有对于某种同时也跟这个个体的事实联结在一起的知性才有意义,这种知性可能不会将个别之物(das Einzelne)视为处于某种清晰可辨的连续体中的部分个体性,而可能只是将其视为被个别化的(ve-reinzelt),为此,知性肯定构建了一些"推理性的"概念。尽管如此,费希特(正如在康德那里已经如此)深刻的思辨还是抵达了正确的结论,即对我们而言,理念的提出肯定与个体之物或内容性的东西有着更加切近的关系(参见原文第 58 页)。虽然抽象或纯粹的自我也是通过分析经验型的知识(Wissen)而赢获的构造物,但是,根据这个构造物的意义,经过一次完美的分析之后,它可以且必须被视为纯粹的,而无须再"考虑"它从其中被抽取出来的经验之物,因此也就无须"考虑""自我的材料"。相反,对我们而言,理念与对"即便是"(我们的确必须这么说)内容之物的完全的、理性的克服(Bewältigung)或与"材料"的总体性的差别之大,连想象都无法想象;因此,我们也必须始终将个体之物的事实一道思考为理念的前提,虽然我们因此奉行着一种逻辑上的人神同形同性论。此论对弄清问题来说当然是必需的。甚至哲学家对"理念"思想完全把握了以后也不可避免因此已经存在于理念的单纯概念或其认识论意义中的是,不去想它的有限性和个体性是不可能的。为此,费希特完全有理由将单纯的直观称为形式,将理念称为自我的完整材料,在前者中它看到了无内容的普遍性,在后者中他看到了绝对的内容总体。正因为如此,他还判定,只有形式自我才独一无二地属于哲学家,相反,唯有"自然的"立场才能抵达理念。只有纯粹自我配得上无时间的(zeitlose)有效性,正如每一个抽象构造物、每一种哲学建构一样;相反,理念必须被视为某种有待现实化的状态(Zustand),也就是被视为某种——当然,是某种不可抵达的——现实。纯粹自我应归属于无时间的有效性,而理念则存在于无限遥远的时间中。

[101]

[102]

单单提出理念现在就已经使我们能够从两个方面出发对费希特的新的、亲康德的立场进行界定:一方面反对绝对的非理性主义,另一方面又反对绝对的理性主义。非理性主义者对非理性和我们认识行为的种种条件间的关联认识不清;我们必须唤醒他的批判意识,方式就是向他示意:偶然性只不过是我们认识行为的一种局限,另外一种方式就是,为了对我们的认识行为进行标记或比较而将完满的(vollkommen)知识(Wissen)这样的理念与人类的局限性对立起来。与此相反,理性主义者大体上对偶然概念的现成状态(Vorhandensein)及其不可避免性认识不清,我们必须将他带回到批判的谦逊状态,方式就是再三提醒他:完善的(vollendet)理性不可能是原理,而只不过是观念论的理念,对局限的毫无保留的克服就潜藏在无限性中。与这两种极端的立场相对,我们自己信奉的是批判的反理性主义。于是,只要我们在个体之物的不可推导性中只看到对人类理性的某种限定并通过这种限定而释放出对理念的展望(Ausblick),那么,我们就会明白,我们是站在一种批判的反理性主义而不是一种绝对的非理性主义的地基上;另一方面,只要我们更好地意识到,完全的(völlig)概念把握只存在于理念的不可抵达的远处,人们就会拒不接受绝对的理性主义并赞成批判的反理性主义。有份旨在刻画费希特理性主义之特征的最初的临时文稿,也就是实现我们整个"第二部分"之任务的文稿,已经通过这种双重的对置而完成了。 [103]

第三节　分析的–体系的立场①

自我与理念的对立以及对非理性的注意,两者之间的实际(pragmatische)关联通过"第一部分"的详细论述和"第二部分"到目前为止 [103] 的勾勒已经得到充分的照亮。只有承认概念把握之界限的人才会把理念放到不可企及的彼岸,相反,只有否认形式与内容间存在鸿沟的人才会否定与理念的距离。因此,正如对先验偶然的流溢说否定(emanatistische Vernichtung)产生于将自我和理念挪到一起这种做法,我们现在也希望看到对非理性的批判性思考能够随着对自我和理念的区分破土而出。因为只有当我们有能力追踪其在理论哲学的所有领域中的深远影响时,只有当以前种种原理的杂乱无章得到彻底的梳理和澄清、整个思想的统一性随之而来时,知识学的中心概念中所发生的变革才能令我们信服,才富有价值。所以,如果说迄今为止只有新近得到论证的立场的结论(亦即从自我概念中消除有关理念的思想)受到过重视,那么我们现在必须确定的是,与之对应的,事实上是作为关联现象的、对单纯的形式自我的精确分离(Isolation),与此同时,辩证的一元论突然转变成了某种批判的二元论。

但是,我们同时也再次需要将费希特超越自身的这个进步理解为德国思辨整体发展中的一个进步。事实上,两者在这里是密不可分地联系在一起的。因为只有在与新获得的先验形式主义的联结中,对理性价值的体系

---

① 在这一章接下来的几节里,虽然也援引了 1798 年到 1801 年面世著作中的许多段落,但只是就它们为 1797 年的转变提供了主要的例证而言的。只有在"第二章"中才探讨 1797 年后的发展还要新添的东西。

化(这是费希特在理论-方法论领域真正干过的事情)才的确揭示出它如假包换的价值。将建构的过渡轻描淡写地说成批判的深思熟虑,这对我们而[104] 言并不简单地意味着回归康德,而是同时也意味着超越康德,我们的论述也许可以唤醒这样的信念,即知识学在其真正批判的时期完全展现出先验概念建构的一个制高点。

在早先的一个段落中(见原文第 80 ff. 页)我们已经详细论述了批判的提问其自身所蕴藏的体系倾向。但费希特的功绩,即他以其哲学信念的全部生命力赞同以下思想,也就是将认识行为的种种形式不仅理解为从经验材料中萃取的一个集合,而且更多地理解为经过理性目标而得到划分的"有机论"①,这个功绩只有在哲学家最毅然决然地强调过内容之物对形式之物的约束后才能够在其纯粹性中完全生效。只有在他同时兼顾材料的不可或缺性时,他才能够做到在不构成理性主义冒犯的情况下于某个独一无二的最高基本概念的可演绎性标志中找到那个将先天(Apriori)之场域合围起来的"绷带(Band)"并同时寻找衡量如下事情的不可或缺的统一标准,即什么可算作先验的普遍之物、什么可算作先验的特殊之物。无论如何,任务如此正确地被提出来了,并且,只要方法上的原则(Grundsatz)得到严格的遵守,也不用再害怕破门进入单纯经验(Empirie)的领地了,所以,知识学的研究只需延伸到这样的范围,也就是从知识的形式的或模范的本质出发进行推导这样一种可能性所能抵达的范围。从现在起,纯粹理性的体系必须在对只可从知识的单纯形式中推导出来的东西的完整论述中得到详尽说明。

与这种对理性诸功能的体系性统一化和集中最紧密地联结在一起的,[105] 是知识学在观念论总历史中的某种更宽泛的功绩。根据批判的方法,为经验概念奠定基础的超个体的必然性其种种因素必须通过先验的研究来析取。但是,康德的经验性的表达方式一再威胁着要使批判思想的伟大和清晰都黯然失色,要把超个体的理性拉低,直至成为某种单纯的"主观"之物或全然的心理之物的意义,直至成为"性情"(Gemüt)中已经存在的某种形式的意义。费希特的那种厌恶经验主义的思想方式马上对这样的重新解释进行了武装防御。他的思辨总是被拔高到单纯心理学之类的东西之上,刚开始当然更多地拔高到超验(transzendent)领域而不是先验(transzendental)领域。但是后来,恰恰是体系的-先天主义的建构和先验的形式主义开花结果了,并且它们彼此巩固。因为通过在一个封闭体系中对先天进行体系化,一切

---

① 参见文德尔班《新近哲学史》卷 Ⅱ,第 204 ff. 页,《序论》第 274 ff. 页。

都已同时被移入某个抽象的场域中：非人格之物、无生命之物、非心理学之物的特征产生了，就像从自身中产生的一样。但是费希特尤其与康德派相反，他甚至明确地炫耀过他的反心理主义思想。如果说为了描述纯粹自我，他也忍不住使用了一些心理学的谓词①，那么与心理学理论实实在在地划清界限的确是很突出的。纯粹自我不应该算作意识的要素，而应该算作知识的要素（Wissenselement），算作嵌入所有现实的（wirklich）意识的理性组成部分。费希特能够将超个体自我的这个因素与它在现实的意识中的出现（在现实的意识中，超个体自我可以说总是实用地、与某种经验内容和某部分心灵生活混杂地出现），简言之就是与心理的大小量（Größen）对置，这不是没有理由的。"它"（Es）——自我向自身的回归——"据此而言并不是什么意识，也根本不是一种自我意识"②。他讥笑那些人，他们意欲将纯粹自我当作一种"心理学的——我将其写作心理学的——幻觉"，并且"原初地在性情中"将其指明为一种"同时发生的且不断返回自身的事物（Ding），也许就像一把弹簧刀"。他言简意赅地概括了自己对心理学的态度："知识学不是心理学，心理学本身什么也不是③。"心理的事物与物理的事物在同样的意义上属于客观的、"现实的世界"，属于感性，属于"非-我"。经验的现实是一种"空间中的阻抗之物"或者"时间中的持久之物"，"并且在这种关系中它变成了灵魂（Seele）"④。因为个体自我就像所有现实（Wirklichkeit）一样，已经包含着具有某种感性成分的一种纯粹自我之综合。所以，正如费希特所明确表示的⑤，纯粹自我最初也是通过对内感官（innere Sinnlichkeit）的某种抽象而形成的。"现实的（wirkliche）意识的自我"是一个封闭的整体，一个"人格"（Person），相反，知识学的自我则是一个哲学概念，"为了进行这种区分，我们首先必须通过抽象把自己从个性（Persönlichkeit）的所有其他东西中超拔出来"⑥。从这些详细论述中我们可以估测到知识学与笛卡尔学说的惊人距离：根本不应该通过先验的我思（cogito）来确保一种心理的我在（sum）。

［106］

----

① 有关于此，见文德尔班，《哲学史》第 484 页注释 2。

② 《费希特全集》卷Ⅰ，第 459 页，卷Ⅱ第 14 页更加一目了然。观念论与贝克莱体系不啻云泥，后者被阐述为一种"独断论的，但无论如何不是观念论的"体系，卷Ⅰ，第 438 页。

③ 《费希特全集》卷Ⅱ，第 365 页，比较第 369、413、509 f. 页。

④ 《费希特全集》卷Ⅰ，第 494 f. 页，参见第 474 页。

⑤ 《费希特全集》卷Ⅰ，第 476 页。

⑥ 《费希特全集》卷Ⅱ，第 382 页；卷Ⅰ第 502-505 页；卷Ⅳ第 18 ff. 页。

　　因此,思辨所能向其超拔的那些最高的抽象概念,都不是心理学的概念,而是先验范畴,在这些范畴那里,所有心理及物理的内容都必须被弃之不顾,所以,这些范畴都是超心理、超意识、超物理的。只有在费希特那里,先验范畴才完全成为康德想要知道的、在范畴下被理解的东西,即认识的核心概念,在所有思想内容中都必然起作用的绝对最高的普遍概念。对他们而言,对这种绝对的支配地位的占有源于这样的情况,即这些概念一般地展现了思维自身的单纯活动,展现了超个体自我的纯粹的"做"(Tun)(这个纯粹的"做"在费希特那里第一次得到了把握),展现了对一切个别内容都具有典范作用的知识(Wissen)之本质。当经验科学中无限多样的比较方式和抽象处理方式占据支配地位时,在先验哲学中——由于主导概念建构的原理意义清晰明确——则存在坚固的和封闭于自身的仓库,里面是一个耸立于所有个别科学之上的概念世界①。

[107]

　　现在,我们不得不展现费希特观念论如何伴随着对单纯认识形式的思想的突出强调而接受那种冷静朴实的先验-逻辑特征,这个特征我们(在"第一部分")已经将其标记为批判方法的标志,我们还不得不展现分析方法的必然性如何以此方式越来越向他逼涌而来,令他难以抗拒。

　　以认识论的方式将知识分解为诸多组成部分,这种思想贯穿于整个《第二导论》,同时,对于这些组成部分,可以说它们从未真正孤立地出现过,而是通过批判哲学家的抽象处理方式才被分解,然而,对哲学反思的种种目的

---

　　① 在对个别知识具有典范作用的研究那里,主体和客体的分裂是作为一切知识的公式被发现的,从中虽然无法为某种个别的意识内容推断出任何东西,但通常肯定能很好地洞察到,作为"指向某个特定的点并相互靠拢的意识"的对象,每一个客体都必然意指自我的某种特定的、个体的集中。因为所有这些关系都已经暗藏在原初的主客体性(Subjektobjektivität)中,也就是主体和客体的同一性中,在其中思维只能把自己当作对象,见比如《费希特全集》卷 I 的第 461 ff.、477、522 ff.、524 f.、528 f. 页以及卷 IV 的第 1 ff. 页,有关于此参见洛维(Löwe)的《费希特哲学》第 37 ff. 页的卓越论述。

来说,它们根本上只能以如此这般分离的方式被带到意识中①。与这种如今 [108]
已具有支配地位的见解必然紧密地相连的是这样的洞见,即认为纯粹自我
作为知识批判分析的一个结果,作为哲学抽象的一个构造物,可以意指"智
识(Intelligenz)的整个行为的一个单纯部分,一个只有经过哲学家才得到分
离而不是源初就被分离的部分……"②。先验的概念建构明显还要求比较和
抽象这两种处理方式③。尤其 1801 年④的知识学,对哲学家的任务进行了卓
越的描述,这个任务就在于反思那个抽象的知识因素(Wissensfaktor),在于
对单纯经验性的知识因素"弃之不顾"。关于先验哲学的方法费希特赢得了
怎样的清晰性,也在如下事实中得到了展现,即他恰恰通过指示出对形式的
先天而言具有典型特征的标志来说明他与康德的先验统觉学说的协调一
致,并因此也从他自身出发将先验分析的产物描述成一切个别知识的最高、 [109]

---

① "也许那些狂热者针对智性直观再三提醒的东西,只是这样的事实,即智性直观
只有在与一种感性直观的联结中才是可能的……但是,当人们借此以为否认智性直观这
种做法合情合理,那么人们就可以以同样的理由也否认感性直观,即便感性直观只有在
于智性直观的联结中才是可能的……""但是,如果必须承认,根本不存在对智性直观的
直接的、孤立的意识……"《费希特全集》卷Ⅰ,第 464 页;"由于他区分了,在共同的意识
中联合出现的东西,并且,整体分解为它的组成部分。"同上,第 465 页,参见第 473 页,自
我意识只不过是一个"必要的组成部分",经由它完整的意识"才变得可能",此外参见卷
Ⅳ,第 91 页,卷Ⅱ,第 380 ff. 页,比如第 382 页:"……要素,通过它们的联合,现实意识的
单独整体才大体形成。"

② 《费希特全集》卷Ⅰ,第 459 页。

③ 《费希特全集》卷Ⅰ,第 6 f. 页,"这位先验哲学家向每一个应该理解他的人所呈
现的智性直观,是那种现实的智性直观的单纯形式;是内在绝对自发性(Spontaneität)的
单纯直观,带着对规定性自身的抽象。要是没有现实的直观,哲学的直观也是不可能的;
因为它源初地并非抽象地,而是有规定性地得到思考的。"《费希特全集》卷Ⅳ,第 47 f.
页,参见第 24、25 页,"对形形色色奇特之物的抽象",第 30 页:"任意专断的抽象",第 78
页:"通过抽象,通过分析",此外参见第 61、90 页,卷Ⅱ,第 15 页:"……只是一种对知识
的所有特殊之物的抽象。"

④ 在 1801 年的知识学中可以发现形而上的主要部分之外还有批判的知识学的卓
越的其余部分;这本著作的开头的确延伸到了 1801 年之前的时期,见比如《费希特生平》
卷Ⅰ,第 328 页。

最普遍、放之四海而皆准的条件①。此外,他以比康德还要大的力度(Nachdruck)试图在理论和实践哲学中贯彻分析–先验方法的某种严格的平行结构②。

当然,1794 年的知识学已经保证哲学思辨的建构运行于一个对惯常意识关闭的场域。但是彼时还尚未达到某种从朴素的先验观点出发所要求的且在某种程度上比较清晰的认识论区分;尽管有这一切,辩证法的新芽还是能够无拘无束地苗壮成长。稍后将得到清理的原本根基、已变学说的真正新颖且最重要的方法的进步就在于:费希特现在第一次将先验普遍之物和先验特殊之物的二元论引入研究。只有通过先验和纯逻辑矛盾(参见原文第 36 f. 页)的亲密渗透,"将知识分裂成可以通过反思加以分割的两个场域",这整个思想才能保持其犀利且无法摇撼的论证。康德的洞见——认为哲学建构的构造物用它们高级的空洞无物补偿了它们的理性和可推演性——现在才取得突破。有了这种新的逻辑结论,纯粹自我现在才真正地 [110] 作为单纯的形式,作为知识的始终不变的公式,作为的的确确抽象的、缺乏内容的普遍概念而出现。另外,纯逻辑的矛盾对(Gegensatzpaar)现在才得以提出来:"一般的知识"——"对某物的知识"。即便在肉眼所见(Augenschein)已经给每个人提供了的东西那里,情况也本该总是如此,即我们的所有现实知识都是对某物的知识——是对这个某物的知识,这个某物不是那个第二个某物或那个第三个某物;因此,毫无疑问,每个人的确都能够着手观察并发现,它不可能是对某物的知识而不同时也是一般的知识,不同时也绝对单纯地仅仅作为知识而存在。它在多大程度上是对某物的知识,就在多大程度上在有关对其他某物的所有其他知识中消失不见;同样,它在多大程度上是知识,就在所有对某物的知识中与自身相同,并且完全是同一种知识,不管这个对某物的知识是否已经继续行进到无限性之中并因此消弭进无限性之中去。在此,读者被这种思维所吸引,即将知识思考为对一(das Eine)的知识,思考为在所有特殊知识中都自身相同的知识,并且特

---

① 《费希特全集》卷Ⅰ,第 472 ff. 页,第 475 f. 页。"并且,在所援引的词句中,康德认为这种纯粹自我跟所有的意识有着怎样的关系呢? 作为同一种起决定作用的东西。""根据知识学,所有意识都是通过自我意识而得到规定的,也就是说,所有在意识中出现的东西都通过自我意识的种种条件得到奠基、被给予、被引起!"同上,第 476 f. 页,参见第 462 页。

② 见比如《费希特全集》卷Ⅳ,第 14 ff. 页,第 37 f. 页,第 78 页,卷Ⅴ,第 362、368 页。在本节和下节的不同段落中有许多来自《伦理学体系》的其他例证。

殊知识因此不仅是特殊知识,而同时也是一般知识……它不是对某物的知识,也不是对虚无的知识(所以它是对某物的知识,但这儿某物是虚无);它绝对不是对自己的知识,因为它根本对…的知识——它也不是一种知识(ein Wissen)(量上的且处于关系之中的),而是知识本身(das Wissen)(绝对质的)"①。

人们还可以在"一般知识"这个表达中看到对观念论信念的表述,即最终的哲学抽象概念不叫"物"(Ding),而叫"知识"(Wissen)。如果观念论的研究专心致志,将目光从一切个体之物和材料中移开并投向"知识"这个普遍概念,只关注思维自身的活动②,那么真正的哲学直观即"智性直观"便形成了,这种直观只有在观念论哲学家看来是可能的,只有观念论哲学家对其感同身受。在 1797 年后的费希特那里,它只意指对纯粹科学因素或智性形式(intellectuelle Form)、对纯粹的主客性(Subjektobjektivität)、对自我设定着的纯粹自我这三者的先验哲学的把握③。它是本身伴随着"表象行为"之不可动摇性和不可改变性特征的把握,或者简言之,是对"一般的知识"的"知识"。"根据上述所知,所有知识都是直观。因此,对知识的知识,由于它自身就是一种知识,就是直观,并且由于它是一种对知识的知识,所以它也就是对一切直观的直观,是绝对地将所有可能的直观总括进一之中的行为(Zusammenfassen)"④。正如在康德的"先验统觉"下,也只是说出了一种形式的统一(Einheit),一个普遍概念,费希特也小心谨慎地阻止作为智性直观的自我与知识的内容之物发生任何关系。此外,在《第二导论》中,费希特明确将一种自我概念与在其中只存在"我性之形式"的"智性直观"对置起来,这个自我概念严格对应于在康德那里被称为"智性直观"的东西,亦即作为理念的自我⑤。费希特恰如其分地把两种概念的混合称为"一种惊人的混淆"(见原文第 100 页)。在对这种"智性直观"的实行中,知识指向自身,它向自身回撤,变成了"对知识的知识""对所有直观的直观"或"知识学"。因此,"对知识的知识"是被压缩进一个独一无二的语词中的知识学研究方式,

[111]

① 《费希特全集》卷Ⅱ,第 14 f. 页。

② 有关于此,参见西格瓦特(Sigwart)《逻辑学》卷Ⅱ,第 39 页。

③ 尤其见《费希特全集》卷I,第 459 ff.、第 463 页,卷Ⅱ,第 7 ff. 页,参见第 385 f. 页。

④ 《费希特全集》卷Ⅱ,第 9 页,参见第 10 页。

⑤ 参见《费希特全集》第 99 ff. 页,此外还有第 108 页注释 2 所提到的引语,这些引语明确表达了抽象地得到把握的"智性直观"的空无内容;得到明确表达的还有已经反复提到的、与康德"先验统觉"的等同,以及同时对恰恰是形式特征的强调。

[112] 此外,也是承认这种研究方式对纯形式之物有着重要的限定作用,且对任何内容性的知识都有模范作用。"因为知识学恰恰只是对不依赖知识学而被预设或进行预设的知识的一种直观……所以,它无法招致任何新颖且特殊的、某种程度上只有通过它才可能的材料性知识(对某物的知识),它只是这样一种普遍的知识,这种知识达到了对自身的知识,达到了深思熟虑(Besonnenheit)、清楚明了和对自身的掌控。它绝对不是知识的客体,而只是所有可能客体的知识形式。它无论如何都不是我们的对象而是我们的工具:我们的手、我们的脚、我们的眼睛,甚至根本不是我们的眼睛,而只是眼睛的明亮(Klarkeit)。"①"只是对一般知识的知识",这听上去某种程度上就是对知识学的新观点的简明扼要的概括。

迄今为止所观察到的 1797 年变革的结论,无论如何都有权得到这样的判断,即费希特也完成了一种先验哲学的训练。在这种先验哲学那里,先天(Apriori)被描述为一个按照分析逻辑的种种规则而得到正确建构的,也就是说,经过分析而从认识之现实(Erkenntniswirklichkeit)或知识之现实(Wissenswirklichkeit)那里获得的、抽象的类概念。

可惜的是,迄今为止,费希特思想中的这些在问题史上如此重要的变化只获得了少得可怜的注意。恰恰某些杰出的研究者也只对最初的——也许给人印象最深但费希特自己旋即再次放弃了的——计划有所了解。他们认为,费希特在后康德思辨中的地位应该端赖这个计划并因此在关于是什么把费希特与康德分开这个问题上完全忽视了两位思想家所共有的某些基本观点之间广泛的一致性。所以,李普曼(Liebmann)在其著作《康德及其追随者们》中对康德哲学的不幸命运所作的著名描述涉及的并不是一般的知识

[113] 学,而只是知识学的种种最初的开端。也就是说,李普曼②认为,必须在费希特的"纯粹自我"中看到"类、物自体的特殊形态(Spezies)",因为"纯粹自我"既非空间性的亦非时间性的,也不属于诸范畴,简言之就是"不受任何表象形式的束缚"。只是,恰恰这些规定构成了自我概念的批判特征。因此,自我并未踏入现实的意识,因为,作为只有通过哲学家的抽象才能被分离出来的组成部分,它是所有现实的意识的基础;并且,它要高于空间、时间和诸范畴,因为它比表象的种种个别形式更加普遍并因而更缺乏内容,恰恰就像在康德那里,统觉还在诸范畴之上。将自我明确地等同于一种抽象的形式,

---

① 《费希特全集》卷 II,第 9 f. 页。
② 《费希特全集》卷 II,第 81 ff. 页。

这根本上没有引起任何怀疑，没有人怀疑它可能并不意指某种无质的（qualitätslos）、形而上的某物。柯亨（Cohen）自己认为，费希特"永远只能在形而上学的意义上去规定"先天，将其规定为"精神的根"，规定为"自我意识的一个条件"①；另一方面，他又承认，费希特在"深刻地探索所有意识中最终的思想条件"②方面功不可没。对于这种观点，我们可以用如下事实来反驳，即在对其学说进行批判性的重新奠基时，费希特自己恰恰对心理主义的误解心知肚明（见原文第 104 ff. 页），并因此在对知识进行先验和形式的论证的意义上更加犀利地把握了先天（Apriori）的功能。同样，柯亨也明白，迄今为止，费希特的所有评价者无论如何总是想在纯粹自我的概念下看到"经验的所有内容的根基和丰富源泉"③，这与费希特自己完全相反，后者只想在其中看到某种完全清空了内容的形式。据此，柯亨断言，费希特重又倒退到"思维的笛卡尔主义"中去了，正如里尔（Riehl）非常相似地指责他④再也没能保持与 1797 年的转变面对面一样。 [114]

第四节　先验逻辑的偶然概念

在论述康德或理性主义时，我们已经得出结论，即分析的基本观察必然在"经验之物在先验逻辑的意义上是偶然的"这个定理中达到顶峰。现在同样如此，当"智性直观"在费希特那里被脱去了绝对理性主义的特征这件外套并被修改成一种能够通过批判方式进行把捉的功能之后，明确地将推理的特征转移到对认识行为的认识，也就是转移到知识学上，这种事情也必然会变成不可避免的结果。在对某种先天（它应该只有通过抽象才能被剖析出来）的单纯思考中早已存在对某种经验材料的承认，先天正是从这个材料中获得的；同样，在对普遍之物的空无内容（Inhaltlosigkeit）的认识中也早已存在这样一种妥协，即为了用内容进行充实，要任由空间空着⑤。早先的知识学其原理只容许唯一一个绝对的理性总体，相反，新学说的原理则要求一

---

① 柯亨《康德的经验理论》，第 581 页，参见第 583、590 页。

② 柯亨《康德的经验理论》，第 581 页。

③ 柯亨《康德的经验理论》，第 590 页。

④ 费希特把"一般的意识"变成了一种形而上的本质，而不是将其概念把握为"对内感官的抽象"。

⑤ 参见比如原文第 113 页，引文 II，9/10。

种无法避免的二元论。因此，现在到处都充斥着对整个认识过程进行论证的双重性，经久不衰地将"形式"与"质料"、普遍之物与特殊之物、"一般"与 [115] "恰恰如此"、处处相同之物与无尽差别之物间对置起来①。但是，谁若曾承认认识到这种分裂状态，他就会由此出发而被迫对个体之物作某种特定的逻辑阐明，对现实问题作某种特定的把握。

于是，承认普遍形式与特殊内容间有着我们的知性无法跨越的鸿沟，这对我们描述经验之物的特征具有决定作用。就像哲学家必须"开辟新的区域"以便上升到纯粹自我一样，一旦他回归到内容之物的杂多上，他就必须从那个场域出发再次下降到一个不同的世界。个别之物并不包含在形式中，也不像形而上学－流溢说的见解所说的，是知识之总体性中的特殊意识内容，而是只能作为被直接给予的事实被接受或被感觉。正如我们后面将显示的，对经验因素之独立性的这种论证逐渐地完全发展成一种明显的经 [116] 验主义（见第二章）。我们在这里暂时只考虑唯一者（das Eine），也就是说，一旦形式之物的意义被完全洞穿，个体之物也明白无误地以普遍之物为背景得到了限定，那唯一者的先验逻辑意义就可以得到揭示。早先在对抽象构造物之本质的模糊见解和对个体性概念的形而上学把握那里，并没有达到对材料性知识要素的任何清楚明白的把握，同时，费希特现在则通过进行更鲜明的逻辑对照的可能性而（正如其哲学的进一步发展所显示的［见第二章和第三章］）抵达了针对有限性问题的一种决定性的且永远得以保留的表态。在个别被给予性（Einzelgegebenheit）的、以个体的方式（individuell）得到规定的东西中、在直接的"感受"（Gefühl）中，在感觉（Empfindung）中，他看到

───────────────

①　尤其见《第二导论》《伦理学体系》，1801 年的《知识学》。狄尔泰认为费希特背离了康德，理由是缺乏贯穿 1797—1801 年的整个著作群且简直赋予新学说以特征的、对形式之物和材料之物的区分。因此，这种指责如此精准地命中本质，以至于它卓越地说明了对老的知识学的授权、面对新旧知识学的差距时对新知识学的站不住脚，以及与批判哲学的关系："但是费希特想要从这个原理出发"——即自我的创造性能力——"阐明感觉的（Empfindung）质料并以此方式使批判的观念论得到完善。只有当他扬弃了那个使整个康德哲学得以可能且奠定了整个康德哲学的基础的区分时，这才能够发生，即感觉的什么（Was）、感觉的个别被给予性，与意识的诸条件间的区分。意识的诸条件莫基于自我意识的统一性（Einheit），具有普遍性和必然性的特征，这些感觉就是在这些条件下得到统一的组织安排并以此方式被提升为普适的经验的。"见罗斯托克（Rostocker）康德手稿，《哲学史档案》卷Ⅱ，第 605 页。

了那个任何概念把握都无法通达的区域；他承认经验的"现实"①中有某种剩
余，这种剩余自身是无法从自我的种种被创造性地推理出来且概念性地被
制作出来的形式中推导出来的，因而是非理性的，承认一种任何先验阐明都
无法攀越的界限。所以现在对他而言，就像对康德而言已经如此那样，经验
现实的神秘就在于偶然性或非理性。"在直接的感受那里，一切先验阐明都
有一个限（Ende）。""一切受限状态（Beschränktheit），按照先验阐明的观点和
概念，都无一例外地是得到规定的受限状态，而不是比如一般而言的受限状
态。正如我们所看到的，自我之受限状态其必然性一般而言都是从自我的
可能性出发推导出来的。可能性之规定性却无法由此推导出来，因为正如
我们所看到的，可能性本身是一切我性的先决条件。据此而言，所有推理都
有一个限度。这种规定性作为绝对的偶然之物出现并为我们的认识提供单
纯经验性的东西。它是这样一种东西，比如，通过它我在任何可能的理性之
物中间都是一个人，通过它我在任何人中间都是这一个特定的人格，如此等 　[117]
等。"②在这里，经验现实作为没有任何附带意义的纯先验逻辑问题，作为形
式之物的单纯对立面，作为个体的不可阐明性或"偶然性"，作为源初的、非
概念的规定性或"局限性"而出现。"世界无非就是我们自己内心行为的风
景画（Ansicht），这幅风景画根据概念性的理性法则而被感性化
（versinnlichen），世界无非就是单纯的智识（Intelligenz），处于我们已然被因
禁于其中的、概念性的种种局限（Schranke）之中。——先验理论如是说。"③
费希特还通过区分对纯粹自我而言"偶然性的东西"和"本质性的东西"而正
确地指出了偶然概念的相对性，指出了偶然概念只涉及与先验普遍之物的
某种关系。"首先，自然本能（Naturtrieb）作为恰恰如此这般得到规定的本能
于自我是偶然的。从先验的立场看，它是我们受到局限的结果。现在，虽然
我们一般地受到局限是必然的，否则任何意识都不可能；但我们恰恰如此这
般地受到局限，这却是偶然的。相反，在自我中，纯粹的本能是本质性的；在

---

　　①　在康德那里刻画经验的个别性时很少使用的这个表达在费希特那里经常能找
到，并且是在这个特殊的意义上使用，尤其见第二章第一节。

　　②　《费希特全集》卷Ⅰ，第489 f. 页。费希特断言"实际性之物"（das Faktische）是
无法得到阐明的，这个事情洛维（Loewe）在他那本卓越的书《费希特哲学》第44 页已经
强调过了，当然并没有详细地深入到这个点；同样还有伯格曼（Bergmann）的《哲学史》卷
Ⅱ，第215 f. 页；有关文德尔班，见第四节。

　　③　《费希特全集》卷Ⅴ，第184 页，参见卷Ⅱ，第302 页："……对人类的有限理性本
质（Vernunftwesen）的统一的、非概念的限制（Beschränkung）……有关单纯纯粹知识的哲
学回答道，同时必须一直站在这个最高处。"参见卷Ⅳ，第101 页。

我性中，它作为如此这般的本能而得到奠基。"①"它是这种特殊的受限状态，

[118]　这种受限状态不可能先天地从普遍的受限状态推导出来……"②所以，梅林（Mellin）的指责在费希特所遭遇的同时代的评判中非常典型，同时也因此而显得毫无根据，梅林③指责说，在知识学中康德所主张的感觉（Empfindung）的"偶然性"被抛弃了。

在康德那里，知性与感性、自发性与接受性的二元论在极端错综复杂的、只能通过回顾最初著作才能部分地得到理解的、几乎完全无法厘清的思想结合物（Gedankenkombination）中与对认识的"形式"和"质料"的区分盘根错节地交织在一起。但是，必须把某种对非理性问题而言意义重大的、批判性的内容从以此方式形成的、认识论的种种苗头的混合物（Gemisch）中凸显出来。也就是说，在批判哲学中，感性扮演了一个先验的个体化原理（principium individuationis）的角色，一个决定着并使形式普遍性"特殊化"和个体化的环节的角色，而知识要素领域中普遍性的或概念性的东西则成功地被记在了知性的账上。因此，对知性概念和感性直观间的这种二元性的入木三分的洞察，与这样的确信，即认为我们的认识与普遍之物和特殊之物间分裂不可分割地联系在一起，两者必然紧密相连。但是，对某种"共同根源"的神秘兮兮的暗示就成了追随者们无法抵挡的诱惑，诱使他们不要只满足于这种二元论就算了。此处也是费希特最大胆鲁莽的一步。正如形式一样，内容也应该——人们并不清楚是否在同一种意义上④——通过理性的某种创造性力量被制造出来。人们自然对这种学说充满反感，因为别的不说，至少它语焉不详、含糊其词，并且完全无法让批判的个体问题清晰可辨地凸显出来。但彼时费希特相信，对物自体概念的摧毁只能在通过理性创造力

[119]　而对材料进行毫无保留的分解时才能完成。他在迈蒙的怀疑中感觉到的兴

---

① 《费希特全集》卷Ⅳ，第 141 页。

② 《费希特全集》卷Ⅳ，第 225 页。"个体性也能够在其发展中得到规定，不仅仅是通过自由，而且也通过源初的受限状态；然而，个体性不可被推演出来，而是一种特殊的个体性，并且考虑到这方面，从经验的视角看它对我们而言是偶然的。"同上，参见第100 f. 页，第 254 页，卷Ⅲ第 121 页。

③ G. S. A. 梅林，《批判哲学百科辞典》，卷Ⅵ，第 294 页。

④ 因为对形式的生产同样是"无意识地"（bewusstlos）发生的，见此节末尾处与迈蒙的比较。

奋将他驱赶向同一个方向①。即使在紧接第一计划的著作中,作者也已频繁指出不可能把形式和材质(Stoff)撕裂开来,指出两者是无法真正区分开来的。个体内容是自我的种种行为(Handlung)的特定复杂体。如果人们重视自我的行为方式(Handeln),那他们就会将自我视为"主体"且拥有"概念",相反,如果人们反思表象复杂体的特定形态,那他们就拥有"物"或"直观"。在与种种形式的这种融合中,客体被"注视",被草率地描绘成"直观"②。

　　恰恰在对费希特自己后来驳斥得最厉害的如此这般的学说的片面重视中,人们始终在知识学中看到了那场始于莱因霍尔德和迈蒙并得到贝克最强烈支持的运动,这场运动不带任何必需的、批判哲学的谨小慎微,力图扬弃知性和感性的二元论。为此,人们再一次忽视了费希特如何恰恰非常迫不得已地维持着批判兴趣中的分离(Sonderung)并放弃他最初颇受支持的、有关矛盾之可抹除性的观点。于是,伴随着对"概念"和"直观"间真正交融的强调,现在登场的是对它们受批判哲学所要求的二元性的认识,是这样的洞见,即尽管如此,为了哲学的抽象,某种分割(Trennung)还是被提供了,为了进行先验的阐明,概念之物无法替代直观之物的这种不可替代性依然持存着(bestehen)。因此,《第二导论》现在如是说:"正如到处都一样,在这里也是如此,不能对此置若罔闻,即直观就是并且一直是概念的衬底,是被把握在概念中的东西。我们无法绝对地杜撰任何东西,或者通过思维绝对地创造任何东西,只能思考被直观到的东西,没有直观作基础的思维、不包含任何直观行为(Anschauen)(这个直观行为现成地存在于同一个未经分割的瞬间)的思维,实际上根本就不是什么思维。"③就因为这点,与康德的协调一致也再次得到明确的强调,概念和直观并非孤立地出现的构造物,而是诚如康德所言:无概念的直观是盲的,无直观的概念是空的④。这种导向强调概

[120]

------

　　①　这个方向恰恰也基于先验诸形式及其经验运用间的鸿沟,见《费希特全集》卷Ⅰ,第 387 页,参见第 227 页和上文第 49f. 页。关于迈蒙对非理性问题在费希特那里的形成巨大影响,这里和后面几处只能暗示一下;参见费希特的论述:卷Ⅰ,第 29、99、101页,第 120 页注释,第 387 页(有关于此参见 227 页),《费希特生平》卷Ⅱ,第 205f. 页,此外见厄尔德曼,《康德以来的思辨》卷Ⅰ,第 596 f. 、605、615、629、632 页,《纲要》第 453页,狄尔泰《哲学史档案》卷Ⅱ,第 605 f. ,贝尔格曼《哲学史》卷Ⅱ,第 219 页,莫尔茨纳(Moeltzner)《迈蒙对康德哲学的认识论完善的尝试》,第 31 f. 页,卡比茨《费希特知识学的发展史研究》第 62、78 页。

　　②　《费希特全集》卷Ⅲ,第 4、58 页,参见卷Ⅰ,第 374、387 页。

　　③　《费希特全集》卷Ⅰ,第 492 页。

　　④　《费希特全集》卷Ⅰ,第 473 f. 页

念和直观间实实在在的不一致性的思想运动,导致了对形式之物和材料之物之区分的同一个结果,也就是导致了关于感觉(Empfindung)之先验独立性和非理性的学说。

在费希特思维转变得到最明确预告的《第二导论》的那些段落中,他同时带着一种论辩的目的表达了他的确信,他相信纯经验性的东西或感觉具有独立的且通过任何先验建构都无法触及的意义。通过这个目的,他自己的立场更加尖锐且更加不带歧义地与我们相遇了。在其哲学得到广泛传播的最初几年里,他就已经在竭尽全力地对付那些乖谬的理解了,他们误以为他拒不承认理性推理的边界。他那时就已经顺便说了一些防御和校正的话,但竟然无人理睬它们。当他恰恰将后来对他自己而言常常是累赘的东西,即对知性和感性之区别的模糊化,标记为其追随者对他的误解,恰恰指责它是另一个哲学家的错误时,这就不无哲学史的反讽的怪味了。那时有两种现象尤其招致他的抗议:贝克的立场说(Standpunktslehre)以及莱因霍尔德在其《杂文集》(1797)第二部分所提供的对知识学的描述。两者都意欲使只能被感觉的东西(das Empfindbare)的独立性凋零并以唯理智论(Intellectualismus)的方式将其瓦解,两者都对"情动"(Affektion)概念中隐藏的批判意义、对直接"感受"(Gefühl)的认识论价值认识不清。"遗忘这种源初的感受导致一种无根的先验观念论和一种不完整的哲学,客体的谓词只能被感觉,一种不完整的哲学无法阐明这些谓词。在我看来,贝克似乎已误入歧途,而莱因霍尔德则似乎设想出了知识学。"[①]对于自己学说中一个同样值得注意的深层组成部分,费希特希望知道的是,个体的规定性是无法推导出来的,这个见解现在声誉甚隆。人们从《第二导论》的这整个段落(这个段落来自写给莱因霍尔德的一封信)中提取出这个开诚布公的宣言:"我的一篇论文刚刚……发表,在论文中,我就您信中所包含的更多的东西做了自我澄清,我依据的是您在第二部分的杂文中的表述。我曾经以为您似乎真的迎面撞上了礁石,这块您在信中谈到的礁石,一块让贝克真正落败的礁石,因为您可能过于绝对地采用了知识学中对非我的设定(Setzen des Nicht-Ich)。在这篇论文(它可能在信件到达后很快就会到您那里)中,我试图使这个观

[121]

---

① 《费希特全集》卷 I,第 490 页。

点得到比我迄今为止的出版物中都更清楚明白的表达"①。虽然我们应该感 [122]
谢贝克提出这个观点,即批判哲学宣扬的不是独断论(Dogmatismus)而是观
念论②,但是,正如费希特在《第二导论》中批判他的那样,他却因此陷入了相
反的错误:他忽视并打发走了"客体的只能被感觉的谓词";感觉就是他"迎
面撞上的礁石"③。

现在,虽然莱因霍尔德跟费希特一样,在其《杂文集》中驳斥了贝克将知
性和感性混为一谈的做法④,但在费希特眼里,他的观点从经验主义的角度
看还是不够的。虽然莱因霍尔德已转向知识学,但只是转向了 1794 年的知
识学。当费希特在过渡时期将最初计划中已包含的⑤经验主义的种种萌芽
加以发展,直至其重量完全超出与之相对的种种倾向时⑥,莱因霍尔德在其
论述中则恰恰将主要重量放在如今已被排挤到背景处的知识学诸要素上。
因此,在《杂文集》中,费希特再也无法看到对其学说的恰当复述了,并且, [123]
1797 年,他与莱因霍尔德之间的差异确切地说是新建立的知识学和旧知识
学之间的差异。费希特现在所反对的、他的追随者们对有限性问题的处理
方式,实际上只重述了对他自己早期学说中最基本的观点的某种忠实模仿。
于是,在《杂文集》中,这一点被突出强调成知识学的功绩,也就是说,文集
"完全令人满意地"从绝对活动(Tätigkeit)的"种种源初功能的简单区别和关
联"出发,阐明了"先验之物与经验之物的区别和关联"⑦。因此,也通过纯辩

---

① 《费希特生平》卷Ⅱ,第 237 f. 页,参见《费希特全集》卷Ⅰ,第 488 页:"因为,如
果我对贝克先生的理解是对的,那么他绕过了这个重要的情况,并且莱因霍尔德先生(在
他对知识学的主要环节的分析说明中,在上面提到的《杂文》中)也没有足够重视对设定
非我至关重要并且唯通过它设定非我才成为可能的东西……"

② 《费希特全集》卷Ⅰ,第 444 页注释。

③ 这个表达与莱因霍尔德《杂文集》卷Ⅱ第 323 页中的一个段落相关。彼时还是
知识学的评论者的谢林,在一篇同样是由莱因霍尔德的《杂文集》所推动的论文(《费希
特全集》卷Ⅰ,第 403 ff. 页)中,也追随费希特而对贝克的观念论进行评判,后者被指责
"使康德如此经常地再三提醒的、先验感性与先验知性间的区分彻底消失了"并且"枉费
心思想要阐明实在之物(das Reale),亦即我们的表象中的感觉"。就像费希特一样,谢林
用这种混合来反驳"直观和概念"间的距离。同上,第 423 页。反对将知识学损为"最无
意义的观念论",同上,第 413 页。

④ 《杂文集》卷Ⅱ,第 295 页。

⑤ 见原文第 94 f. 页。

⑥ 此外,费希特没过多久就对《全部知识学的基础》不再满意。见比如《费希特生
平》卷Ⅱ,第 236、237 页。

⑦ 《杂文集》卷Ⅱ,第 339 ff. 页,参加第 325 ff.、340、359 ff. 页。

证的思辨解决了经验之物的问题①。所以,"情动"(Affektion)这个为先验阐明准备了如此巨大困难的事实,这个似乎存在于感觉(Empfindung)中的事实,同样通过"对那个源初的反命题的揭示"而被出色地打发走了②。当费希特发现对非我的设定(正如莱因霍尔德所理解的)"太过绝对"并且并不赞同对"情动"思想进行完全的、理智主义的排除时,他尤其希望看到这一类的论述。一方面,《杂文集》如此浓墨重彩地强调知识学辩证的一面;另一方面,它不仅对第一计划的经验主义苗头,即开端(Anstoß)只能被"假定,但不能被推理出来"(见原文第 96 页,注 1)不予理睬,而且甚至明确地驳斥这些苗头。在《第二导论》中,费希特的修订版转而反对对感觉内容③的单纯"假定"所采取的这种轻蔑的拒绝:"一切先验阐明在直接感受(Gefühl)那里都有一个限度(Ende)。"莱因霍尔德同样体会到他早期有关"被给予的质料"[124] 的观点与物自体的独断论学说的关联依然如此鲜活,以致当他碰到"迎面的礁石"时,他很希望知道,感觉材料已经被完全溶解到先天建构中去了。如果说他此前是"康德派",那他现在只想尽可能远离康德,而已经经历过这个时期的费希特则相反,他再次强烈地向康德靠拢。通过对他自己的原始学说的忠实论述,费希特担心被扔进某种"毫无根据的观念论"的拥护者行列,这个事实直接表明,他思维中的种种转变已经完成。

因此,如果大家想要正确把握费希特关于感觉的学说以及一般的非理性思想的后康德发展,那就不可以像流行的理解想要做的那样④到贝克那里去管窥康德和费希特间问题史的中间环节,而是至多到迈蒙那里去窥视。作为费希特之前的思想家中独一无二的人物,迈蒙还代表着体系方面的某种值得注意的结合,即坚定不移的观念论和同时强调经验对象的被给予特征这两者的结合。只要他显示出自己确实受过莱布尼茨的理智主义形而上学的影响,那他同样试图通过依然浓烈地存在于心理学中的、有关"意识"等级之连续渐变的思想去模糊概念和直观的对立。只是在他那里顺便还能发现某种严格的批判性理解的种种苗头,这种批判理解跟费希特后期对所有心理主义的重新解释的拒绝可以很好地共存。也就是说,他是从如下事实

---

① 参见比如《杂文集》卷 Ⅱ,第 327 ff. 页。

② 参见比如《杂文集》卷 Ⅱ,第 300/1 页。

③ 参见比如《杂文集》卷 Ⅱ,第 320 页。

④ 见比如法伊英格尔(Vaihinger),《康德评注》卷 Ⅰ,第 486 页,卷 Ⅱ,第 20、22 ff. 页。法伊英格尔从费希特后期著作中所引用的段落部分根据完全不同的——形而上学的——观点处理问题,部分只是反驳康德的"归纳"方法。

出发的,即这位先验哲学家无法像思考生命的方式那样,满足于这种情况:经验的直观之物向直接的感觉敞开自身,并且他认为,这位哲学家毋宁肯定带着完全可概念把握性(Begrifflichkeit)这样的先入之见走进所有事物,同时肯定根据这种先入之见去衡量观念之物(das Ideale)身上的感觉(Empfindung)的直接之物,然后通过先验的方式对其进行表达和评价。据此,理性对他而言就是先验的大小量(Größe),非理性就是先验的无限小(Unendlich – Kleine)或者先验的界限概念(Grenzbegriff);理性制造(Erzeugung)的可能性是制造的一个微分,是逻辑意识的一个微分,不可溶解性是溶解的一个微分①。只有当我们把感觉理解为微分时,我们才能通过先验标志来表达它。只有这样我们才能防止有关绝对非理性(Irrationalität)的思想并达到对批判性非理性(Irrationalität)的理解,亦即对我们的认识的不可通约性(Inkommensurabilität)的理解。为了更特殊地突出这一点,我们可以在某种神圣的知性只不过无限降低或无限抬高地思考不可溶解性,并将我们的这种直觉智性(intellectus intuitivus)视为清除这种不可溶解性的无尽任务②。先验哲学家在感觉材料中所看到的,不是像朴素意识所看到的那种静息于自身的(in sich ruhende)客体,而是"理念,是知觉最后必然消溶于其中的理念"③。然而,迈蒙这个思想的整个意义只有在阐述超验问题(Transzendenzproblem)时才能得到足够的评价(见下一节末尾)。在此,应该将迈蒙理解为向费希特逐渐上升的发展序列的一个环节,在这个发展序列中,康德关于感性制约着认识的学说在纯粹逻辑(logisch)的意义上得到了进一步的建构。

最后还要简明扼要地指出,这些完全否认费希特对先验方法有任何理解的研究者肯定也会合乎逻辑地相信他完全分解了材料性的知识因素。里尔(Riehl)说过,"太简单粗暴地忽视与(康德那里的)认识的观念(ideelle)因素相随的材料因素","助长了后来的暴行,即完全排除材料因素"④。即便是柯亨,他也认为,在费希特那里"意识源自我思",认为"自我感觉到、知觉到

[125]

[126]

---

① 《关于先验哲学的尝试》第 27 ff.、33 ff. 页。关于非理性概念的这种批判性理解与莱布尼茨哲学的关系,见文德尔班《新近哲学史》卷 II,第 154 页注释,第 198 f.、338 页,《哲学史》第 462 页注释 1,第 472 页注释 2。

② 《关于先验哲学的尝试》第 277、366、419 f.、443 页。

③ 《关于先验哲学的尝试》第 205 页。《哲学词典》第 169 页。

④ 《批判哲学》卷 I,第 13 页,参见第 14、338 页。

意识,自我包含意识并以之为前提"①。

　　针对这个判断,我们还要再次参照前两节已经得出的结论,即费希特不仅承认有两种认识,而且也通过对有关非理性的批判思想的进一步建构将知性和感性的二元论从形而上学-心理主义的提问移置到先验的提问上。在下面的情况中我们也能看到对我们理解力的绝佳证明,即在其反对抽象逻辑的论辩中,黑格尔恰恰在一些关键点上完全把康德和费希特放在一条线上了,并且很愿意知道他的流溢说立场被同样宽阔的鸿沟与两位思想家的学说隔离开。即便是费希特,他也常常被指责为"形式的观念论",被指责为"知识的绝对空泛和无规定性"(经验的杂多与这种知识"奇怪地"且不可理解地对立着),简言之就是被指责将分析逻辑和流溢说逻辑简单粗暴地对立起来以解决个体性的问题②。

[127]

第五节　个体之物的非理性与物自体

　　不是内在的、事实的必然性,而是更多地由历史事实所强加的必然性,使对费希特的观念论针对物自体学说所做的表态进行一番检验势在必行。于是,一个变得对批判哲学史意义重大的"问题缠结"就以如下方式把偶然性学说和物自体彼此联结起来了:即使对知识学中出现的这种非理性思想进行澄清,这种澄清也无法忽视这个缠结。因为偶然性既意味着与理念的距离,也意味着无法通过形式之物进行把握,所以,相应地,物自体既可能出现在与理念的混合中,也可能出现在无法从形式之物出发进行概念把握这样的情况中。

　　后一种可能性更多的是康德派的特征,相反,将物自体概念与理念结合起来则更多的是康德自己的特征。出于对我们的认识的局限性的反思,诸多理论动机中的一个在他那里诞生了,这些理论动机在它们与其他实践动机的共同作用中催生了有关物自体的学说。康德的确并非处处都能前后一致地像哥白尼那样,让事物围绕着认识转动并将受局限的理性和不受局限的理性间的区别只理解为如此这般的区别。同时,在他看来,我们受限的认

---

　　① 《康德的经验理论》第 590 f. 页,参见 587 页。狄尔泰有相似的判断,见《哲学史档案》卷Ⅱ,第 644 页。

　　② 参见第一部分中被引用的大部分段落,尤其是《费希特全集》卷Ⅰ,第 118 ff. 页,第 209–272 页。

识毋宁说是作为限制行为而起作用的,即通过某种超越的(transzendent)力量而对现象世界进行限制;同时,某种不受限制的认识,这样的理念则作为摆脱现象世界的行为和作为对超越的存在自身的把握而起作用。在思辨的诸开端中就已经具有权威性的、关于两个世界理论的基本观点(根据这种观点,认识的不同等级对应于现实的不同种类①)在这里再次破土而出。它在最早期的著作中还毫无保留地占支配地位:现象世界通过感性得到把握,理智(intelligible)世界通过知性得到把握。在纯粹理性批判中,这个立场被抛弃了,"物"自身变得毫无意义,因为"对象性"应该存在于知性的某种综合功能中。尽管如此,两个世界理论还是偷偷溜进来了。只是在这里现象和物 [128] 自体不再归属于感性和知性这两种认识方式,而是归属于与感性紧密相连的知性和不用感性就能直观的知性这两种认识方式。物自体不再源于对知性诸形式的实体化(Hypostasierung),这些形式有权要求单纯的内在有效性且被视为极端空洞和毫无内容——所以,向 1770 年立场的简单倒退并未发生——而是被思为认识行为(Erkennen)的对象,这个认识行为既摆脱了感性也摆脱了空洞的知性诸形式②。因此,如果本体(Noumenon)应该只作为衬托或背景,作为"界限概念"③,作为"不可避免地与对感性的限制相关的任务,不管是否可能存在完全脱离对象直观的对象"④,或作为问题⑤而起作用,那么虽然"理念"思想通过这个方式被移置到了正确的"批判"阐述中,但知识与对象相对应这个原理在此依然未受触动,同样未受触动的还有这种理解:非感性的认识对应于某种超感性的客体,某种虽然颇成问题的直观知性对应于某种同样成问题的理智对象,对内容之物的完美生产和洞察因此必

---

① 参见原文第 32 f. 页。

② 为了使这种迷惑变得圆满(voll),感性和知性的古老对立当然时而也会调皮捣蛋,见比如《费希特全集》卷Ⅲ,第 129 页,卷Ⅳ,第 35 页。

③ 《费希特全集》卷Ⅲ,第 221 页。

④ 同上,第 241 页。

⑤ 同上,第 221、235 页,卷Ⅴ,第 415 页。

[129] 须被解释为对种种物自体(Dinge an sich)的某种认识①。整个辩证法都贯穿着批判的思想进路与独断论的思想进路的同一种对抗。人们常常根据实际情况提出如下原理:如果真有什么直观知性——但这只不过是问题、任务等——那么物自体就可以通过它而得到认识。但在这个假设的判断中,具有某种必然的前因后果的关系就根据某种著名的逻辑学说而得到了表述,这种逻辑学说与两种成问题的假设都有关。物自体对应于某种直观知性,这一点没有问题,而且是毋庸置疑的。物自体可能偶尔看上去会成问题,但两个世界的理论却从来都不成问题。只有康德的这个特征[这个特征使他把对偶然性的假想的扬弃与有关先验实在(Realität)的思想相连接]才应该在此得到确定②。我们至多只能如此表述这种特征:一方面,康德洞悉"超越的真理概念"的荒诞(Sinnlosigkeit)③;另一方面,他又的确无法抛开这个前提而前后一致地思考某种直觉知性的观念认识(ideale Erkenntnis)。

　　历经康德字母表的波涛起伏而坚定不移,费希特始终如一地服从康德精神。他相信,在对我们的理性所进行的限制(他自己也承认)中可以看到
[130] 的不是通过某种物自体进行限定,而只是某种如下意义上的限定,即这种限定能够与某种不受限制的认识相对立。他设立了他与独断论④相对立的一

----

　　① 在这点上,翻遍整个第二版,也许透过整个区分,即区分积极意义的本体和消极意义的本体,都没有丝毫改变。即便完全不看"不是我们的感性直观的客体"和"是一种非感性的直观的客体"这两者间的区别大体上如何成立(有关于此,见沃尔凯尔特[Volkelt]《康德的认识论》第112页,参见第110页),也非常确定的是,有关那种对应的思想也与否定意义的本体相去不远:一种本体所"归属"的某种知性虽然应该成为一个"问题",但是本体归属于一个如此这般成问题的知性,这点并不是一个问题,见《费希特全集》卷Ⅲ,第222页,参见卷Ⅴ,第421/2页:"……对应的智性直观"。通常处处占支配地位的还有这个观点,即与感性直观紧密相连的知性如事物所显现的样子那样去认识它们,相反,无关性而能直观的知性则如事物本身所是的样子那样去认识它们,见比如《费希特全集》卷Ⅲ,第77、123、129、130 f.、351 ff.、388 ff.,参见第466页。

　　② 对偶然性、理念和物自体间关系已经进行过十分细致的探究的柯亨——尤其见《康德的经验论》第502ff.、505 ff.、507 ff.、512、518 f.页,《康德对伦理学的论证》第18-116页,《康德对美学的论证》第118页——相信物自体,没有偏离康德自己的观点,不能够不遗余力地融入批判的问题。虽然"如下概念:物自体、无条件者、理念、界限概念、体系性的统一体等不分伯仲"(《康德的经验论》第512页)现在无条件地——同时也作为康德自己的想法——得到承认,但是对康德的思维如此重要的、两个世界理论的基本特征并没有因此而受到质疑。

　　③ 有关于此,见文德尔班《新近哲学史》卷Ⅱ,第79 f.页,《序论》第125 f.页。

　　④ 见对康德那里智性直观概念中所隐藏的两个世界理论的杰出否认,《费希特全集》卷Ⅰ,第471 f.页。

个世界理论(Einweltentheorie)。他并没有将理念和物自体混杂在一起,他在理念中只看到一种假想的认识方式,此外没有看到任何东西,这样一种对《纯粹理性批判》字母表的偏离并非从批判哲学脱落。

也很少人会想要下这样的断言。然而,费希特更不可能会否定第二种情况,即把物自体与非理性相混杂;因此他也不可能做这样的尝试,即试图通过反思从普遍之物推导出个体之物的这种不可推导性而为物自体辩护。只有当个体之物的总体(Gesamtheit)被理解为自我的一个表象,当客体和主体的相关性得到严格的维护时,才能满足前后一贯的观念论。只有观念的原理在其中得到了表达,这个原理便是,最终的哲学抽象概念"自我"和"知识"听上去(参见原文第89和111页)就好像所有东西对自我而言都是一种自我的相关物(Ichhaft),都处于我性(Ichheit)这个普遍概念之下。现在,至关重要的同样是要决定,随着对物自体概念的这种破坏,人们是否同时也向绝对理性主义敞开了大门。比如有了这样的唯心主义观点:万物皆备于我(alles ist für das Ich),是否同时就因此断言:万物皆包含于我性之中,断言可以带着彻底的可概念把握性将特殊之物从某种绝对自我中挣脱出来? 谁若有此想法,谁就依然深陷于形式自我与理念的混淆之中。但谁若已摆脱这个迷误,就像后期的费希特那样,他就会洞察到,前后一贯的观念论并不通向绝对的、瓦解一切经验之物的理性主义,而是在前后一贯的观念论内部,那种批判性地反理性主义的基本原理也是合情合理的,这也就是承认仅仅可经验和可感觉的现实中存在某种对立,虽然不是与自我相矛盾,但很可能是与形式自我相矛盾。要求费希特必须在形式上做一个观念论者,这是毫无根据的。因为需要对形式加以限制的不是内在性(Immanennz)或观念论,而是先验的理性主义。经验之物所摆脱的并不是意识之力的影响,而是理性意识之力的影响。也就是说,人们必须提防不知不觉中就把形式上可概念把握的我性、把处于抽象性中的知识形式(Wissensform)当作观念论原理或内在性原理的赌注。即便是诸表象的个别内容也只能以观念论的方式加以理解,因为它只不过是对"知识"的经验实现的一个例子(Fall),因此只是一小部分的知识。当然,它里面比可概念把握的知识形式(这个形式只能在内容中得到实现)中潜藏着更多的东西;但是,这个"更多的东西"只不过是内容的经验特殊性,不过是内容的独特性,是个体的并因此是不可推导出来的,而不是什么超越的东西。超越的唯实论很可能会援引什么证据,大家对此心知肚明:他们会援引经验之物的不可控性和坚固的不可穿透性,援引它联结一切形式之物的规定性。但是,是什么让唯实论名正言顺地将我们的阐述所无法克服的这种坚硬、这种逻辑事实解释为物自体的某种深藏在下

[131]

面的坚韧性呢？难道是通过他们的先验研究得出这种结论的？当然不是，因为先验研究只教会他们把某种材料性的知识因素与形式的知识因素区分开来。先验哲学家徒劳地到那个从批判的立场出发才可能的东西的整个范围中去寻找物自体所是的且对他们而言无法用知性的方式（unverständlich）加以认识的东西。这可能跟"对象性"毫无关系，因为对象性是知性的一个功能；它同样也跟个体"现实"的秘密无关，因为后者只是一种逻辑事实。然而，如果物自体的假设由形式与内容之区分所支撑，那么，一目了然的是，这里简直存在某种将"偶然性"全新地解释为超越（Transzendenz）的行为，某种从批判哲学的意义上说毫无根据的尝试，即试图把概念上的不可推导性和独立性从自我的形式之物转变成某种与自我根本对立的彼岸性（Jenseitigkeit），转变成某种逻辑的独特性，因此也就是转变成某种超越的实在（Realität）的插入（Hineinragen）。不能将观念论和独断论混杂在一起，相反，在这点上必须支持那种与某种批判性地反理性主义的要素紧密相连的、前后一贯的观念论：一切都必须只以观念论的方式加以解释，因为普遍之物是意识的形式，特殊之物是意识的材料；当然，不能从这种观念论的形式出发去推导出这种观念论的材料。但同时，很多东西依然是肯定的，比如，材料的和形式的组成部分并不存在于物自体与"意识"的关系中，而是存在于两个"意识因素"之间的纯内在之物中①。

[132]

现在，费希特具有这样的功绩：他保留了关于非理性的认识并同时使其逃脱了与物自体的纠缠。他洞察到了形式与内容之区分的先验逻辑意义并不能使人们有权将认识分裂成两半，一半可以用观念论的方式加以阐明，一半可以用独断论的方式加以阐明。但是，此外，他不仅拒不接受有关"质料"的理论，正如他在康德派那里所碰到的质料理论，而且同时懂得如何去证明为何在与非理性思想的结合中存在独断论的倾向。他无比正确地看到，康德派的独断论②逃逸到这样的事实中去了，即束缚着每一种反思的、即使对观念论的阐明而言也坚不可摧的"现实"之事实，是直接或"源初的感受"之

---

① 有关康德那里非理性与物自体的关联，见文德尔班《新近哲学史》卷Ⅱ，第337页以及里尔在《哲学批判论》第一卷的深入论述；尤其见第381 ff.、389 ff.、428 ff.、431 ff.、446 ff.页。尽管根据我们上面的分析无论如何都无法承认，费希特在超越的实在论这件事情上是对的，然而里尔的"实在论的"见解还是不仅将颇具价值的贡献留给了对康德在其他地方鲜有人注意的、逻辑的偶然概念的理解，而且也唯独由于对个体性思想内容之非理性的一再强调而已经留给了体系性的认识论。

② 卷Ⅰ，第488 ff.页，同时参见第443页和卷Ⅳ，第100 f.页。

事实。在这种源初感受（Gefühl）中，"我的局限性"在"其规定性中"展露
自身。[133]

只有通过对与超越问题的这种关联的考虑，《第二导论》中常常提及的
重要段落（费希特正是借助这些段落发展出他有关理性认识之界限的观点）
的思路得到完全澄清。首先，那里确定，"我们认识的单纯经验之物"无论如
何都不可通过一种物自体而将其解释为情动（Affektion）。情况毋宁是，正如
紧接着所显示的，某种超越的因果关系的假象必须通过唤醒对"接受性"的
正确领会，也就是说通过暗示非理性而加以阐明并同时加以摧毁（见原文第
116 f. 页）①。这个暗示必须满足一个双重的任务：它一方面提防独断论，另
一方面则告诫大家提防对经验之物之独立性的理智主义忽视。费希特已经
通过一种与众不同的表述使自己的想法与康德研究者的这两种同样错误的
理论相对照："忘记这种源初的感受"——贝克的无根的观念论，"从某物的
影响出发进一步阐明这种源初的感受"——康德派的独断论②。知识学对这
两块"礁石"都敬而远之。因此，倘若在这个问题上对它进行考察就会发现，
整个后康德的发展直至费希特都被置入最简单、最出色的理解中了：①非批
判的、反理性主义的独断论（早期的莱因霍尔德和康德派）；②非批判的、理
性主义的观念论（贝克③）和《杂文集》中的莱因霍尔德；③批判的、反理性主 [134]
义的观念论（费希特）④。

因为，在突出强调不可推演的认识因素方面，费希特并没有像在其他领

---

① 卷 I，第 490 页。费希特否认康德相信"物自体产生刺激"，这个否认是否合情
合理，对于这个问题，我们必须完全赞同法伊英格尔的论述（《康德哲学评注》卷 II，第 45
ff. 页）（参见厄尔德曼《思辨》卷 I，第 500 页，沃尔凯尔特《康德的认识论》第 156 页）；但
是从中并不是就推断出，当他断言经验之物具有概念理解所无法触及的规定性并的确通
过某种物自体来否认刺激（Affektion）时，费希特在这件事上是不对的，并且犯了这样的
错误，即"开始了一种思想但又半途而废"（《康德哲学评注》卷 II，第 49 页）。

② 卷 I，第 490 页。

③ 当费希特用感觉的直接性和非理性来取代物自体并使人们理解对通过超越之
物来进行论证的信仰时，贝克则通过混合感性和知性甚至使问题面目全非了。对他的这
种指责完全是在"费希特的谢林"意义上发出的，见原文第 123 页注 2 中提到的著作（《费
希特全集》卷 I，第 432 f. 页）。

④ 此外，迈蒙似乎也属于这个类别。为了完善我们早先的暗示，还必须补充，用非
理性代替物自体概念恰恰也是他的特征。"被给予性"只可被解释为无法建构性，而不可
被解释为超越。尤其见《尝试》第 161、201 ff. 、377、384、419 页，《哲学词典》第 161 f. ，《范
畴》第 203 ff. 页，《逻辑学》第 337 ff. 页，《批判研究》第 65、191 页。

域那样颇具原创性，所以，我们必须完全瞄准一种非理性思想史的内部去理解他的"批判的反理性主义"。对这个问题的展开至多只在文德尔班那里得到了毫无质疑的重视；在这里我们发现，他的划分遵循两个主要方向：非理性如何一方面被批判的反理性主义者和绝对的理性主义者承认为概念把握的种种限制，另一方面又被独断论的非理性主义者，尤其被谢林重新阐释为如下断言，即存在某种超理性或与理性无关的世界力量（Weltpotenz）①。文德尔班还进一步看到，费希特就处在这场运动的正中央并且肯定在该运动中占据着一个突出的位置。其中，有关费希特的学说他谈到，单个感觉的特殊性是由自我的"毫无根据的"行为产生的："理性主义试图从意识的本质、从意识的形式和规则中挑拣出思维的内容的所有尝试，都像在康德那里一样，在一种远更深层的根茎上被剪断了。"②因此，对费希特的思维的种种开端而言，某种反理性主义的要素已经被确定。但另一方面必须彻底承认的是，这个界限概念（Grenzbegriff）恰恰不适合用来标记非理性，因为被理解为超个体理性的创造行为的它，在某种意义上恰恰完全封闭了理性主义③。然而，我们的论述却得出如下结论：费希特已逐渐进展到提出一种从批判角度看更犀利的而不是更容易使人误解的界限概念。以下情况也在对个体性问题的全新解决中得到说明，即他——尤其是从1798年到1801年这段时间——再也不像以前那样了，而是根本不把理性创造性（Vernunftproduktivität）的独特性与内容要素联系在一起，而是将这种独特性无一例外地转移到纯粹形式上，与此相反，经验之物恰恰被视为被动性（见第二部分）。从这一切出发，可能会出现如下情况，即文德尔班将费希特编入后康德思维的发展中去；如果人们恰如其分地考虑到1797年的转变，那他的断言，即认为知识学已通过清除非理性因素而被批判哲学清洗干净了，就再也不可被视为是正确的了。也就是说，按照文德尔班的观点，只有康德的理性主义直截了当地承认非理性这个事实。"物自体学说的最深刻意义"正基于此。但随着对这个概念的破坏（在费希特那里就已如此），与之捆绑在一起的"批判性的限制（Restriktion）"④也作废了。只是，从现在起，我们可以这样回答：费希特也作出了这种限制，只不过他与此同时避免了错误地且令人费解地将其重新解

[135]

---

① 《新近哲学史》卷Ⅱ，337 ff.页，在"非理性主义"这一段，参见153 ff.、198 ff.、322 f.页，《哲学史》第462、472页。

② 同上，第214页，参见338和213 ff.、322/3页，《哲学史》第502页。

③ 《新近哲学史》第338页。

④ 同上，第337、219页。

释为超越的做法。同样,对物自体的借用并不像文德尔班所认为的那样,取决于对某种"绝对的世界认识"的假设,"因为我们从自我中产生世界,直至其最后的残余"。①

因此,由文德尔班承接过来的论述就需要矫正和完善,确切地说就是通过指出如下事实,即不仅康德(和迈蒙),而且还有费希特,都必须被视为最严格意义上的批判的反理性主义者。只有通过这种方式,才可能分毫不差地确定费希特在非理性问题发展史中的地位。也就是说,这一整套从康德通向费希特并对澄清先验哲学问题而言无论如何都值得重视的思辨,当人们将它们统一地围绕作为问题之震中的非理性进行分组时,只要在理论的场域内运动,它们至多只能提纲挈领地得到安排(anordnen)并按照严格的批判标准得到衡量。那样的话,在双重方式上可能发生的是,物自体学说与非理性思想的缠绕也许将被揭示为所有这些体系的真正驱动力量。所以,比如莱因霍尔德关于本体(Noumenon)的理论和关于物自体的理论就必须以如下方式加以理解,即超越与理念概念间的缠绕在这里已经任由其沦落了,相反,与"无法从形式之物出发进行概念把握"这一点的缠绕还依然纹丝不动地持续着;而在后一点上,两者的连接在贝克那里恰恰反而显得颇有影响,贝克也是随着对物自体的排除而以理性主义的方式扬弃了非理性②。迈蒙也许就是在这个关联中论述纯粹问题史以及——由于它对费希特③以及谢林的种种开端的影响——发展史方面具有重大意义的现象的,确切地说,他的整个学说都是从康德先验逻辑论的偶然概念发展而来的。最后,更多的对非理性问题至关重要的连接线从康德和迈蒙那里向外通往费希特,也通往谢林和黑格尔。

因此,对物自体概念的借用不仅在它与经验之物的非理性学说的可兼容性中得到了证明,而且甚至还表明,逻辑上的偶然性概念只有在前后一致的内在性学说(Immnenzlehre)内部才能在完全的纯粹性中得到思考。非理性要么纯独断论地被理解为个别事物从存在整体中横空出世(Hervorgehen),这种横空出世是无法概念把握的,要么必须纯观念论地理解为不可推导性,亦即个体的我之凝结(Ichkonzentration)无法从普遍自我中推导出来,但无论如何不能调和主义地(synketistisch)加以理解。所以,除了统

[136]

[137]

---

① 《新近哲学史》,第 219 f. 页。在这里,先验论的"制造"被承认为"康德认识论的普遍标准"并同时被指与数学平行。

② 费希特告诫大家要警惕基础哲学和立场学说这两大"礁石"!

③ 参见原文第 120 页注 1。

一的、体系性的建构,除了对先验的概念世界进行一番不为心理主义意图所动的塑造,我们还必须赞同将非理性的超越避难所当作跨越康德之上的第三大主要进步加以彻底的剔除并在某种学说中窥见先验方法的制高点,对于这种学说而言,就理论上讲,只存在我之凝结,只存在一种意识现实,只存在一种知识现实或认识现实,从这种现实出发,诸先验概念——知识学的诸概念——得以以分析的方式(尽管也带着附加的、体系的安排)被建构。由于我们的理解力恰恰能够完全评估它跨越康德之上的这股巨大的、非形而上学的步伐并赋予它决定性的意义,所以这里所进行的、仅仅对某个孤立问题的追踪,还是将非理性思想的进程同时置入哲学的生机勃勃的总发展中了,并且已经通过这种方式阻挡了对矫揉造作且偏执一词的阐述的疑虑。

[138]

第二章 反理性主义的上升:1798—1801 年

由于在理性体系的总结构中先天无法推导的剩余亦即种种感觉(Empfindungen)总是只被指派了一个低微的角色,所以,奠定了 1797 年转变的、对材料性认识要素的更深入的考虑依然完全隶属于之前的学说。我们应该做的只是标画出与惯常的、存在于哲学的可推理性(Deduzierbarkeit)外部的经验的界限,保证纯经验之物的权利。相反,之后几年的努力则一目了然,那就是让纯粹且单纯经验的不可侵犯性(这种不可侵犯性是均匀地赋予每一种理性认识的)在其对整个哲学的意义中越来越强有力地凸显出来。在这里,我们不仅拥有对早期计划的完善(这个计划它自身就拥有通向无所不包的体系的方向),而且先验评价(Wertung)的重点也从普遍的理性形式上转移到了感觉的直接性上。1797 年所取得的成就不仅成了可以再一次被展示的确定财产,而且在接下来的几年中上升为炙手可热的货物,所有其他的东西都被迫退居其后。当然,可被证实为 1797 年发生的、对形式和材料的批判式截然分离,以及由此一直辐射到甚至有关最终认识原理的文本的那种影响,肯定只有当这种进一步的颠覆(Umkippung)一般地成为可能时才算得到认同。但是现在,有利的前提条件一旦被给予,对经验之物和个体之物的反复强调就再次意味着一个崭新的时期。无神论之争方面的外部体验(Erlebnis)并没有因此而变得无关紧要。对它那些尤其处于启蒙哲学麾下的非难者的鄙视将这位激情四射的思想家猛地拽向一种完全个人的、激烈的愤恨,恨一切以某种方式听起来有理性主义形而上学味道的东西。我们将会了解到这个独特的进路,即道德哲学和宗教哲学的观点突入认识论的经验主义和个体主义中去。

现在,人们肯定认为,在与之紧密相连的、反理性主义的诸条主线间更大的缠结和更精致的分支那里,个别的部分问题并未能带着同样的能量发挥影响。然而,对实践哲学诸问题和有关感觉内容之直接性的先验学说而言,情况并非如此。在强烈且特别引人注目的训练(这种训练如今在如此不同的环境中经历着有关"感受"之源初性的理论)中,我们可以窥见一种崭新

[138]

[139]

的、直接从费希特思维自身生机勃勃的发展中创造出来的对我们的观点的确认,这个观点便是,在确定发生在 1797 年的那场彻底转变中,我们所遇见的不是一个稍纵即逝的过渡阶段,而是该哲学家思维的一个重要转折点。另一方面,对每一个不把 1797 年转变当作思辨的连接部分加以考虑的人而言,也只有如此这般的经验主义训练的可能性及其与知识学基本原理的兼容性令他无法理解。相反,对我们来说,这一年得到大力铸造的经验主义再也无法拥有任何令人猝不及防且未经中介的东西了;毋宁说,我们在这个经验主义身上理解了深层思维驱力的一往无前的威力。

第一节 实证主义和先验的经验主义

刚刚提及的反对流行哲学的争论以如下方式对费希特的后期发展具有典范意义,即在 1800 年后的那个时期,经验主义和反理性主义就其一般的发生而言通常伴随着与启蒙哲学的辩论。但是,这个争论尤其赋予 1798 到 1801 年的著作以一种独特的印记。也就是说,从那时候起,重要的不再是像在《第二导论》中那样为启蒙运动所无法通达之物辩护而反对"无根基的观念论"(如贝克和误入歧途的莱因霍尔德所辩称的),而是反对沃尔夫体系的那种理性主义。针对像贝克这么一位情投意合的思想家,知识学只能通过[140] 最精细的区分,通过鞭辟入里的概念发展来为它的种种断言辩护。然而,大家可以完全不同地对待沃尔夫派,在他们那里,人们根本没有预设他们对先验观念论有什么理解。在这里往往更需要只把自己的结论大张旗鼓地凸显出来,盖过反对者的结论。但是,对我们的发展史研究而言,现在至关重要的恰恰是,经验主义已经如此明确地被算作是确定无疑的并成为观念论之特征的成果。此外,我们也借此看到,那种批判的立场如今也反对独断论的-绝对的理性主义(正如它过去反对观念论的-绝对的理性主义那样),眼睁睁地看着它被卷入一场斗争——并且历经风霜雪雨,以致在理论中已经作为必然而得到认识的、对批判哲学的界划也朝着这两个方向(参见原文第 32 f. 页及第 73 ff. 页)作为有意识的历史斗争上演。在《第二导论》中,论辩趋向于反对观念论所认为的:自我之材料(Ichmaterial)产生于知性形式,而在紧接着的时间段里,则反对独断论者的假设,即假设知识形式是绝对的实在。但是,在两种情况下肯定都会得出同样的最终结论,即由于论辩的针锋相对,批判哲学的经验主义强有力的突围而出。与这种日常哲学的努力相反，康德的"先验辩证法"这样一种捣毁一切的行为应该再次被招魂①。在理性主义形而上学的防御中，批判哲学就肯定已经经由其奠基者而将经验主义的倾向完全表露出来了，而正是这个方向，一般而言偶尔可能会被视为某种自明的东西或被视为次要观点中被扬弃的环节。与臆想的（vermeintlich）种种理性科学相对，那时同样重要的是不仅提出，"对一个事物中的所有实在特征进行联结"是以一种形式逻辑的分析所无法抵达的综合为前提的，而且提出，一个事物重要与否关键在于有没有嵌入"总体经验的语境"中，在于有没有与某种"符合经验法则"的知觉相关联②。 [141]

从上我们轻而易举就可以看出，为什么现在对费希特而言，由于他似乎主要是在"先验辩证法"的思想圈子里活动，经验概念的经验主义的–非理性的方面完全来到了前景处，并且，超个体的知识内容的、此外尚潜藏在经验概念中的、更多地由"先验分析法"宣告出来的意义，几乎完全被弄得黯淡无光了。以此方式唤起的他的整个思维的转变最清晰地映现在那种选择上，即选择他现在称之为他的哲学和康德哲学的本质之物的东西。如果说在早期著作中他是把知识学的"真正"（reelle）思维与空洞的"形式哲学"对立起来的，那么这同时也意味着，康德对形式逻辑的超越以及对先验逻辑的创造，意味着哥白尼式的事实，即对象性是表象联结的规则；"真正的哲学科学"那时候对他来说还是这样的科学，即与逻辑形式主义的种种毫无目的的抽象相反，它能够在"理性"（Vernunft）中看到具有必然性和普适性功能的结构③。对于"经验"一词，他在两个导言中所理解的还是"与必然性之感受相伴随的表象的体系"④，也就是与"知觉"（用康德的术语）的任意游戏相反的、由超个体的功能所制作的东西，是一切形形色色的内容所共有的东西，是形式之物。现在正好相反，在他看来，对经验概念以及对先验哲学的特性而言，本质性的东西恰恰是材料性的、特定的、个体性的东西，也就是对先验观念论来说"偶然性的东西"。

重心的这种转移以典型的形式，尤其借助实在概念而表现出来。这个词在批判哲学中的两种可能意义，即"对象之物"的尊严和"现实之物"的偶然性，在 1794 年的知识学中都还是在漫不经心的毫无瓜葛中被放在一起的。用不了多久，作为知性产物的实在之物（das Reale）就将具有"合法则性"这 [142]

---

① 见费希特的论述，比如《费希特全集》卷 V，第 340 ff. 页。
② 《康德全集》卷 III，第 410 页。
③ 见比如《费希特全集》卷 III，第 1 ff. 页。
④ 《费希特全集》卷 I，第 423 ff. 页。

样的意义了,知识材料就通过这种合法则性而"为人明了",用不了多久,作为想象力产物的某种"被交给反思的东西"就将具有"表象(Vorstellung)的材质"①的意义了。因此,在相对的思想序列旁边,已经出现了种种最初的苗头,开始恰恰到被给予性这个特征、到绝对的规定性中去寻找"现实之物"的问题了。这种努力在有关感觉的真理内容的阐述中得到了最好的表达。这些感觉,作为某种只能被体验的且根本无法被中介的东西,无疑具有"主观的"性质。但是,尽管如此,由于它们的"规定性"的缘故,由于它们的恰恰-如-是(Gerade-so-Sein)的缘故,赋予它们"客观性"也是合情合理的②。只是,要使客观性的这种意义富有成效,对于这样的事情,那个时代异常强烈的辩证法思潮是个不小的阻扰。只有在《第二导论》中,重心才再一次放在如下事情上,即知识学也证实了日常生活的"实在论",因为哲学和生活一样,都同样既倚重个体之物也倚重某种最终的和无法解释说明的东西③。于是,在《伦理学体系》(1798)中,经验的具体性又在更高的层级上作为对实在而言的本质性环节得到承认。某种"真正的哲学"其典型的标志再也不是(像在《自然法权基础》中那样)在有关对象性的超经验必然性特征的知识中被看见,而是在如下事实中被看见,即人们使一切意识都起始于某种"现实之物",某种被直接知觉的东西④。

[143]
　　伴随着这种朝一个方向而对实在概念所进行的清晰的、单方面的构建,必然有对另一种意义的某种相应的、泾渭分明的界划与之齐头并进。人们往往会思考,想象力所"瞧见"(hinsehen)的实在作为身处"直观"状态中的自我而起作用,所以,自1797年以来的引人注目的努力,即努力将"直观"与"概念"的区别推到前景处(见原文120页),已经得出了相应的、对直观之实在和经由知性而产生的东西的更严格的区分。但是现在,生活与思辨间全然的差异性也同时被建基于概念与直观或主观之物与客观之物⑤间的二元论之上,结果,经验主义时代的两个主要志向———一是区分实在的两种意义,二是将生活和哲学分隔开———就在它们的交叉点上相遇了⑥。的确,对存在概念(Seinsbegriff)的两种意义进行撕裂现在出现了最后一次升级:确切

---

① 我们可以比较一下这两个地方,《费希特全集》卷 I 第 227 和 233 页。
② 见《费希特全集》卷 I,第 313 f. 页,还有比较第 268 页。
③ 卷 I,第 490、514 页。
④ 见比如《费希特全集》卷 IV,第 15、92、219 页。
⑤ 关于这种等同,参见原文第 116 页。
⑥ 《费希特全集》卷 V,第 343 页,参见第 3 节。

意义上的实在根本上再也无法向思辨敞开，而只能向经验和生活敞开。"明白无误地并且完全通过非哲思（Nichtphilosohieren），所有实在在我们这里形成。"①在这种观点中，像早期那样谈论某种"真正的哲学科学"不再有任何意义，因为如今"真正的思维"只等同于"共同的思维"②。对每一种以思辨的方式侵入材料性知识领域的行为的有意识拒绝，可能就此而得到出色的贯彻。实在概念的另一个没有与个体之物的直接性相连的、如今得到了严格划分的方面就是物性（Dinghaftigkeit）、实体性（Substantialität）的形式意义。所以，在与只能在生活中得到把握的"现实"的针锋相对中，"记录着"多样性并制造着"实体"的思维明确地显现为只有通过哲学家才人为地孤立出来的先验抽象概念③。

几乎存在这样的假象，即仿佛概念无法替代经验之物的这种不可替代性已经变成唯一的目标，成了费希特现在所做研究的纯理论考虑中为之努力的目标。因为现在至关重要的是要洞察到，并非先验的观念论，如费希特所愿，而是唯独超越了观念论与独断论之对立的分析逻辑，才能够做这种不断壮大的经验主义最深层的基础。如果康德真的远在抵达批判的立场之前就已经进行过这样的论证——从概念中无法推导出定在（Dasein）——的话，那么，实存（Existenz）就不是概念的一个标志，一个能够以流溢说的方式拣选出来的部分了，相反，情况毋宁说是这样的：现实奠定了概念建构的基础④。这些深藏在分析逻辑中的前后一致性在费希特那里更是贯穿始终。人们简直可以谈论某种唯名论基本方向的横空出世。如今许多段落中都有如此这般的论述，"一切单纯的可能性都建基于对熟识的现实所进行的抽象"⑤。只有直接被知觉之物、特殊或个体之物，而不是"一般之物"（das Ueberhaupt）、

[144]

---

① 《费希特全集》卷 V，第 342 页。

② 见比如说"共同的且真实的意义""共同的且唯一真实的思维"这样的用法，《费希特全集》卷 V，第 340 ff. 页等。

③ 《费希特全集》卷 V，第 208、359 ff.、366 ff. 页，参见《费希特全集》卷 IV，第 20 页。

④ "演示上帝之定在的唯一可能的论据。"（1763 年）

⑤ 《费希特全集》卷 IV，第 219 页，比较第 79 页："能力"只是一个"思维的产物"，以便能够将一种现实与之"连接"，"因为最终的理性只能推论性地借助中介而加以思考"。

各种普遍概念、各种抽象,有权被称为"现实"①。因此,已不再作为被决定的(determinierte)有限性(参见原文第 92 页)而起作用的现实,现在再也不是否定之物了,而恰恰概念才是否定之物,确切地说,是抽象的非现实。

[145]

　　费希特偶尔也倾向于将这种经验主义(其基础仍然是前批判的,它至多只能称得上是批判体系的一个环节)视为先验哲学的真正内核。《明如白昼的报告》②如是说:"因此,我借此机会公开说明,我的哲学的最内在精神和灵魂是:人类除了经验一无所有;并且人类只能通过经验,通过生活本身接近他所能接近的一切。他的一切思维,无论是自在自然的(ungebunden)还是科学的,无论是一般的还是先验的,都源于经验并反过来以经验为目的。"③正如他专门掉头针对前批判时期的反对者们那样,他也把过高的价值赋予与雅科比(这位同样只是前批判时期的盟友)间的协调一致。后面这位也的确恰恰体验到了康德前批判时期对"定在"的可概念把握性的否认的决定性影响④。伴随着对他的特别回顾(有关于此,参见第三节),费希特在其《回忆录》(Rückinnerungen)(1799)中试图深入全面地塑造自己的经验主义。"哲学即使再完善,也无法给出感觉(Empfindung),更别说代替它了。"⑤因此,他再次采纳了《第二导论》的结论。作为严格意义上的康德派,他没有让任何"不是奠基于某种内部知觉或外部知觉"的东西被当作实在的;唯有通过知觉,"现实的东西"才能被把握⑥。如果说在《第二导论》中,"感觉"还扮演着被启蒙运动当作多余之物而抛弃的剩余,那现在它们则成了哲学的真正核

---

　　① "虽然必须在哲学抽象中一般地谈论一种非特定的意愿(Wollen),但是所有现实的、可知觉的意愿……必然都是一个特定的意愿,在其中,某物被意愿。"《费希特全集》卷 IV,第 23 页,还有卷 V 第 364 页,第 364 页援引了《伦理学体系》;卷 II,第 264 页:"我们能够不意愿某物而进行意愿吗?""没一种感觉都是一种特定的感觉。永远不只是单纯被看到、被感觉到或是被听到,而总是特定的某物,红色、绿色、蓝色等。"卷 II,第 206 页。"根本不存在任何一般的可见之物或可感觉之物,因为根本不存在一般的看或感觉。"卷 II,第 209/10 页。

　　② 这篇报告全名是 Sonnenklar Bericht an das Publicum über das eigentliche Wesen der nuesten Philosophie,意为"就最新哲学的真正本质向广大读者所作的明如白昼的报告"。——中译注。

　　③ 《费希特全集》卷 II,第 333 页,与第 395 页类似。

　　④ 见《雅科比全集》卷 II,第 189 ff. 页,参见卷 IV,第一部分,第 72 页,和库诺·费歇《新近哲学史》卷 IV,第 234 页。

　　⑤ 《费希特全集》卷 V,第 343 页。

　　⑥ 《费希特全集》卷 V,第 340、360 页。

心，成了一切思维的坚实的、"为永恒而生"的地基，我们只能"如其所是"
（wie sie ist）①地进一步拓展这个地基；作为一切真理的内核（一切其他真理
作为仅仅是被中介的真理必须从这个内核中才能接收到它们的合法性），这
个地基不会落入"喀迈拉和幻影之地"。

　　但是，我们现在也必须试图搞清楚，为什么前批判的经验主义与批判哲
学的这种混合在严格的问题史方面唤起了知识学发展中的一个全新的第三
阶段。已经为人所觉察的是，1797 年的转变只带来先验逻辑流溢说的脱胎
换骨，带来经验之物与理性之物间的一次具有澄清作用的界限更正，带来对
一般的非理性的第一次守护。因此，对先验哲学的思辨而言，经验现实同样
必须被视为一切概念建构的坚实地基，这条真理虽然已经在深层次上得到
了奠基，但尚没有，怎么说呢，尚没有被拉到接近表层的地方，而毋宁说是依
然通过将思辨兴趣的重点完全放在体系的创建上而被遮盖起来了。现在一
旦这个兴趣的重点转移了，分析逻辑的种种仿佛被困于樊笼之中的力量必
然就被解放出来了，并且它与某种经验实证主义的内在关系必然袒露无遗。
是与某种实证主义的关系，而不仅仅是与某种经验主义的关系！因为，对否
认流溢说逻辑的人而言，黑格尔所反抗的、纯逻辑－理论领域的"原子论"或
"关于有限性的实在论"就成了一种不可避免的后果。对他而言，不存在任
何仿佛将跃升到个别事物之上的、超经验的构造物，不存在任何超个体或内
在 于 个 体 的 中 间 实 体，不 存 在 任 何 形 而 上 的 内 推 的 实 在
（Interpolationsrealität）。只存在可直接被经验之物以及在其完全的规定性中
永远无法被锁闭成一个概念体系的东西，抽象的构成物只出现在它们的基
础之上。但是，与此相对，经验的现实显得并非比如像本体论的低级别的某
种不完满的痕迹或单纯的溢出物，而是像既成的出发点，像唯一的且不可动
摇的基础。

　　尤其在《明如白昼的报告》中，费希特拼尽全力地坚持着，直到提出一种
如此彻底的认识论。在此，经验主义和唯名论的倾向在一种极端的实证主
义中登峰造极了。就像在《回忆录》中一样，物质的和感觉的区域，源初的
"装备"，作为一切思辨的坚实地基而显现。"现实的实在之物"，就是你"现
实地生活和体验到"的东西，是"填满你生命中一个个稍纵即逝的时刻"的事
件（Begebenheit），是忘我和沉浸在令人沉醉的直观中的那种状态。"你对现
实的判断和对非现实的判断，其被苦苦追寻的根据也许按照这样的方式就

[146]

[147]

———————————

　　①　《费希特全集》卷Ⅴ，第 252 页，参见卷Ⅱ，第 335 页。

能找到了。忘我也许就是现实的特点;在生活的所有境况中,你把自己抛入其中并忘记了自我的那个焦点(Fokus)与现实的焦点别无二致。"①现实感受的总和构成了意识的"第一能力(Potenz)",构成了"基本规定"或"基本生命"。人们也把存在于这个区域的东西称为"实在""意识之事实"或"经验"②。虽然不存在任何超验的现实(它似乎必须描摹知识),但是,与思维的加工功能、知识学的推论演绎以及形式逻辑的三段论及进行论证的(demonstrierend)形而上学相对,却存在这样的情况:"你将意识沉浸到其最底层的能力中"。这种沉浸提供了某种基本的尺度,任何解释说明一碰到它的不可穿透性都会弹回来,这个基本尺度乃是"一切其他生命真正的脚后跟";这是一个地基,在它之上,自由反思"在考虑攀升时"可以上升到无边无际,但它同时也是一个界限,反思"在考虑攀升时"借助它而"受到限制和拘囿"③。

[148] 不是假设一种超越个别事物之上的形而上的上层建筑,相反,对这种实证主义而言,这条原则至关重要,即只有抛向直接经验的、没有被概念所捆绑且不可揣度的材料才有资格拥有现实(Wirklichkeit)的特征,除此之外,一切非直接被体验之物只能作为本己生活的可能事件,作为对已发生的知觉的完善而被视为现实。"因此,通过断言你的生活之外还存在某种事件,而你表达的不过是你本己生活的一个事件,不过是这种生活的一种可能的流溢和被充满状态……;你就在两种现实之物的终点之间补充和放进去一系列可能的观察。"④

这里出现的"唯实论"恰恰联系于"观念论的"世内性(Immanenz)的重要观点,这个事实里面再一次包含超越康德的那种进步。通过不屈不挠地坚持现实特征的这种框架(Fassung),某种困难被带入世内性的体系中,并且在这个体系中,这个困难有引起类似于思维与存在间的独断论二元论(dogmatische Dualismus)的那种鸿沟,这个困难将得到更详细的说明。正如一贯所是的那样,对观念论内部不断更新着的、被动意识材料和主动认识工具间的矛盾冲突所进行的同时的、完整的评价,处处都与对超验的借用联结在一起,这种借用以参照康德主义而进行的历史性校准为条件。同样,所谓坚实的、知识无法穿透的实在在观念论思考面前首先是作为"你们意识的种种规定"的"体系"而出现的,而这个体系"只是那些得到描述的第一能力

---

① 《费希特全集》卷Ⅱ,第338页,参见第335 ff.、343 f.页。
②③ 《费希特全集》卷Ⅱ,第344 f.页。
④ 《费希特全集》卷Ⅱ,第340-343页。

（Potenz）所构成的一个体系，是一个彻头彻尾有规定性的体系”①。但观念论者又不得不再次承认，意识的独特性似乎还要在更高的层级和不同的意义上与“第二能力”（在第二能力中，我们将自己把握为那种基本意识中的知识者［Wissende］）相适宜。“我们当然心里都非常清楚，当他们再一次就意识的那些规定做出判断并因此产生出对第二能力的某种意识时，那现在在这种关联中这种对第二能力的意识也完全有别于意识，有别于单纯的意识而从事物（Dinge）中被凸显出来；并且，现在在你们看来，考虑到这种单纯意识，那个第一规定似乎就作为单纯事物而显现”②。因此，将某种可供加工的材料提供给思维活动的那个直接可体验的对象一方面虽然是现实，但却是世内的现实，另一方面虽然是意识，但却是被动的、被给予的意识。 [149]

　　因此，关于作为特殊认识内容之生产者的创造性想象力的学说，被完全逼进背景处了。个体之物的非理性再也不像之前那样以理性之创造性为特征，而恰恰是以被动性为特征。相反，之前被视为“想象力所制造出来的东西的单纯容器”、被视为某种“静息的、不活动的情感能力”③的知性，现在恰恰作为一种自发生产（spontanen Erzeugen）④的功能而起作用。这种“生产”其标志已因此而前后一贯地退回到纯粹自我和单纯理性形式的区域中去了，正如哲学家也只能产生那样的自由行动，通过这个自由行动，他上升到智性直观（intellektuelle Anschauung），上升到对知识的知识（Wissen des Wissens）⑤。

　　因此，认为费希特的认识论只晓得自发性和创造性的这种流行观点必须被当作完全错误的而加以拒绝。“行动”（Tun）的概念在他那里比在康德那里以更广阔的广延出现，在这样的地方，他与批判哲学依然并不矛盾。当然，随着他拒绝毫无意义地倒退到超验的实在中去，费希特毋宁——下面两节将再次证实——在如此之高的程度上（几乎没有哪个哲学家达到过这种程度）承认个体意识的“被给予性”并将其变成一个问题。 [150]

---

　　① 《费希特全集》卷Ⅱ，第 400 页。

　　② 《费希特全集》卷Ⅱ，第 401 页。

　　③ 《费希特全集》卷Ⅰ，第 233 页。

　　④ 《费希特全集》卷Ⅱ，第 216 ff. 页。种种功能的这种旋转，意味着向康德靠拢的举动的高点，而且更直白地呈现出来了，尤其见卷Ⅱ，第 216 ff. 页。

　　⑤ “哲学只能解释说明事实（Fakta），无论如何都无法创造出事实（Fakta），除非哲学自己把自己创造为事实（Tatsache）。”

第二节　认识论的价值个体性

"经验论"进一步上升到超越迄今为止在费希特那里得到证明的尺度，这样一种上升似乎完全处于先验哲学之可能性的领域之外。只是这里提出了这样的问题:先验哲学的奠基者自己究竟是否已经推进到可以想见的最高认可等级? 这种认可也就是个体的经验现实在一个批判体系中所能得到的认可。

要回答这个问题，我们必须再次回顾一下《导论》中所论述的、康德的评价方法的普遍特征。在那里，我们得出了这样的结论，即康德虽然已经以最高度的明晰性使人们意识到，种种抽象的价值因此尤其是种种认识价值不可避免地受缚于经验材料以及个体认识要素的独立性或逻辑上的不可推导性，但在他看来，对这种不可或缺性的认识根本就不能推导出需要对后天经验之物进行独立的价值评估(见原文第 13 f. 页)。因此，不能毫不犹豫地将对个体之物的非理性或偶然性(我们的"第一部分"已经对其进行过深入的证明)的依然如此强烈的强调等同于某种认识论的评价。感觉的"材料"在此毋宁总是作为诸范畴形式的漠然无殊的现实化例子，作为种种"无时间的价值"的"单纯"事实性的、受经验限制的舞台而出现，并且，我们切不可在纯粹理论方面赋予其唯一性和个体性以任何固有价值(Eigenwert)。不管康德有着怎样浓重的经验主义以及对非理性的认可，其学说依然是认识论上的价值普遍主义。

[151] 这种立场的确也必然不可避免地是所有像康德学说那样从一开始就一门心思地把对形式的认识价值和理性的认识价值奠基作为目标的认识论的最终结论①。因为那样的话，个体之物(如果说它此外还如此备受关注的话)永远只能体验到一种否定的评价，只能被理解为不纯粹之物、限制、非理性等等②。因此，只有当新的、独立于先天主义(aprioristisch)倾向的认识论研究苗头出现在这样一种提问方式旁边时，某种变化才会接踵而来。这样一些苗头脱离了个体之物，并能够通过这种方式对个体之物进行肯定的评价。

---

① 里尔《哲学的批判主义》卷Ⅰ，第 12 f. 页;卷Ⅱ，第一部分，第 17 ff. 页。

② 流溢说–形而上学的普遍主义走得更远，它将个体之物的这种毫无意义的概念提升为一种本体论的否定性，见原文第 92 页。

所以，无论通过何种认识论思索的兴趣，个体之物都必然会从一个朴素的界限概念这样的位置被转移到批判的价值阐明这个中心去。于是，一个如此这般的立场其原创性也许就在于，个别内容不仅保存着作为某种抽象之物的具体实现的认识价值，而且明显地在这种抽象之物的唯一性中作为特殊之物而保存着这种认识价值，并且，我们也许因此而肯定会在这种直观方式中碰到对某种纯粹认识论的"价值个体性"（见原文第 16 页）的认可。

现在虽然很容易理解，在对种种个别经验科学结构的方法论思索中价值个体性的纯科学意义成功地得到了揭示，但无论如何都无法理解，类似的事情会发生在有关认识行为自身的普遍理论中。于是，我们回忆起早先彼此对立的两种评价方法（参见原文第 17 页）间的不同，这种不同与它们的共同述谓性（Komprädikabilität）密不可分，我们因此认识到，通过认识论的价值个体性这样的思想，我们对先验哲学家的期望过高了，以为在对某个个体之物进行评价时他会明确地排除对某种超越直接被给予物之上的形式之物的任何反思（见原文第 16 f. 页）。我们在任何评价领域都无法摆脱这种后果，因为在理论哲学的评价领域也无法摆脱这种后果。但是现在，恰恰自康德以来，一种必然且普适的评价方式——它同时也指向某种个体的且锁闭于自身的内容——作为审美理性而不是理论理性的标志而起作用。因此，一种对个体之物的直接评价自始至终都被视为只是审美行为而非认识行为的事实；随之而来一直持续到目前的是，价值个体性思想恰恰并且唯独与审美直观的特性剪不断理还乱地缠绕①着。众所周知，"情感"（Gefühl）作为评价方式的原件起作用，并因此只是在有关先天感受的理论中，康德自己才以如下学说打通了他那通常到处都适用的评价图式，即审美"情趣"的种种客体并非通过它们与某个"概念"的协调一致，而是在其直接的直观性中成为某种普适的称心如意（Wohlgefallen）的对象（参见原文第 17 页注 1）。因此，哲学史中通常能观察到的、"情感"与价值个体性的种种内在关系在康德那里得到了揭示。

所以，在价值个体性在理论领域竟然也为人熟知的地方，甚至认识行为也必然典型地被带到依照情感来把握真理内涵的观察角度之下；理论情感

［152］

---

①　直到现在那种妄想才开始消失，即认为个体之物只可以做艺术的对象而绝不可以做纯科学的认识行为的目标。突变发生于李凯尔特关于历史科学的方法的研究中。在这里，在其唯一性和独特性中与普适价值联系在一起的个体之物在有意识地反对评价行为的古老柏拉图主义或普遍主义（参见原文第 16 页注 1）中被断定为有关历史之物的科学概念。

必须向审美情感、道德情感和宗教情感靠近并发展出一种认识论的情感哲学。因此，我们将看到，费希特的认识论个体主义也与向所谓的信仰哲学的某种靠近紧密相连。只是，无论在信仰哲学家那里还是在费希特那里，理论上的价值个体性都没有得到鞭辟入里的铸造，而是道德哲学和宗教哲学的研究被部分地强加到对理论价值的确定上了。所以，为了理解知识学内部的情感哲学的流派，我们必须言简意赅地说明与各种道德哲学的这种关联。

正如导论（见原文第 24 f. 页）已经强调过的，费希特已将其对理论性先验哲学的材料要素的不可推导性和独立性的洞见转移到伦理学上并因此提出了这样的要求，即为了摆脱某种"形式的和空洞的"伦理形而上学，应该通过材料的原则（即依照你的个体禀赋而行动）来补充完善形式的原则（即依照你的良知而行动）①。当然，形式上的合义务性和具体的义务内容间的这种对立自身现在依然还没有超越抽象的康德式评价方法的框架。只有当我们追踪"被给予性"的实践及其理论问题间的相互交错缠结时，费希特思维中某种原理上全新的东西、对康德式评价方式的根本偏离才对我们袒露自身。

费希特的伦理的-目的论的见解，其苗头在康德那里就已存在，这种见解要求他在经验之物的无可解释中看到实践观察不得不由之出发的地点②。他据此而宣扬，我们周遭世界的、不能从理论上加以概念把握的个别性为我们获得了实践的意义，我们的个体义务就在这种意义中显露自身。因此，经验现实显为"对义务之要求的持续注解"，这种对义务的要求的鲜活表达便是，你应该做什么，因为你的确就应该这么做，显现为"我们的义务的、感性化的材料之物"③。我们更高级的禀赋其超验的价值被穿凿附会到对个体的、感官的外部世界的直接经验中去了，并且这种目的论的直观在它与这个时代浓厚的经验主义的联合中产生了提出某种认识论的价值个体性的可能。

但是，要提请大家注意的是，现在理论和实践哲学中同样浓烈的、对具体事物之不可推导性的突出强调，只可被视为评价行为的真正个体主义的不可或缺的条件（conditio sine qua non）。相反，对于我们的问题而言，关键

---

①　尤其见《费希特全集》卷Ⅳ，第 76、166 页，参见第 131、147 f. 页，卷Ⅴ，第 209、362、364 页。

②　见《费希特全集》卷Ⅰ，第 490 页。

③　在这里，"材料之物"（das Materiale）不单单是"材料"（das Material），而是明确意味着与"形式之物"（das Formale）相对立，《费希特全集》卷Ⅴ，第 184 f. 页，参见第 211 页。

性的东西首先在以下情况中找到了它真正的根源，即个体印象的直观之物不再像康德那里自始至终的那个样子，只是作为一个依照其个体特征来说非本质的、某种抽象之物的承载者，而被一些普适价值以某种只是自在（an sich）的方式呈现出来，而是这样，个体印象的直观之物应该将这些价值当作自成一体的个体性并且因为直观之物的内容的唯一性和不可比拟性之故而体现在它自己身上。此外，即便一种如此这般的理解方式看上去如此浸透着实践的内容，最后还是应该从中推断出一种纯理论的行为作为最终结果。因为，就像在费希特那里一样，实践理性优先的学说通常在如下情况下愈演愈烈，即良知也支持对逻辑规范（Normen）予以承认①，这种优先性现在甚至意味着在每个个别的经验性知觉和认识行为（尽管该行为具有纯理论的功能）中都潜藏着某种实践的情感内核。他的认识论借此而保持着它的个体主义的（不仅仅是经验主义的）烙印，而他的经验主义（为了维护它，仿佛实践哲学的全部力量都一股脑地落在了天平上）逐渐具有了超自然的特征，由于实践要素的这种涌入，我们体验到对经验概念进行全新的、独特的改造的种种苗头。纯事实的或者个体性的东西经过了极大的丰富，它在其个体性中并通过其个体性而同时包含着种种超感性意义的现实化。借此，在远更高的层次上，接受性的认识要素占据上风的情况出现了，就仿佛以前这只有通过对先验的偶然概念的反思才可能发生似的。因为在这里——就像在康德那里就已经如此——个体之物不仅被视为超经验认识价值的必要的现实化舞台，而且被视为超经验认识价值的真正且最后的根据。　　　　　[155]

　　所以，当具体的知觉活动和直接的情感表达（Gefühl äußerung）应该越来越多地被培养成只提供确定性的东西，被培养成一切认识的关键点时，费希特事实上，正如他自己个人感觉到的，逐渐接近雅科比和宗教哲学的整个思想圈。他认可雅科比，不仅将他视为反抗演示性（demonstrierende）形而上学的战斗中的同盟②，而且，正如我们将更详细地展示的，还事无巨细地追随其著作的论述方式。所以，他现在心悦诚服地使用雅科比对直接实证性和间接实证性的区分（参见第三节）并且不无偏爱地为其超自然的经验概念选择一些在宗教哲学中曾炙手可热的名称。尤其是在那份展示我们的材料义务

---

① 有关于此，见李凯尔特的《费希特的无神论斗争与康德哲学：一份世俗的研究》，尤其是第 5-8 页。

② 参见《费希特生平》卷 Ⅱ，第 167、278 页；《费希特全集》卷 Ⅰ，第 483、508 页，卷 Ⅴ，第 232、343 f. 页；卷 Ⅱ，第 334 页，卷 Ⅷ，第 32 页；参见库诺·费歇尔《新近哲学史》卷 Ⅵ，第 120 f. 、551 页。

（materiale Pflicht）如何转变成对感性世界之实在性的信仰的论述中,他明确地接受了一个宗教哲学的关键词:启示(Offenbarung)。而且人们在其他许许多多段落中还可以清楚地觉察到他对"信仰"和"启示"等表达的使用处心积虑地指向那位情感哲学家的学说①。但是,与雅科比间的这种显而易见的、铁板钉钉的协调一致性就在于,实践的环节现在不仅出现在某种能够通过抽象分析而析取出来的因素的形态中,而且在于,在个别情况下被视为自在整体的直接情感应该作为认识的源泉起作用②。

[156]

　　这种"超自然的感觉主义(Sensualismus)"③和经验主义在感官经验与超感官经验的平行论中表现得最为明显。像"感觉"（Empfindung）和"知觉"（Wahrnehmung）这些术语如今已不带任何附加地被使用,以便用它们来标识对超感官之物的领受(Vernehmen)和对可智识之物的接受(Empfangen)。感性"直观"和知性"直观","外感官"和"内感官",感性"情感"和知性"情感",就像在哈曼和雅科比那里一样,作为直接知识而彼此严格对立,并与所有只是经过中介的确定性严格对立④。在此,这种智识的经验主义,正如其近旁的惯常的经验主义一样,被指派了同样的先验位置。在从感性体验(Erlebnis)和超感性的直接体验中获得实体概念的过程中存在某种更严格的平行关系;一种实体性的、"现成存在于我们之外的冷或暖",这样的坚固的思维构造物是不是由种种冷和暖的感觉凝缩而来的,抑或,一种实体性的

---

　　① 尤其还有《费希特全集》卷Ⅴ第182、185页上的一些段落,以及雅科比《费希特全集》卷Ⅳ,第一部分第223页的"关于斯宾诺莎学说"的书信。费希特在其他点上也非常精确地接上了这部著作的种种论述,参见下文第三节。此外,在雅科比那里,经过哈曼(Hamann)的激励,对休谟的"信仰"(belief)的使用也可以由此推断出来,即通过比较两人的书信往来与雅科比所撰的关于斯宾诺莎的著作。关于费希特对雅科比的"信仰"(Glauben)这一术语的使用,参见莱因霍尔德的书信,《费希特生平》卷Ⅱ,第244页以及《致 J. C. 拉瓦特和 J. G. 费希特的书信》(*Sendschreiben an J. C. Lavater und J. G. Fichte*)第79 f.页。在其不厌其烦地讨论"信仰"的《论人的使命》(*Die Bestimmung des Menschen*)第三卷中,费希特引人注目地表达了他向雅科比的靠拢,有关于此,参见 J. H. 费希特《费希特传》卷Ⅰ,第172页注释,卷Ⅱ第255页,对雅科比《费希特全集》卷Ⅳ,第一部分第210页的原封不动的引用。

　　② 尤其见《费希特全集》卷Ⅱ,第263、301 f.页。

　　③ 文德尔班《哲学史》第469页。

　　④ 《费希特全集》卷Ⅴ,第260、268、343、347、355 f.、360页;雅科比那里有关感性情感和超感性情感的平行论,比如《雅科比全集》卷Ⅱ,第59 f.页。这种感觉主义同样源自哈曼,参见比如雅科比《费希特全集》卷Ⅰ,第385、387页,以及卷Ⅳ,第一部分,第234 ff.页。

神性这样的概念是不是种种智识体验的沉淀①;永远都一方面存在直接的　[157]
"行为""事件",另一方面存在一种间接的、"自在地非必然的、非具体的,而
是抽象的"思维②。因此,成为这整个时间段典型特征的、"概念"与"直观"
的关系,也在有关智识情感(intelligible Gefühl)的学说中得以保存③。这种智
识经验主义(intelligible Empirismus),即把经验之物当作经验之物而突出强
调其价值,或在它的原则上不可被体系化的直接性中突出强调其价值,这种
行为从纯粹认识论方面看意味着费希特曾经达到的与"对抽象理性形式的
源初绝对化"的最大距离。

　　"情感"现在被赋予的重要角色显得越来越引人注目,因为这个角色那
时简直意味着在雅科比和门德尔松之争中的站位④,此外还因为它相对于费
希特早期观点和晚期观点的尖锐的突出地位。在完全建立在自发性概念基
础上的、1794年的知识学中⑤,正如在后来形而上学阶段的唯理论中,情感可
能占据着从属的地位⑥。当然,即使在最接近雅科比的时期,那种协调一致
也并不完全,因为神秘情愫(Stimmung)这种被动之物(das Passive)永远不可
能与绝对自主活动性(Selbst tätigkeit)这个假设完全令人满意地结合在一
起⑦,因此,那个后来总是以崭新的形式不断回归的、意志的泰坦主义与对一　[158]
种在自身中臻于极乐的状态的宗教式向往,两者间的殊死搏斗,那时就已经
在酝酿中了。无论如何,这个时期无论在理论哲学还是在实践哲学上,费希
特处处都迎头撞上了被动性的问题。

　　当然,将费希特和宗教哲学间的许多共同之处重新解释为两者的完全
等同,这似乎是一种误导人的夸张。因为,即使在纯问题史方面也存在重大

---

　　①　《费希特全集》卷V,第208、214、263 ff.页。在这里,物理之物和心理之物再一
次从先验的视角出发,完全以相同的方式加以对待;即使"灵魂"也作为一种"虽然不在
空间中,但却在时间中得以延展的东西"(第264页)而属于感性。

　　②　参见同上,第366 ff.页。

　　③　同上,第208页。

　　④　比如上面著作的第344页明确提示了这种论争;同时参见反对艾伯哈特
(Eberhard)的论辩,第351 ff.页,后者由于自己"神秘的情感哲学"而在两本著作中攻击
费希特。

　　⑤　沃尔克曼(Volkmann)在其《心理学教科书》第3版,卷II第307页谈到"与雅科
比的最尖锐的对立"恰恰就在情感学说方面,这是有理由的。当然,早在1794年就已经
与雅科比惺惺相惜了,见库诺·费歇尔,《新近哲学史》卷VI,第381、551 f.页。

　　⑥　尤其见《费希特全集》卷VII,第302 ff.页,卷IV,第493 ff.页。

　　⑦　因此间或还有对雅科比观点的冷不防的拒绝,见比如《费希特生平》卷II,第
278 ff.页。

的差别，即在真正的情感哲学那里，对某种抽象的认识价值的探究必然会立即遭到拒绝，而且是带着源初的盲目被拒绝，相反，在费希特之后，这种探究肯定还是与其他评价方式一道得到容忍，将它视为与其他评价方式可以兼容且同样合情合理的。尽管如此，我们另一方面也不可忽视如下事实，即只要费希特真的活动于那个宗教哲学的思想圈，那么全新的、就其逻辑结构而言不一样的组成部分就附属于迄今为止的体系。借此，我们将获得一种研究方式，这种研究方式不像 1794 年的知识学那样，模糊了认识形式和认识内容间的区别，也不像黑格尔的流溢说那样否认它，而是认为，除了已被认可的二元论外，还可能存在超越这种区别的立场。所以，不是对于我们矛盾重重的、某种直觉知性这样的构造物，而是除了推理的知性（diskursive Verstand）还有直觉的认识情感！不是恰恰对批判性研究方式的排挤，而只是先验认识机构的增殖！通过对这种"天才的"认识行为的引入，正如人们能够根据"天才的道德"这样的范例而命名之①，全新思辨的种种开端开始了，这一点费希特自己看得清清楚楚②。通过这些新的开端而创造的有关某种智性个体性的思想，虽然并没有在价值问题的完全纯粹性中呈现价值问题，因为某种超感官本源（Grund）的形而上的表象同时也与现象（Erscheinung）一道参与为个别之物之故而对其进行评价的过程中了③；但是，尽管如此，这种表象在其形而上的外衣中依然证明了如今给予个体的高度关注。此外，哲学研究已经使自己对某种原则上全新的评价方式得心应手，这一点借助其他典型的标志显露出来。于是，不仅将在其独一无二的个体性中得到估价的个别之物理解为孤立现象，而且将其整合进某种价值总体性（Werttotalität）中去（参见原文第 18 ff. 页）的那种根深蒂固的倾向，现在也立刻借助费希特而得到证实。根据他的宗教哲学，富有价值的个别形态（Einzelgestalt）处于一种无所不包的价值关联体的中心；作为"事物的道德秩序中的固定位置"，作为价值关联体"在整个理性世界中的处境"的一个结果。这种将其部分涵括于自身中的总个体性（Gesamtindividualität）现在又一次一会儿被理解为价值量，被理解为"秩序"，带着存在概念（Seinsbegriff）对经验之物的明显的、实证主义的限制④，一会儿又同时被理解为形而上的

[159]

————————

① 康德反对如此这般的认识行为，《费希特全集》卷 VI，第 465 ff. 页。
② 参见下一节的结尾。
③ 见比如《费希特全集》卷 V，第 210、268 页，卷 II，第 301 f. 页。
④ 尤其见《费希特全集》卷 V，第 260 f. 页。

实在①。

所以，经过批判的反理性主义和实证主义之后，费希特的理论思辨从先验逻辑的流溢说最终抵达那种独特的认识论立场：对个体之物的实证评价。　[160]

第三节　哲学与生命

正如知识学的分析方法要求对非理性问题持有某种特定的理解（第一章），相反，对个体和具体之物的不断上升的强调（第二章第一、二节）紧接着将必然有一场对先验理论的更广泛的澄清甚至可能是改造。事实上，在唯名论倾向（第 145 页）和创造性特征（第 149 ff. 页）的倒退中，我们就已经观察到那种净化过程（Läuterungsprozess）的延续，经过这个过程，超个体的理性越来越从其早先的形而上组织方式过渡到意指抽象的和无生命的知识形式。但是，我们现在还可以再往前一步，提出这样的观点，即伴随着不断增长的经验主义倾向，人们已经达到整个批判世界观的制高点。因为在这种有关直接被给予物的、禁止对无时间的认识价值作任何实体化（Hypostasierung）的这种内在（immanent）哲学中，对自我中的非我（Nicht-Ich im Ich）的设定已沦落为完全的了无生气，并且在这里，切不可将"观念论"理解为引入某种唯心主义的世界原理，就像它一再被重新阐释（首先是被谢林）的那样，而只可理解为一种批判性反思的单纯立场。　[160]

在 1798—1800 年的宗教哲学作品中，最引人注目的似乎是对某种单纯的"先验主义"（Transzendentalismus）②的这种清晰阐述。先验哲学必须只是理论，只是对"自然的（natürlich）意识"的"描述和展现"，必须在自然的意识的"真正人类的，因此是必然且不可磨灭的持存（Bestand）"中直截了当地认可它③。先验研究的客体是"生命"，它的最高原则是分离（Trennung），是哲学和生命的对立。理论必须始终超越生命，以便能够将生命当作客体摆在自己面前，并且，理论永远无法陷入与生命的争吵，因为理论运行于"另一个世界"，运行于"一个完全不同的领域"④。

即便在这里，我们也必须再次注意费希特哲学中的一个伟大的发展趋

---

① 尤其见《费希特全集》卷 V，第 185、188、211、365 页，卷 II，第 283、298 ff.、309 f. 页。

② 《费希特生平》卷 II，第 333 页。

③ 《费希特全集》卷 V，第 339、340 f.、342、345 ff. 页。

④ 《费希特全集》卷 V，第 342、347、367 f. 页，《费希特生平》卷 I，第 179 页。

[161] 势：在某种特定的研究方式内部，生命和思辨成了遥相呼应的现象；强大的现实和生命上升得越完满和直接，思辨面对它时就越显得苍白无力和了无生气。这个过程在高层级上还会得到加强，如果生命的区域不仅仅展现出抽象思维无法穿透的、活生生的质量（Masse），而且，随着对价值个体性的破天荒的承认，同时也越来越充满价值内涵。到那时，不只是非理性的鸿沟成为生命和哲学的分裂者，而且还要加上鲜活的价值与冰冷的、漠然无殊的反思间远更令人印象深刻的距离。现在，生命作为封闭于自身的、完全不可侵犯和无法抵达的价值个体性与哲学遥遥相对，这种方式肯定会造成两者之间我们所能想象的最大分裂，会造成哲学的最抽象的空洞化和贫乏化。费希特这位思想家，这位早期独一无二地第将哲学当作整个人类的实事（Sache）加以对待，并希望将哲学建基于个性（Charakter）之上、建基于某种实践的必然性之上的思想家，现在却反过来带着近乎偏激的片面性强调知识学独立于一切实践旨趣的独立性，并宣称"孜孜于思维方式（Denkart）和思想（Gesinnung）的哲学，于我如浮云"①，这是费希特发展史上最引人注目的变化。最令人吃惊的是，费希特早期和现在关于知识学之意义的观点，其鲜明的、不可调和的矛盾在大部分论述中一直未被思及。早期本来统一未分地包含在知识学中的东西，现在则分别作为"哲学"和"生命"出现。此外，早期单纯是纯粹自我之限制的生机勃勃的现实，变成了所有具体价值的总括，相反，哲学则变成只具有反思作用的思辨、关于价值的思辨，这种思辨自身却缺乏为价值奠基的能力。哲学史认识理论、道德的理论、宗教的理论②，但永远只是理论上的记录和刻画，是"知识学"（Wissenslehre），而不是"智慧学

[162] 堂"，只是"认识"生命，而不是"塑造"生命的工具③。这种"起抽象作用的思维"过程，亦即对直接照面之物的分析过程，也应该扩展到对宗教性生命价值的研究上④，并且，费希特正在拟订那个宏伟的计划，要建立一个有关纯粹通过分析和"抽象"而建构起来的先验概念的、延伸到所有价值区域的体系。这些概念只有一个任务，就是为现实之物的世界指定先验的"位置"⑤。

把先验哲学局限在纯理论的功能上，这种做法现在某种程度上有点过

---

①　《费希特生平》卷Ⅱ，第 250 页，还有 248 ff.、253 ff. 页。

②　"宗教感"的"理论"，《费希特全集》卷Ⅴ，第 345 页，参见下一个注释。

③　《费希特全集》卷Ⅴ，第 339 f.、349 f.（"只是生命智慧的理论"）、369 f. 页。

④　尤其见《费希特全集》卷Ⅴ，第 366–370 页。

⑤　《费希特全集》卷Ⅴ，第 385 ff.、394 f. 页，有关于此尤其参见李凯尔特的《费希特的无神论之争》第 29 ff. 页。

火了，由于共同认可价值个体性而事实上已得到合理化辩护的、费希特向雅科比的靠拢，再次明确地凸显出来了（参见原文 156 f. 页）。必须把生命而不是思辨视为最高的东西；只有来源于生命的东西，才能反作用于生命①，并且，他几乎逐字逐句地借鉴了雅科比的说法，认为人"并非智慧和善好地进行理性思考（vernünfteln），而是智慧而善好地生活"②。正如雅科比已表达过的，思辨无法通向上帝意识，于是费希特也指出："哲学家根本没有上帝，也不可能有……只有生活中才有上帝和宗教。"③所有价值和真理都逐渐地从哲学转移到了生活领域，以这种方式，知识学面临着沦落为其早期意义的一个剪影的危险。理论成了唯一创造性的和有生命的东西的单纯感受性（Empfänglichkeit），"它自身已经死了"④。与雅科比明显针锋相对的是，在一段一直未完成的文字中，思辨只配拥有这种卑微地位，即它"只袖手旁观"，"到处都最后一个出现"⑤，同时，必须强调的是，在 1812 年，在费希特看来，雅科比对哲学的理解其独特性似乎依然恰恰存在于单纯"袖手旁观"这样的特征中⑥。此外，与信仰哲学事实上的协调一致也在被用来标记思辨与生命之关系的那些标志（Gleichnisse）的相似性中找到其表达，当哲学概念被称为用于组装的单纯"工具"或者与生机勃勃的现实相对立的人为"骨架"时⑦，就是这样。再者，虽然一般而言创造性（das Produktive）这个特征是为知识行为（Wissen）这项技能保留的（参见第 150 页），但是同时，在与雅科比并驾齐驱的、反对"创造着的"（erschaffende）形而上学的论辩中，对被给予之物的

[163]

---

　　①　《费希特全集》卷 V，第 351 f.、369 f. 页。

　　②　《费希特全集》卷 II，第 332 页，参见第 396 页；有关于此，那时被谈到很多——见《费希特全集》卷 IV，第二部分，第 163 页——雅科比的词语：《费希特全集》卷 IV，第一部分，第 232 页。

　　③　《费希特全集》卷 V，第 348 页，参见《回忆录》整本书，同上，第 337-373 页；在雅科比那里经常提到，比如《费希特全集》卷 IV，第二部分，第 156 页和其他地方；此外，这尤其是费希特的特点，《费希特生平》卷 II，第 250 页和《雅科比全集》卷 III，第 6 页。

　　④　《费希特全集》卷 V，第 351 页。

　　⑤　《费希特生平》卷 I，第 179 页，还有卷 V，第 352 页，《回忆录》，这些回忆的确部分地考虑到雅科比而撰写的，见卷 V，第 339 页，注释，《费希特生平》卷 II，第 171 ff. 页。

　　⑥　《遗著集》卷 II，第 344 页，参见比如《雅科比全集》卷 IV，第一部分，第 214、243 页，卷 I，第 387 页（哈曼）。

　　⑦　"工具""一个物体的模型""光秃秃的骨架"，《费希特全集》卷 V，第 341 页；"人造的器具""丑陋的骨架"，《雅科比全集》卷 VIII，第 26 页，卷 I，第 242 f. 页；"解剖的骨架"，《哈曼全集》卷 II，第 35 页。

分解和"改组重装"——再一次完全在一种与单纯前批判的经验主义紧密相连的分析逻辑的意义上（参见第 145 页）——的确应该被视为对先验哲学的创造性定义①。对情感哲学家们的种种直观给予更亲切的接受背叛了对直接确定性和间接确定性之区分的广泛运用，费希特明确赞扬这种区分，认为它是雅科比的一大功绩②。但是，这种对置（Entgegensetzung）在人们将其移置到思辨与生活的关系上时却导致了对哲学知识的贬低。这种贬低远远超出了批判哲学旨趣中所必需的尺度。因为，如果说知识学诸原理早先原本真正处于直接确定性的核心位置③，那么现在，每一种知识，甚至先验的知识，都作为只是"起中介作用的思维"，作为对"直接认识"的"自由的"甚至过于放任自流的推理（Raisonnement）而被置于"情感和渴望之体系"的对立面并借此而被置于与沃尔夫形而上学诸三段论的几乎同一个等级④。对个体性内容之非理性和直接性的反思，以及由此而水到渠成地对先验抽象概念之逻辑结构形成的洞识，大有完全排挤掉先天综合（synthetische Apriori）的源初"哥白尼革命"意义的危险。

因此，费希特的思维发展成熟了，变成了一种独特的危机：恰恰由于过于精雕细刻，由于批判学说过分清醒，一种对"先验哲学迄今为止的种种原理"的不满就形成了，成了必然的回火⑤。因为先验哲学只提供知识，但是单纯的知识不可能与不可穿透的"实在"，与生活的生气勃勃的价值丰富性相符，不可能提供"真理"，而只能提供所有现实之物的某种冰冷的、漠然无殊的"影像"（Bild）。"一个知识体系必然仅仅是影像的体系，没有任何实在、意义和目的。"⑥所以，在《人的使命》中，知识学的特征脱落了，它本该在"理

---

① "分裂和联结"，卷 V，第 352 页，"被给予之物的分解和改装重组"，《费希特全集》卷 II，第 331 页，"无限分裂和结合"，但不是"创造"，同上，第 395 页，参见第 331、398 页，同样还有雅科比那里深受康德的《获奖作品》（1763）影响的前批判的经验主义（参见原文第 146 页注 2），比如《费希特全集》卷 IV，第一部分第 72 f.、236 页，第二部分第 150 页，参见第 132 页。

② 《费希特全集》卷 I，第 508 页；此处有一个对雅科比论述的精确复制，《费希特全集》卷 IV，第一部分第 210 页；反对三段论的无穷递推，在种种"大前提"中，三段论通过直接"情感"和"信仰"去接收它们的内容，费希特《费希特全集》卷 IV，第一部分，第 32、210 f. 页，卷 I，第 366 f. 页，哈曼《费希特全集》卷 VII，第 69、326 页。

③ 尤其见《费希特全集》卷 I，第 23、48 页，但还有卷 V，第 181 页，注释。

④ 《费希特全集》卷 V，第 352、367 f. 页。

⑤ 《费希特生平》卷 II，第 333 页。

⑥ 卷 II，第 246 页，参见第 254 ff. 页。

性"的伟大内在（immanent）关联中去把握理性的。此前一直被视为理性价值之总括的东西，现在变成了一个假象世界和影子世界，在其中所有实在都成了一种"梦幻"（Traum）。信仰哲学家雅科比对知识学的评论彼时无法更准确地得到证实①。只有直觉的把握通过"信仰"侵入真正"处于知识之外的""完全独立于知识的"实在，正如《人的使命》第三卷教导我们的，不仅在它的标题中，而且通常只有在更精细的论述中，这种直觉把握才让人认识到信仰哲学家以及其他同时代人也能觉察到的、向雅科比的靠拢②。"已实现的、单纯且纯粹的知识"通向这样的认识："我们无法知晓（wissen）任何东西。""我的哲学"，费希特说道，"跟雅科比的哲学一样，其本质都在非知识（Nichtwissen）之中。"③ [165]

　　对先验哲学（它最终显露出作为空洞的、抽象的反思的庐山真面目）的这种不满逐渐升级为对某种全新的思辨的需要，这种需要越来越强有力地凸显出来——世纪之交费希特思维中那个巨大的、常常遭到否认的但从未淡出人们视野的变革，无疑就在于此。恰恰是个体之物，早先作为形式之物的"限制"（Schranke）的一个朴素的界限概念（Grenzbegriff），而此处则包含这样的意义，即意指某种改造着整个体系的力量。因为单纯知识的不充分性恰恰将在如下事实中显露出来，即除了通过非理性这样的表达，它并不知道以其他方式先验地刻画个体之物的特征。"有关单纯纯粹知识的哲学所 [166]

---

① 卷Ⅱ，第 241 f.、245 ff. 页；知识学真的跟在雅科比的著作中那样，简直被歪曲成了一种心理学的唯心主义和物质世界幻想说（Illusionismus），尤其见第 240-247 页、第 259 ff. 页。

② 自第 247 页起；只有某种"不同于"知识的"器官"能够提供"真理"并抓住"实在"；雅科比的基本观点同样认为，"真理的位置"高于知识的位置，见比如《费希特全集》卷Ⅲ，第 5/6、26/7、30 ff.、41、44 页；有关于此，参见让·保罗致雅科比的信，让·保罗《费希特全集》（1841），卷 XXIX，第 284 页和雅科比的回答"……几乎照抄我的书信第 26 和 27 页"。（指《致费希特的信》）。R. 措普里茨（Zöppritz）《友人雅科比先生遗著选》（Aus Fr. H. Jacobis Nachlass）卷Ⅰ，第 240 页；夸张的是丹麦诗人巴格森（Baggsen），见其《书信集》第二部分，第 292 f. 页，"他本该纯粹这么说：我读了又读我的雅科比派费希特，还有一些附加读物，突然一道光降临我……"参见第 286、290、298 页。参见原文 156 页注 1，此外还有 J. H. 费希特的《论新近哲学的种种特征》第二版，第 527 页注释，参见第 521 ff. 页，库诺·费歇尔，卷Ⅵ，第 551 f. 页，文德尔班《新近哲学史》卷Ⅱ，第 288 页，伯格曼《哲学史》卷Ⅱ，第 205 页。

③ 卷Ⅱ，第 254 页，《费希特生平》卷Ⅱ，第 278 页，同时还有对莱因霍尔德之表述的确认，同上，第 244 页，以及《致 J. C. 拉瓦特和 J. G. 费希特的书信》第 79 页。

回答的,正是这种具有协调作用的、不可概念把握的限制,而且此外肯定一直处在哲学的最高处。"①在这个由早先的理论所敞开的位置上,有关可智识之物的新个体主义现在必然已经开始;它恰好从旧的思辨必然要停止的地方开始。"也就是说——被视为体系[这个体系在作为有限智识(Intelligenz)的自我以及对自我的一种源初限定这两种东西的主-客体性的圈子内部运动,并且能够在这个圈子内部完全排除感官世界]的知识学……或者先验观念论却根本不参与对那种源初的限制自身的阐明中:如果我们只是先指明了超越自我(Ich)的权利,那么如下问题永远多余,即那些源初的限制是否能够得到阐明,良知能否从作为本体(Noumen)(或上帝)的可智识之物出发得到阐明;仅仅作为前者的两个极中更低那一极的情感,是否能够从对感性之物中的可智识之物的展示说明出发得到阐明。"②为了达到这个给思辨提出了全新任务的目标,就需要"先验哲学的进一步扩展,甚至在其原理方面"③,并且,伴随着这种承认,费希特哲学的崭新的形而上学时期开始了。

　　但是,这里所实施的、在其核心处将作为对个体之物的新评价而展现给我们的、影响深远的思辨革命,应该在其完整意义上首先在"第三部分"开头就给予评估,因为在前一章中,对古老的先验非理性问题的进一步扩展已经率先在形而上学时期得到追踪。

[167]

---

　　① 《费希特全集》卷Ⅱ,第 302 页,还有卷Ⅴ,第 184 f. 页,参见上文第 117 页。

　　② 《费希特生平》卷Ⅱ,第 321 页。

　　③ 同上,第 333 页,表面上撤销,第 342 页,参见谢林的正确评论,同上,第 350 ff. 页以及让·保罗的《关于费希特之论述的报告》,《费希特全集》卷 XXIX,第 304 页。

第三章 形而上学时期有关个体之物之非理性的学说

要追踪费希特哲学发展最后阶段中有关个体之物之非理性的学说,这个任务呈现出巨大的困难(因为在这里,那种在他思辨的所有领域都能观察到的情况起作用了),以至于旧有的理解不仅被全新的理解替换了,而且除了这些理解外又出现了不同的、恰恰又并不排挤它们的、但又在多方面不断滑动和下压的、对早期已存在的思想的修订。即使在对经验的个体性的逻辑研究中也出现了这种视角的不无危险的多样化,但不是一种彻底的转变。显然,只有当知识的种种形式、可推导且可先验地进行概念把握的东西、一般的形式的且普遍的东西如今以经验之物和个体之物为代价而被提升到唯一实在(Realität)的地位,因此也就是当建立在批判的偶然概念(Zufallsbegriff)基础上的"唯名论的"倾向从根底上遭到抨击时,才能谈论完全背离早先所接受的立场。只是,某种正好与唯名论针锋相对的思潮并没有出现。尽管如此,经验现实在最后几年的思辨中所占据的位置还是从根基上摇摇欲坠了,但是,特别的规定性现在将被完全剥夺其真正实在(Realität)的特征。但这并不是片面强调抽象的普遍之物、无规定之物、"一般"之物的结果,而是对某种超经验的整体、某种绝对的实在有利;因此是在某种全新的形而上学根基上发生的。

[168]

对于对经验现实的理解而言,通过形而上学的阐述而将有限和特殊之物卷入与抽象普遍概念之间的矛盾完全不同的一种矛盾(正如迄今所是的那样)并如此这般地用一种崭新的、经过形而上学奠基的分组(Gruppierung)来对付旧有的、由批判哲学所规定的分组,意味着高度的复杂化。这种使人回想起1794年立场的、对此前统一地得到把握的、逻辑上对个体性概念和偶然性概念的割裂再次通过对那两种主要的研究方式的并列(Nebeneinander-bestehen)而变得可解释,根据我们早先的论述,认识论的-形而上学的个体化问题可以屈服于这种并列(参见原文第70页)。人们可以要么研究特殊之物与普遍之物的关系、个别事物与纯粹形式的联系,要么阐明有限之物与无限之物、部分与整体、多与一的关系。狭义的批判研究建基于前一种模式，而其他的提问方式只有在一种形而上地得到规定的思考方式中才可能出现。也就是说，有限之物与无限之物的某种关系只有通过如下方式才能赢得，即将与直观有关的"普遍性"（Universitas）转移到纯概念性的关系上①，同时，将"完满的认识"这样的理念解释为对绝对之物的把握。

通过研究的这种双重性，一种不可调和的分裂被带到整个思辨中去了。因为，即便"唯名论"倾向并非真的受到它的遏制——关键的确并不在于对普遍之物的假设——所有那些泛神论和一元论的思辨还是分毫不差地出现了，它们大有一如既往地从另一方面来否定个体之物的独立性的危险。在整个 1800 年后的时期，此前早已由费希特浓墨重彩地加以铸造的、类目标（Gattungszwecke）（个体不得不为此目标献身）的伦理优先性也在不断变[169]化——因此，也是在伦理领域，不是对某种普遍之物，而是对某种超个体的整体的假设——变成了一种形而上的和本体论的普遍意义②。柏拉图主义和斯宾诺莎主义的根本观点完全暴露出来了，即有限之物乃绝对之物的形而上罪责或堕落，有限之物的本质只在于对无限之物的渴望。在真正的、鞭辟入里的注视下，那已分裂成无限部分的经验现实消失了；它不仅被揭示为毫无价值之物，也被揭示为不存在之物、充满矛盾之物，被揭示为假象，被揭示为被真正的逻格斯思辨所认识的如此这般的幻象。当然，对某种"现象学"③的这种奠基现在似乎也大有希望毫无保留地吞噬批判的反理性主义。唯独通过前面一章（参见原文第 164 ff. 页）末尾提到的、对知识之意义的贬抑，那些相互抵制的驱力间的共存、相互适应才有可能。那种对神性生活即"思想"的直接的观（schauen），亦即理性（logos），现在已经踏进古老意义上的"知识"的近处，并且被排列在它之上。因此，作为无本质的假象而在某种最高的观面前逃之夭夭的东西，还不需要惯常和朴素意义上的知识在其相对独立性和非理性中去否认和忽视它。因为推理的知识的确并没有完全被否定，而只是从属于某种更高的直觉（Intuition）。所以我们经历了那种奇怪的过程，即经验现实一方面以泛神论的方式被弃置不顾，但另一方面又还是再次以批判和反理性主义的方式被毅然决然地当作"知识"无法翻越的界限[170]而得到突出强调。

---

① 参见原文第 54 ff. 、64 ff. 页。

② 必须把这种与整体有关的普遍主义与康德有关普遍概念的普遍主义区别开来。

③ 这个表达见比如《费希特遗著集》卷Ⅱ，第 195 页（1804）；莱因霍尔德 1802 年就使用过它了，见《论对哲学之状况的轻易忽视》等，《笔记本》（Heft）卷Ⅳ，第 104、109 ff. 页。

通过上述事实,那条道路被清晰地勾勒出来了,在这条路上,人们至多回忆起那个有关个体经验现实之纷繁杂乱的学说。这将要求我们首先必须确信批判方向会经久不衰,然后以概念把握的方式过渡到形而上学的框架,最后在形而上学的框架自身中寻找强调非理性的蛛丝马迹。

第一节　批判框架的经久不衰

由于对特殊存在(Sonderexistenz)的普遍主义否认中批判的–非理性元素的经久不衰,1797 年左右确立的先验逻辑的基本观点其持久意义重新得到了保存。

伴随着对形式和质料间古老二元论的保留,经验之物如今也依然保有某种独立的意义,而经验主义的倾向则被拯救进新的思辨中。"经验之物虽然根据它的定在(Dasein)而存在,但根本无法根据其规定性而得到概念把握"[1]。此处起奠基作用的,还是一般规定性(根据其定在)与特殊规定性,典范性的、"仿佛"规范着"某种法则"的意识活动[2]与个别的现实化例证间的矛盾。唯名论思想依然存在,即如果应该达到一种"现实的"知识,那么无规定的无限性就必须被确定为一种"有规定的量"[3],知识只在各个个别的"确切把握点"上变浓稠,成为"真实的直观"[4],而绝对的规定性则是一切知识的最初根基和源初燃烧点[5]。"个体性的原理"应该在知识的"集中点"上被发现。费希特再次将这个"集中点"命名为情感[6]。

[171]

概念必须从个体的规定性出发被理解为无限的无规定性或单纯的"可规定性"[7],在这个可规定性中,通往无限之物的广场"空空如也"[8],等待着某种可能的规定。于是,与概念相对,个体之物显得仿佛知识是一个无止境

---

① 《费希特遗著集》卷 Ⅰ , 第 314 页。

② 《费希特全集》卷 Ⅱ , 第 49 页,参见第 133 页:"只是知识中的形式立法。"

③ 见比如《费希特全集》卷 Ⅱ , 第 112 页。

④ 比如同上,第 84、112 页。

⑤ 同上,第 43 页。

⑥ 同上,第 112 f. 页,参见第 639 ff. 页,在这里集中化的行为(actus concentrationis)被等同于个体化的行为(actus individuationis);此外参见同上,第 116、121 页。

⑦ 《费希特生平》卷 Ⅱ , 第 343 页。

⑧ 见比如《费希特全集》卷 Ⅱ , 第 102、243 页,参见卷 Ⅰ , 第 116 页。

的规定过程的结果,是彻彻底底的被塑造物,是以个体的方式被铸造之物。用于自由构筑和自由生产的那种"有待铸造的料子"①,那种无形式和无质性的知识质料(hyle)在此被视为受确定的规定性束缚的东西。我们可以把对形式之物的现实(Wirklichkeit)的区分先验地象征化表达为知识的一种强有力的自我挣脱,即挣脱那种在无限的无规定性之上的无着无依的漂浮②。一种只能拘囿于无规定性领域的思维是空洞且离散的,漂浮在绝对之物的立足点上,"但是在那里,它在浩渺的绝对性面前终归一无是处"③。

　　对普遍之物和特殊之物间区别的这种清楚明白的阐明,再次直接逼向对两者间持续存在的、一切概念把握均无法扬弃的距离的洞察。对我们而言,个别的现实点跟普遍的形式间没有任何稳固的、可划定的关系,现实点的确代表着普遍形式的集中,它"虽然是一个点,但它不存在于任何地方,而是飘荡在无边无际的、空洞的空间里"④。有规定之物从可规定性中的凸现恰好是个别现实的神秘之处。将概念把握的线从无规定性中不断抽丝剥茧,一直到形成规定性,亦即形成个体的、具体的规定性——因为不存在别的规定性——这个过程不再存在于哲学演绎的观点中。我们的思维其悬而未决的状态正好必须把现实的粗野当作一个界限。粗野是现实的"法则",是唯一的、绝对的法则⑤。此外,粗野进一步造成现实只能在其不可预测性中被期待和接受,必然总是"新的"和令人惊奇的⑥。费希特将所有思辨之线在粗野现实这个事实中的这种突然的流动分离(Abreißen)称为绝对的、无须通过任何反思而完成的、却恰好构成知识本身最后且无法抵达之物的"裂隙"(hiatus)⑦。因此,我们虽然可以把现实思考为由自我进行的"生产",但注意,这里指的是对某种客体的生产,"关于这种客体的形成,没有任何解释能够得到承认,根据这种解释,在投射和被投射之物的中央,客体的形成是昏暗且虚空的,正如我略带经院哲学的腔调但我认为却非常卓越地表

[172]

---

① 《费希特遗著集》卷 I ,第 55 页,参见卷 II ,第 121 页。

② 同上,第 102、133 页。

③④ 同上,第 58 页。

⑤ 同上,第 313、351 页。

⑥ 《费希特全集》卷 II ,第 123 页,参见卷 V ,第 442 页,《费希特遗著集》卷 I ,第 429 页以及其他地方。

⑦ 《费希特全集》卷II ,第 121 页,参见第 40、53 页,《费希特遗著集》卷I,第 185 页。

达——proiectioner hiatum irrationalem①。

　　绝对的"实际性"（Faktizität）其自身便是最高的且唯一的法则，也就是说，它是与一切法则的暴力决裂；实际性作为现实之物的粗野"恰好是无法则性本身"②。由于无法则性这个概念对费希特的历史研究而言也已变得十分重要，因为他的历史哲学理论将个体之物与"合法则之物"对置起来③，所以这个概念的批判意义在此必然已经得到精确的确定并且能够防范误解。首先，透过特殊之物之无法则性的学说，有关个体之物是否落入法则之下的问题毫无结果；只能得出如下断言，即我们无法根据我们对自己的认识行为进行独特的逻辑组织而从个体落入其下的诸法则中推导出独一无二的、一次性的个体之物。个别的现实遵循着种种法则，但是它并不是从它们那里推导出来的——也就是说不是为我们的概念把握而推导出来的④。为了表达现实之物并非从形式之物推导出来的，后来有关先验"偶然性"的断言也起作用了⑤。 [173]

　　尽管费希特几乎根本没有钻研过自然科学的逻辑学，所以为了将"理性法则"与特殊知识内容的关系也转移到类比的关系上，他在某些段落中还是被他的先验思辨牵着鼻子走。这些类比的关系存在于发生事件（Geschehen）的类概念（Gattungsbegriffe）、自然法则和经验现实之间。即便是在自然科学的概念世界内部，对法则的完全了解也永远不会使我们逼近它们直到它们在具体事例中得到无与伦比的表达。自己阐明自己的知识说道：直接"情感"的内容是"个别之物与普遍之物（Universum）交互作用的结果。但是，自然力是如何做到恰恰如此这般地表达自己的，根据怎样的规则和法则，没有人能够说出来，而这恰好是上面描述过的绝对的裂隙（hiatus）"⑥。

　　知识学如此清楚明白地认识到最宽泛意义上的"法则"，即知识中的普

---

　　①　《费希特遗著集》卷Ⅱ，第210页。此外，见第200、203、212 ff.、216 ff.页。另，此处原文为 proiectioper hiatum irrationalem，疑似笔误，故改成 proiectioner。——中译注。

　　②　《费希特遗著集》卷Ⅰ，第319页，还有比如第313、550页。

　　③　参见第26/27、29页，注1和第三部分的第三章。

　　④　《费希特遗著集》卷Ⅰ，第515页，参见同上，264/5页，有关空间建构和质性的关系：它们之间不存在"任何从一方到另一方的因果关系"，不存在"任何可建构的和可见的、一方通过另一方而被设定的合法则性"。

　　⑤　参见《费希特全集》卷Ⅱ，第136/7、40、84页：偶然性＝裂隙；1804年的知识学："非创世"（Nichtgenesis）＝非理性的裂隙；《费希特遗著集》卷Ⅰ，第438页：作为不可建构性的"现实"。

　　⑥　《费希特全集》卷Ⅱ，第123页，参见《费希特遗著集》卷Ⅰ，第433、515页。

遍之物与个体的现实间那种不可调和的矛盾,这肯定要算作知识学的不朽功绩。根据这个洞见,法则和现实永远是不可通约的大小量(Größe)。法则与现实的"紧紧相依"(Anschmiegen)①是无法以概念把握的。当然,对个别现实的形而上否认时而会有甚至否定非理性思想的先验框架的危险②;只是另一方面,恰恰在形而上学时期确实也不乏意义明确的说明,即甚至从最深层的思辨方面来说,也无法赋予个体之物以独立的意义③。关于对批判的反理性主义的进一步坚持,一个尤其重要的表达出现在一封致当时非理性主义的主要代表雅科比的信中:"科彭(Koeppen)的全部智慧在我看来导致了这样的结果,即概念根本无法穿透的、与概念不可通约的且非理性的某种东西对知识而言依旧是多余的;……如果哲学的本质恰恰就在这个洞见中,而这个洞见根本上无非就是对诸如此类不可概念把握之物的概念把握,情况又怎样呢? ……如果从您这边施加于我们身上的误解恰恰就在于,无论康德还是知识学都没有被视为这种东西,情况又怎样呢?"④假如,随着绝对之物对个体之物的形而上压迫出现了普遍形式相应地压倒经验性认识因素的情况,那么,费希特现在肯定会沉迷于某个叫贝克(Beck)的人的"毫无根据的"观念论。但他后期也恰恰断然拒绝了一种如此这般"空洞和形式的"观念论,确切地说,就是常常粗暴地转身而去,不理会对个体之物的那种普遍主义的剔除⑤。

因此,与绝对之物的本质(Hypostase)相伴随的,不是一种与形式相关的"唯实论"。所以,在形而上学时期,费希特与谢林也有所不同,后者依然把对"理念"的实体化(Substantiierung)与绝对之物的本质(Hypostase)结合起来,并且与斯宾诺莎最为相似,斯宾诺莎虽然提出了唯一实体(Substanz)的概念(该概念意指某种整体,而非某种普遍之物),但相反却拒绝将种种类概念(普遍观念[notines universales])压缩成种种实在⑥。费希特虽然效忠于一

<hr />

① 《费希特全集》卷Ⅱ,第 136 页。

② 见比如《费希特全集》卷Ⅱ,第 117、640 ff. 页。

③ 比如《费希特全集》卷Ⅴ,第 459 页,还有参见卷Ⅶ,第 127 页。

④ 《费希特生平》卷Ⅱ,第 176 f. 页;还有参见《费希特遗著集》卷Ⅰ,第 299 ff.、319、428 f. 页,《费希特遗著集》卷Ⅱ,第 217 页。

⑤ 尤其见《费希特遗著集》卷Ⅰ,第 437 f. 页,参见第 307 页。

⑥ 然而,参见原文第 71 页。

[174]

种一元论的埃利亚主义（Eleatismus）①，但相反，早先的"实证主义"和"唯名论"的影响却使他对柏拉图的多元论的埃利亚主义、对类概念的实体化有所防备。

[175]

[176]

第二节　向形而上学框架的过渡

在费希特那里，有限性问题的形而上学框架并不出现在批判研究的种种结论旁，而是证实自己被非理性思想的先验框架贯穿，证实自己夹杂了批判的要素并因此与对跟个体性问题相关的早期思辨的颇有几分天真的提问十分不同。出于这个原因，当务之急便是揭示费希特那里早已开始起作用的、先验哲学与形而上学间的中介部分。

先验逻辑的偶然概念建基于普遍之物和特殊之物间的矛盾。只是我们已经掌握了第二种阐明非理性的方式，亦即在我们的认识状态与理念间做出比较，通过比较就会明白，无须跨越先验的舞台也能达到对问题的某种研究，而形式之物与内容之物的古老矛盾对这种研究来说无论如何都毫无意义。以此方式，向前滑翔到形而上的提问中去的这个前景打开了。但是，批判地分解为形式的和内容的组成部分，这种分解所沉迷于其中的那个破坏过程本身在其起始阶段依然完全活动在批判的边界之内。也就是说，通过指出知识的"无限性"，人们成功地弄出一个过渡部分，这个部分中的一部分紧紧连接着裂隙，另一部分却对逻辑偶然性的思想做出如此这般的改造，以致这个思想自身涌向了形而上学的个体性概念。

恰恰必须使无限性概念对非理性问题成效斐然，这个事实是无法轻易地通过算术中的非理性根源弄清楚的，在那个非理性的根源处，一个实证的量可以通过一个无穷数列，也就是接近无穷数的数来表达②。在类似的改写中，非理性的知识量（Wissengröße）、知识与现实间的不可通约，都通过概念把握的无穷序列得到呈现。"现在很可能是这样，即在这种无法概念把握性中（尽管它再次作为不可概念把握性而同样得到把握），现象是无穷无尽的，

[176]

---

① 谢林否认空间性和时间性事物的存在，费希特将此命名为"真正思辨的立场"。《费希特遗著集》卷Ⅲ，第 377 页，参见第 385 页。

② 参见《费希特生平》卷Ⅱ，第 345 页。

并且,它因此描述了概念把握的无穷序列(即不可概念把握性)。"①从不可概念把握性转变为概念把握之无限性,这只不过是一种新的转向,即先验的偶然概念并不表达某种神秘的偶然性,而只表达一种与知识或概念把握的关系。以此方式,有关不可通约性的思想陷入与对坚持不懈努力的需要的紧密关联之中,这个需要一开始就是知识学的独特性所在;裂隙这个事实是一个永久的提示,提示知识的无穷进步,这种进步只有在一种不可完结的"生成(Werden)的体系"②中才能实现。黑格尔反对"无限过程"和"坏的无限性"的论辩再次清晰地证明了泛逻辑主义和知识学之间存在广阔的距离。

因此,每一种个体的知识内容作为非理性的量本身都已经代表着某种概念理解的无穷序列,因此,它此外也处于"生成"的一个开放的总体(Gesamtheit)中;并且以此方式,"无限性"的标志同样转移到它与整体的这种关系上了。因为,很难想象,在不断溶解的无限性内部,具体的个别规定

[177]　性能够固若金汤。"与无限之物的任何关系都不存在"③。因为缺乏个别之物能够作为部分而被整合进去的封闭整体,所以无限多的新现象成为可能,与这些现象相对,通过某种限定(Abgrenzung),每一次都为处于问题中的个别内容的更准确渗透做出微薄贡献。个别规定性只能通过决定(Determination)的一直向无限延伸着、一直更准确地渗透着的进程而被带入与包围着个别规定性的无限性的关系中。因此,个体之物由一种无限的即我们的概念把握无法支配的一大堆关系(即与无限多其他事物的关系)所构成并且在每个事物那里,这种困难都重复着。早在1794年的《全部知识学的基础》中费希特就已经试图通过如下方式使"无限"判断对先验哲学行之有效,这个方式便是将无限判断理解为接近过程,理解为"延伸到了无限中的、否定的规定行为(Bestimmen)"④。

无限性概念由此逐渐地在两种完全不同的意思中清楚地表现出来。"无限"首先意味着绝对的普遍之物、最包罗万象的东西、完全无规定的东西,并因此构成了有限的规定性的反面。但是,"无限"其次恰恰意指极其丰

---

① 《费希特遗著集》卷Ⅰ,第412页,类似表达在全集卷Ⅰ,第143 ff.页中就有了;与"无理数"的对比在谢林那里也有,见《费希特全集》卷Ⅰ,第314、451 f.页。

② 《费希特遗著集》卷Ⅰ,第339页,参见卷Ⅱ,第106、124、126、127页。

③ 《费希特遗著集》卷Ⅰ,第237页。对无限性概念的这整个使用再次强烈地让我们想起迈蒙,参见原文第122页。

④ 《费希特全集》卷Ⅰ,第321 f.页。尤其清楚的是第117/118页:"……所以康德及其追随者们已非常正确地将这些判断称为无限判断……"在这些"追随者们"中,主要指的是迈蒙,谢林(《全集》卷Ⅰ,第221)也尤其突出强调迈蒙关于无限判断的学说。

富的充盈,意指个体之物的无限精细的形态,与对认识的某种捏造的理想(Ideal)的封闭的、因此而有限的知识相反。第二种意思更多地属于后期,在那个时期,直观之物的不可概念通过"无限的概念把握序列"得到表达。有关此点,现在是这么说的:"唯有直观是无限且不可穷尽的。"①根据这个见解,知识必须专心致志于有规定的且具有无限多形态的现实,直到专心致志于一切无限性;个体之物成了一种"在其个别性中"的无限者②,一种"无限多样的东西"或"向无限发展的多样性之物"③,而具体的知识则现实化为"个别知识"的一种"无限的实际性"④。 [178]

　　在表明这第二个无限概念如何破坏了形式和内容间的矛盾之前,还应该在另一个点上检验它与旧的先验图型(Schema)是否契合。因为不可穷尽性与不可通约性是一致的,所以无限性的独特性恰恰应该归于从形式的立法遗留下来的、通过裂隙而与形式的立法相分离的区域。因此,形式与内容、可概念把握性与不可概念把握性、可穿透性与不可穿透性的矛盾,现在都必须同时归结为有限性与无限性的矛盾。在不可概念把握性中,表象描绘了一个"概念把握的无限序列","同时,在真正地且完全可实证地概念把握之物的意图中,现象自身就是无限的,并且概念把握能够得到实施并被带向终结,并且知识学毫无疑问地感觉到的东西其本质很可能就在于完成知识学的任务"。"(对如此这般的不可概念把握性的)无限的概念把握"和有限的概念把握间显然存在差别⑤。因此,"完善的知识"这样的理念就不仅构成了无限性的反面,从而构成了对不可通约性和无限性的绝对否定;而且在我们的认识内部,在实际之物的非理性一旁,还存在"体系"的封闭的知识场域,但这个场域只需延伸到仅仅形式的立法上⑥。只要对体系性的东西或"有限的东西"的限制被严格地固定到形式的先天之物上,那就再也无法指责知识学,说它妄图通过暴力和过度的体系论(Systematik)来主宰牢不可破的现实。一个只有概念的完善体系并不是全部现实的一个泛逻辑主义的有 [179]

---

① 《费希特遗著集》卷Ⅰ,第336页。

② 《费希特遗著集》卷Ⅲ,第386页。

③ 见比如《费希特全集》卷Ⅱ,第243、374页,《费希特遗著集》卷Ⅰ,第349页,《费希特遗著集》卷Ⅱ,第335 f.、481页。

④ 《费希特全集》卷Ⅱ,第55页。

⑤ 《费希特遗著集》卷Ⅰ,第412页。

⑥ 首先见《费希特全集》卷Ⅶ,第107页,还有卷Ⅱ,第49页,《费希特遗著集》卷Ⅰ,第336页,《费希特遗著集》卷Ⅱ,第335页。

机体（参见原文第 85 页）①。

　　有限之物的概念有权将其当作对不可通约性的一种批判性十足的阐明来要求的这种独立价值几乎不可能与它的另一个功能分离，因为它在这个功能中无法成为一个过渡部分，即过渡到不再是这个问题的批判框架。如果个别知识点与经验总体（Gesamtheit）的关系不该被视为一种不断消融进无限中去的东西，那么有人就因此直接向我们指明了这种"理念"，即确定无疑地被安置进一个封闭的整体中。在谈及无限性的所有地方，背景处都是这种想法："外观（Gesicht）的无限杂多之物至少在理念中（当然，由于其无限性，它是无法尽述的）会成为一个有机的统一体，整体就产生于这个统一体的每一个部分。"②经验的实际不可完满性跟无限性中存在的完善和完整性是一回事。

　　但是，这么一来，无限性概念就把注意力从古老的对认识形式和认识内容间的批判性区分上转移开了。因为，在关于封闭整体的思想中，普遍之物与特殊之物的二元性事实上已经任其坠落了，这一点可以从如下考虑中最简单地推断出来，即认为完善的认识在"理念"中绝对不可能是诸法则的一个体系。也就是说，对如此这般的个体性的概念把握恰恰一事无成，即使总的现实毫无例外地被带到法则之下并被完全体系化。因为那样的话，一个特殊之物就永远不可推理地站在了一个普遍之物的对立面。情况毋宁说是，那种理想只有根据类比只对于我们而言才可能的，亦即可用在单纯形式之物上的体系学（Systematik）的类比才能得到思考，且只能被思考为这种体系学向内容之物的延伸，也就是思考为总的经验的全然可建构性和可预见性，思考为完全封闭且又完全穷究一切的认识。于是，在形式与内容、普遍之物与特殊之物的鸿沟处，出现了某种直接的被概念把握状态，即知识总体（Gesamtheit）中所有个别之物的被概念把握状态③。与此同时，个别现实或个别知识与知识的封闭总和（Summe）间的关系就像部分与整体或模态与实体间的关系。

[180]

　　现在，如果"理念"中潜藏的知识"整体"同时被实体化为一种形而上的实在，那么对个体性问题进行形而上把握的可能性就因此而在其最简单的基本路线中易于理解了。据此，我们在费希特那里处处都能观察到，他将逻辑上的非理性重新解释为个别事物与"宇宙"（Universum）间的形而上关系，

①　《费希特遗著集》卷Ⅰ，第551页，那里明确强调了。

②　《费希特遗著集》卷Ⅱ，第481页。

③　理念因此而常常被称为"知识的整体"，见比如《费希特全集》卷Ⅱ，第110页。

这种解释被对封闭的知识总体性(Wissenstotalität)的假设所中介①。直觉知性这样的理想逻辑以此方式再次变成一种对我们而言才可能的形而上学的流溢说逻辑。

　　然而,至关重要的是,在研究这种形而上学的转向之前要确定一下整个思想进路的批判的出发点。这个出发点可概括如下:如果个体的规定性应该完全地,也就是说不再作为还可以进一步被描述为无限之物的现实,而是作为封闭的、有着确定边界的现实而得到概念把握。那么,作为现实(Wirklichkeit)的舞台背景,某种大体的规定性、知性的某种"自成一体的整体"就必须得到建构,借此,那种个体的规定性将被理解为某个一目了然的总体(Gesamtheit)的部分,并在这个无所不包的统一体内部得到定位。简言之,如果存在一个自成一体的个别现实,那么在理念中就必然存在一个自成一体的总体(参见第一部分,第二章,第四节对此的论述)。因此,为了维护严格批判的研究方式,首先就需要摆脱自成一体的个别规定性,摆脱有限的、经验性的"知识现实",然后必须从它出发达到自成一体的"整体",这个整体最初处于无限性中并且只能被理解为理念。因为费希特自己也常常把这个出发点视为真正决定性的东西并明确地突出强调过。"整体通过如下方式变得清晰可见,即个别知识同样被理解为某种自成一体的个别之物,这个个别之物的确只能是一个封闭总和(Summe)的结果,因为它应该是通过所有其他个别之物进行规定的一个结果。"②相反,在形而上学独断论者应对个别之物与整体间关系的地方,他却走上了一条完全不同的道路,并且不让自己被赶向整体,而是像费希特自己早期所做的那样(见原文第92 f.页),摆脱绝对之物。他将其冒充为实在的东西,从根本上说只不过是他自身努力所建构(即努力将某种绝对第一位的东西、某种最高统一体带到经验杂多中去③)的构造物,是一种浓缩的并且只是不被视为如此这般的构造物的构造物,这一点对他而言还是遮蔽的。因此,当谢林还是批判的知识学的拥趸时

[181]

---

　　①　见比如《费希特全集》卷Ⅱ,第105 ff.页的详细段落。

　　②　《费希特全集》卷Ⅱ,第110页,参见第106/7页,《费希特遗著集》卷Ⅰ,第237页,《费希特全集》卷Ⅱ,第118页。封闭的整体始终被称为"有组织的"或"有机的"整体(见比如《费希特全集》卷Ⅱ,参见《费希特全集》卷Ⅳ,第109、113 f.页,在这些地方已经有这种表达了),在后来的著作中(《全部知识学的基础》1801)也被称为"宇宙"(Universum)或"感觉世界"(Sinnenwelt)(《费希特遗著集》卷Ⅰ,第313页)。它必须被视为既是心灵的整体,也是物理的整体,既是"自我的世界",也是"这个自我其意识的种种客体的世界"。

　　③　参见《费希特全集》卷Ⅰ,第121页。

就已卓越地注意到，我们虽然不可以从无限之物过渡到有限之物，但相反，
[182]　却可以从有限之物过渡到无限之物①。

当然，正如我已经照会过的（第 181 页），费希特并没有一直支持对问题
的这种批判的标记方式。他并没有严格遵守这种只有从批判的立场出发才
容许的、从对内容与形式之分裂的先验考虑向前滑向理念的过程，以及通过
这种方式而明确地得到规定的思想之次序（个体的个别现实必须根据这个
次序而既与普遍之物又与整体构成对立）。此外，他还得以使有限性问题的
形而上学框架只是简单易懂，但同时又不得不摒弃它。为了取代有关非理
性思想的形而上学，他曾不得不让有关此问题的辩证法遵循分析法；因为如
果我们目睹了他的认识论如何从早期的统一状态演变成水火不容的敌对状
[183]　态，我们就会知道，他对此再也无能为力了。

第三节　形而上学的框架

在非理性问题的形而上学拓展与先验哲学思想进路的紧密关联中，首
先还必须将几处纠葛收入眼帘，这些纠葛是无限性这个关键概念的必然
结果。

费希特关于此问题的阐述又一次通过数学图形得到了最好的、最生动
的说明。正如在数学中必须以几何的方式用一条有限的线来呈现算术中向
无穷数列变化的东西一样，"理解的无限序列"只能永无止境地接近的某种
东西也可以直接地向"情感"或"直观"敞开自身②。我们不能用以下借口来
[183]　应付两种自我要素或知识要素间的敌对，即借口冲突斗争只源于我们对现
实的认识，而不是源于现实本身。因为一种如此这般的解决方式建基于对
超验唯实论的悄无声息的预设。对观念论者而言，经验现实确实只是一种

---

① 《费希特全集》卷Ⅰ，第 314 f. 页。"没有任何体系可以实现从无限之物向有限
之物的过渡；……没有任何体系可以填平两者间根深蒂固的鸿沟。"雅科比的一句名言也
许就是在这里浮现出来的，谢林在这些论述中详细探讨的正是他的思想。这句名言是这
么说的："但是，正如时间之物得以产生自永恒之物；智者啊，该怎样去思考两者彼此之间
有着怎样的可能关系呢？没有任何哲学可以填满这个鸿沟……"（《雅科比全集》卷Ⅰ，
第 248 页。）

② 《费希特生平》卷Ⅱ，第 345 页："实际上而非发生学（genetisch）上可渗透的"；
《费希特全集》卷Ⅱ，第 135 页，卷Ⅵ，第 365 页，卷Ⅴ，第 544 页。

知识,而"现实之物"恰恰借助这种知识而存在于知识的某种不可通约性或某种无穷无尽的概念把握中。因此,上面提到的借口似乎只不过是一个完全相同的原理,是对本该得到解决的困难的一种单纯的、一望便知的改写。所以,如果说一方面某物只有经过知识的无尽过程、经过通往规定(Bestimmen)无限之物的任务才能得到表达,而另一方面,这同一个东西却又像是特定的、封闭的知识量,那么人们就必须承认,在知识现实中两种不可通约的知识因素间存在一种实际上附加的、不可理解的融合。恰恰是彻头彻尾地否定唯实论的人,才会像我们如此经常(见比如原文第149 f. 页)的不得不强调的那样,更加毅然决然地表示要在知识王国进行一场斗争。那个古老的、一直伴随着分析逻辑之立场的困难,即为了应对直接的被给予物才建构起来的那些概念而证明自己恰恰不足以完成它们因其之故而被创造出来的任务(参见原文第38 f. 页),就以这种独特的形态(以知识因素间的相互矛盾这样的形态)在内在观念论的某种前后一致的体系中再次回归了。

现在,数学上的二律背反作为发生学上的讳莫如深与实际上的可体验性间的这种并行不悖(Zusammenstehen)的直观标志起作用。根据这些二律背反,某种无限的杂多必须在一种有限的量中得到思考。甚至连"可靠性",静止(Ruhenden)和存驻(Stehenden)的特点,空间、线、体的"连续性",都与无限的可分性和杂多紧密相连。同时也在一个成熟的完整性内部放置了一种无限性,将"灵活性"献给了具体的可靠性,这完全就像自身完满的个别知识现实必须同时通过无穷的概念把握以及自成一体的直接体验这两种先验特征得到表达[①]。 [184]

大家现在所忽视的是,知识的完满的,亦即有限的自成一体状态只能为理念而假设,所以无限杂多与有限完整性之间的、对个别知识现实而言可证实的二律背反,似乎必须严格对应地转移到"知识整体"上去。同样被忽视的还有,两个相互对立的标志(有限之物和无限之物)间的二律背反式的纠缠只发生在个别的知识实现(Wissensverwirklichung)上,相反,无限性的标志完全单方面地在我们认识行为的内部,有限性的标志则完全单方面地在我们认识行为的外部——作为我们无法抵达、只能假设的"理念"——而发生在知识整体上。因此,将二律背反转移到知识整体上的前提是忽略人们的

[①] 见比如《费希特全集》卷 Ⅱ,第 92 ff. 、100 ff. 页,第 544 页上方;《费希特遗著集》卷 Ⅰ,第 250 f. 页。费希特关于空间的思辨似乎从一开始就一直依赖迈蒙;有关此,另参见厄尔德曼《哲学史概要》卷 Ⅱ,第 453 页。

知识行为及"理念"各自存在于其中的两个场域的差别。此外,如果人们将一个封闭整体的理念进一步假设为唯一的绝对(das Einen Absolute),那么人们就为绝对的现实获得了一幅精确的镜像,有关不可通约的混杂状态的镜像,这跟存在于个别的经验知识现实中的混杂状态是一样的,尽管从批判哲学的角度看这种混杂情有可原。

　　经过如此这般的思想序列的中介,在费希特后期的思辨中,知识因素的批判性的不可通约性被重新解释为绝对之物中总体性(Totalität)与无限性间的一种二律背反式的相互渗透,因此,根据这种观点,"每个个别之物与整体的关系以及宇宙自身既是自成一体的、完满的,又是在那种不断的完善中无穷变化的"①。通过这种方式,如下情况也变得可以理解了,即如此卓越地服务于研究批判的偶然概念的那种对"理念"的论述,后来恰恰能够如此轻易地突然变成形而上学的有限性问题,亦即变成这样的提问:多、无限杂多和可变之物是如何又包含一、单一和不变之物的。

[185]

　　因此,包含在绝对之物中的"无限性"的因素作为"坏的无限性"(黑格尔)恰恰意指有限性原理,意指从"永恒实体"中产生出来的"有限模态的无穷序列"的根源(Urgrund)。费希特的思辨在此竭心尽力于那个亘古的形而上学之谜,即该如何去思考:种种有限的事物到底是以什么方式而与绝对之物别无二致,同时到底又是以什么方式而与之相互区别的。此外,为了就总体性与无限性、统一性与大全(Allheit)间的兼容性、就它们之间的"过渡点、转折点和实在的(real)同一点"而与斯宾诺莎辩个究竟,他还跟斯宾诺莎建立了连接②。谢林同时期的著作似乎尤其激励了他,使他对个体性问题进行了一番阐明,这个问题也以形而上学的形态占据着他的思考。关于谢林,他说过:"还有,他如何想使那种根本上不变之物、一(Einen)之中的那些形式变得可概念把握,也就是说,如何想要一般地从永恒之物中推导出一种有限性,这是务必要注意的;因为这种推导同样也是哲学的任务。"③

　　此外,通过这种向形而上之物的跳跃而与对只有在批判哲学中才允许的思想序列(根据这个思想序列,人们必须首先向绝对这个概念挺进)(参见

---

①　《费希特全集》卷Ⅱ,第106页,参见第110页,《费希特遗著集》卷Ⅱ,第335 f.页。

②　《费希特全集》卷Ⅱ,第88 ff.、110页,《费希特生平》卷Ⅱ,第358、366 f.、371页。

③　《费希特遗著集》卷Ⅲ,第378页,参见《费希特遗著集》卷Ⅰ,第328 f.页,《费希特全集》卷Ⅷ,第399页,《费希特生平》卷Ⅱ,第358页。参见更早时期类似的提问方式,见上文第95页。同样,在《幸福生活指南》中,还把区分"存在"和"定在"当作哲学的一个主要任务。

原文第 182 f. 页已经说过的)的信赖结合在一起的,还有这个非批判的尝试,即试图将我们的认识状态与理想的认识状态间的不一致转变成两种现实间的撕裂。也就是说,当批判哲学家只是研究人们如何可以将统一性这个理念通过某种虚构的投射而放到实实在在的"无限性"旁边去时,形而上学家则毋宁如是抛出问题:为什么必须在唯一绝对之物与有限事物的无限杂多间架设一道"桥梁"。 [186]

费希特现在似乎时而会全力支持的、被终极地思考的、一元论的埃利亚主义根本上否定了对有限性问题的一切值得尊敬的、有责任心的探讨。如果说费希特尽管如此现在还是无法放弃对个体之物的思辨性赞赏的话,那么在这里,除了其他影响(有关于此,参见第三部分第二和第三章)之外,如下过程又重新发挥着作用,即他的形而上学思辨还顽强地将根须深深扎进知识学的源初的、批判性的思想中。对个体之物的更密切的关注其根源之一就在于,他关于绝对之物的概念虽然源于一种实体(Hypostase),但却是源于一种理念的实体,而不是一种形式自我的实体。因为这正是费希特(正如黑格尔后来所做的)(见原文第 64 页)明确谴责谢林的地方,即在谢林那里,绝对之物只是一种"流于形式的"(formelle)绝对性和无条件性,只是单纯的同一,是自因(causa sui),是一种只在概念上有效的东西,是某个规则的"普适性"①。费希特还谴责谢林,说他只是通过欺诈(Erschleichung)②而将总体性、将宇宙的意义,也就是说将内容充实(Inhaltsfülle)的意义强加给这种抽象③。事实上,费希特在这里碰到了与某种绝对实体(Substanz)有关的所有概念的最痛点,亦即它们的空无内容和光秃无物(参见原文第 71 页)。同时,1797 年已经开始的、反对对仅仅形式的东西进行绝对化的那种论辩,也在种种形而上学的思辨中得到忠心耿耿的坚持。绝对之物"流于形式的"意义,绝对性以及无条件性,与作为整体的绝对之物,其差别不啻云泥。但是, [187]通过这种区分——其意义就在这里——至少能够收获如此之多,以致有限性(Endlichkeit)的事实无法轻易就被压制和噤声;因为绝对之物的原理总是

---

① 《费希特遗著集》卷Ⅲ,第 374/5 页。当费希特将普遍之物和无规定之物中的这种漂浮称为"绝对之物的立场"时——"但是它在纯粹的绝对性面前变得一无是处"(《费希特全集》卷Ⅱ,第 58 页,参见原文第 172 页),他也就在这个批评中同时把谢林也牵扯进来了,这个批判使人想到黑格尔的著名说法,即"绝对之物的夜晚"。

② 哲学上所谓的欺诈错误(Vitium Subreptionis),即把一个感性概念伪装成一个理性标志。——中译注。

③ 《费希特遗著集》卷Ⅲ,第 372 f. 页。

通过经验现实而一直通向材料的现实（参见原文第 101 f. 页）。我们可以看到，费希特就是在这点上谴责谢林的，即认为谢林并不关心"对实际性的推导"。即便对"绝对总体性的立场"而言，一切都通过认识行为的某种独一无二的穿透性目光而得以显露（个别事物"作为个别的东西"在这种目光前消失了），"有限性的原理、永恒的生成和消失的原理"也没有因此而"被推导出来"。所以，尽管在这个立场上有限之物当然作为真正的非存在者而显现，然而，"差异之物"，"只能由于实际性的经验而被接受的"差异之物的确应该至少易于理解①。在无限性中，事物间的差异可能被抹平，成为"无差别"（Indifferenz），但也首先且独一无二地是在无限中被抹平的。"因此，永远不会纯粹地出现的，不是被抹平的计算，而是无限的计算"②。

所以，尽管存在破坏个体性的普遍主义，非理性还是无法在形而上学的地基上绕开个体之物的非理性。只是，特殊的内容无法从普遍的形式推导出来，这种不可推导性不复存在。在它的位置上，必然出现不可概念把握性，即不能从绝对之物出发去把握个别的有限之物，不能从"存在"出发去把握"定在"，不能神圣生命自身出发去把握"启示"（Offenbarung）或"外显"（Aeusserung）③。"但是……这种知识无论如何都无法在其自身中理解并洞察到，它自身是如何形成的，一种定在、存在的外化和启示如何产生于内在的、隐蔽于自身之中的存在，我们在上文中如何还是……明显地看到，对我们而言，一种如此这般的必然结果并不是现成的。"④普遍现象只能借助通过分裂而从绝对之物中形成的东西来进行先天推导——这类似于根据早先的、可以在此进行比较的批判原则所宣扬的东西来进行推导；相反，个体之物的出现依然无法得到概念把握⑤。只有对那种"唯一的、绝对的且自身完满"的科学而言，也就是说，个别之物中的"这种关联之如何（wie）"只在理念中才显露自身⑥。有限之物无法从无限之物中推导出来，这种不可推导性在斯宾诺莎有关双重因果性的学说中得到了早先的形而上学的认可——尽管是违反意愿的。根据这个学说，我们在有限事物的有限序列中只认识到它们的有限耦合，而认识不到它们是由上帝直接产生（Verursachung）。如果

[188]

---

① 《费希特遗著集》卷Ⅲ，第 372 f. 、378、380、384 f. 、388 页。

② 《费希特遗著集》卷Ⅲ，第 385 页，参见第 382、383、385 页下方。

③ 除《幸福生活指南》外，见比如《费希特全集》卷Ⅵ，第 351、361 f. 页。

④ 《费希特全集》卷Ⅴ，第 442 页。

⑤ 同上，第 459/60、442/3 页，卷Ⅶ，第 297 页。

⑥ 《费希特全集》卷Ⅴ，第 472 页。

人们不想只关心生成(Werden)的这种永恒的循环往复,而是想提出有限的个别事物直接依赖于绝对存在这种想法的话,那就泄露了想要得到"偶然性"的拯救的欲望,也就是泄露了对偶然性的认可。费希特后来也是以这种形而上学的方式处理非理性问题的①。

如果通过所有这些让步,我们甚至承认,即使完满的认识中也存在"形而上学之物"与"经验之物"间鸿沟的那种不可弥合②,那么有限性问题中堆积如山的所有泛灵论形而上学都要面临的苦难最终仍然可能只是被遮蔽着而无法得到克服。因为,通过有关个体之物逻辑上的不可概念把握性的学说,人们无论如何都已承认相对于绝对之物的有限个别性(Einzelheit)的某种确定的本体论独立性,并且,这种理解与另一种理解硬碰硬、水火不容,这另一种理解便是:绝对之物在所有意义上都是万有中的万有(alles in allem)。旧的认识论总是一再困扰新形而上学的普遍主义。费希特永远无法完全摆脱这样的影响。尽管他的观点确实正趋向于将有限的"定在"思考为在上帝中不受打扰的、亲密的静息(Ruhen),认为"两者之间没有任何鸿沟或分离,或诸如此类的东西"③,但是另一方面,他还是感到自己被迫走向这样的学说,即认为上帝部分地,也即是说,只要他变成自我意识,是从他自身中喷涌出"定在"④的,因此,"定在"是神性之物的下降,并且就其对永恒之物的渴望⑤而言依然完全是柏拉图式的。为了逃脱对个体之物的某种本体论独立性的这种承认,我们这位哲学家偶尔也会误入另一种极端。他干脆就对有限之物的事实置若罔闻,而是完全从绝对之物这个概念中析取出无限杂多这个要素⑥。这个要素尤其在最初岁月里被视为与"总体性"难分轩轾(参见原文第185页),以致这个概念被剥夺了所有的内容性并保留着那种公式化的苍白无味。斯宾诺莎和谢林通常就是由于这种苍白无味而受到强烈的谴责⑦。所以,虽然费希特在发现困难的批判性敏锐上力压那两位思想家,但在解决问题上,作为形而上学家的他并没有能够取得比他们更多的成就。最后,他也通过如下方式站回到了黑格尔的背后支持他,即不把某种

[189]

---

① 《费希特全集》卷Ⅱ,第106页,卷Ⅴ,第438、511页,卷Ⅶ,第371页。

② 《费希特全集》卷Ⅴ,第445 f.、450、530页。

③ 同上,第450页,以及第441、444页。

④ 同上,第455页,参见第512页。

⑤ 同上,第407页。

⑥ 见比如《费希特全集》卷Ⅶ,第370 f.页。

⑦ 尤其再次参见《幸福生活指南》,比如《费希特全集》卷Ⅴ,第444 ff.、458页。

新的逻辑与批判哲学对立起来。

尽管有这一切自己提出的批判谴责,普遍主义-形而上学的倾向还是常常促使人们做出唯一前后一致的断言:一切有限之物都是假象①。但是另一方面,它现在又像我们见过的那样,总是将不可通约性和"无限性"的种种标志与经验之物联系在一起。这些标志反过来无非都源于我们知识的某种不

[190] 完善性。也就是说,知识就是"假象"或者经验杂多的源头,而"知识的形式自由",正如后来在谢林那里一样,是个体化原理(prinzipium individuationis)或有限性(Endlichkeit)的根据②。唯有在反思中,并且通过反思,唯一的存在(das Eine Sein)才仿佛被打碎成无限道光束③,只有知识才自身携带着"无限性"的灾难。无限性在此总是与大地之物的躁动不安和碎裂同义。所以这个概念再次保留了它在柏拉图那里所拥有的并且后来在黑格尔那里再次赢得的意义④。当对批判思想家而言,孜孜于经验之物之不可概念把握性的知识作为只对我们而言才可能发生的状况,同时当然也作为一种落伍(即落在某种假想的理想后面)而起作用时,在形而上学的研究中,这种距离就转变成了从真正的"思"(Denken)和"观"(Schauen)的一次下降,转变成了对实体化的、真正的现实的遮蔽和撕裂(参见原文第186页)。

尽管如此,这种知识学某种意义上还是可以被视为对我们所确定的、形而上学的非理性问题和批判哲学的非理性问题之间的关系的浓缩表达。唯有在形而上学的表述(有限之物正是根据这种表述而被否认,有限之物的问

[191] 题正是根据这种表述而真正地被否定)中,如下真理才显得有效,即特殊之物的非理性只有作为与知识的某种关系才有意义,因此,对这种非理性的哲

---

① 在《幸福生活指南》及之后的著作中尤其如此,但是此前也已经这样了。

② 见《费希特全集》卷Ⅱ,第85 ff.、89页,卷Ⅴ,第440 f.页。谢林在其著作《哲学与宗教》(1804)中所主张的自由学说(根据这个学说,知识的"自由"同样作为个体化原理出现)在这里已经得到预测。谢林还承认,费希特离他最近(《费希特全集》卷Ⅵ,第42 f.页)。唯独当他在《论自然哲学与改良的费希特学说的真正关系》中指责费希特从他那里借用了"关于自由的思辨理论"(《费希特全集》卷Ⅶ,第82 f.页)时,才是基于一种可怕的、但情有可原的错误,因为谢林同样对1801年的知识学(该学说在《费希特全集》中才第一次得到刊印)不甚了了。此外,在论述其思想时,费希特常常受到谢林的影响。他明确反对谢林关于有限之物从神性那里"下降"而来的学说(《费希特全集》卷Ⅴ,第441、444、450、452页;卷Ⅶ,第298页;卷Ⅷ,第399页),尽管他自己如此接近该学说。

③ 《费希特全集》卷Ⅴ,第452 ff.、458页,参见卷Ⅱ,第507、513页。

④ 尤其《费希特全集》卷Ⅴ,第456 ff.页,卷Ⅶ,第370 ff.页。只有绝对之物的表象或"能见性"(Ersichtlichkeit)中才有无限性,相反,绝对之物自身则"超出无限之物"。

学理解只有在批判的观念论内部才有可能,也就是说,在我们的情况中,形而上学将对这个思想的每一种富有成效的处理都从根本上归功于过去的批判时期。甚至费希特哲学的这整个时期其高度的问题史意义总体而言就在于,历史上通常分开出现的、有关个体之物之不可概念把握性的批判思辨和形而上学思辨在这里都能够在生机勃勃的相互影响中被观察到。

　　我们在先验观念论的种种体系中所追踪到的对个体之物的纯认识论的研究,到目前为止已向我们展示出两个主要特征,即针对个体性问题的哲学表态的两个主要特征:关于逻辑非理性的学说和对个体之物的实证评价。只是"认识论的价值个体性"从来没有完全严格地在唯独认识论的意义上得到思考(参见原文第 154 ff. 页),它毋宁总是超越认识论而指向另一个评价领域。如果我们就此而在"第三部分"也去展现费希特对个体之物的文化哲学的阐明,那我们就因此而提供了一种必要的、在有关个体之物的纯认识论思辨方面已经要求的、对迄今为止的论述的完善和继续。相反,另一方面,必须强调指出,对费希特有关现实问题的逻辑学框架和认识论框架的熟识构成了理解其历史哲学的不可或缺的基础(参见原文第 25–28 页)。因为恰恰是对某种纯逻辑的非理性的承认总是成为对个体之物进行附加评价的前提条件(参见原文第 155 ff. 页)。价值与特殊之物的不可概念把握性的相互 [192] 关系就此而构成"第三部分"的主要内容,并且,正如我们迄今总只是就观念论必须被当作个体性逻辑加以研究而言去深入钻研先验观念论,费希特的历史哲学也将在其方法上意义重大的组成部分中向我们证明自己是个体性哲学。 [193]

第三部分

费希特的历史哲学

第一章 后康德文化思辨的形而上学方法

费希特历史哲学的形成恰逢那个偏离批判哲学诸原则的时代,这个时代几乎无一例外地由这样一些思想家穿针引线,他们的训练过程恰恰受到康德哲学的决定性影响。因为知识学体系在其深层次上也受这个世界史进程的侵袭,所以,关于如下问题——为什么在那个时期,纯粹的(reine)和单纯的(bloße)先验哲学必然会再次臣服于某种在很大程度上为文化哲学兴趣所牵引的形而上学——必须努力获得一种清晰性,以作为理解费希特的历史哲学价值的基本条件。

现在,知识学的发展过程已经将我们引领进这个过程的纯逻辑的-认识论的组成部分,并且径直抵达这样一个点,在这个点上,个体之物的问题招致了人们对先验先天主义的深度不满。在知识学的最初纲要计划中被等同于单单数量和数学上的个体性而以理性主义方式遭到破坏并且被等同于绝对之物而遭到放弃的个体之物,经过 1797 年的转变才获得其卑微的独立性,确切地说,也就是被视为具有极高价值的种种理性形式的反面,因此也就是被视为限制(Schranke),但"只是"被视为限制。并且,只有在接下来几年的进一步的反理性主义中,非理性因素作为"直接之物"才与对(如今完全净化了的)知识的一切绘声绘色的形而上学描写正相反。因此,非理性思想的这个走向对后来的历史哲学而言是一个极其重要的预兆,因为在这个走向中,我们持续期待用单纯的逻辑学和认识论去解决个体性问题的这个功绩似乎在极度的完整性中得到了展现。逻辑学的这种殚精竭虑必须同时带着评价行为(通常作为令人束手无策且毫无成效的工作)的习惯中的某种决定性转变而被体验到,也就是说,在某个瞬间得到体验,在这个瞬间中,个别之物不再从高于它的普遍性中汲取价值,而是应该从它自己的个体性中创造价值。因为,一直潜藏于抽象与具体、普遍与特殊的二元论中的认识批判,那时甚至无力从原则性的、亦即方法论的根据出发去应对个别之物独特的价值丰富性,这种价值丰富性只能超越这种分离才能被捕捉。单纯的"先验主义"经过不懈努力所能够达到的最高点,曾经就是承认经验的现实之物的不可言说和不可概念把握性,因此也就是放弃一切进一步的探究,在个体性的隘口前满腹狐疑或漠不关心地停滞不前。非理性这个论题立刻就看起来需要彻头彻尾地具有理性主义的特征;它倒是凭借认识行为和演绎推理的理想而把握住了现实之物这笔财富,它将所欲事物都看成普遍知识的一个特例。它只是知识学,是"主观唯心主义"。多么骇人的变化!就是这位思想家,早先从理性主义出发对非理性缺乏认识,而现在,一旦他认可了非理性,却又[194]表明非理性依然过于理性主义(参见第二部分第二章第三节)。但是,由于没有充分克服个体性问题,他现在同时又谴责早先关于"单纯知识"的整个方法,并且,他不是去完善迄今为止的先验哲学,而是认为必须由一种原则上全新的思辨取而代之,这种全新的思辨应该带着一个全新的部件(Organ)去面对过去思辨所不逮的那些困难,并且,根据这个全新的部件,富于价值的个别形态作为一种无法穿透的客体不应该与反思水火不容,而是应该与思辨完全相互渗透,应该已经把所谓的"价值个体性"的结构纳入方法中。

　　我们在这个位置上碰到了(我们"导论"中将其分开的)诸评价方式和(我们"第一部分"想要明确地、与那些评价方式互不混杂地加以展现的)(见原文第 28 页)诸逻辑理论的一个交叉点。因为在这里,通过评价的某种条件,分析逻辑显然被当作与这种价值格格不入的东西而被一手推开并以此方式对整个认识论来了个釜底抽薪。为了在其至深的深度上对这种古怪的、事实上无论如何都并非不可避免的思想联结(德国思辨大概在 18、19 世纪之交就显露出这种联结)进行评估,我们还必须更详细地回忆它源于其中的历史情境。只有到那时我们才能明白,将价值个体性结构从客体转移到方法上是怎么一回事。

　　对康德而言,哲学就是在不同领域占支配地位的理性价值进行界定。这里所获得的形式标准其中的每一个(无论是认识论的、伦理的还是美学的,它们在哲学抽象中得到观察并且被视为先验分析的构造物)按照其逻辑品质都代表着一种普遍概念,这个概念必然可以运用于认识现实、伦理现实、美学现实的每一个个别案例。所以,虽然三者在先验的分离状态中并驾齐驱,但是一旦人们参考它们在理性现实内部事实上带有偏见的行事方式,[195]这三种价值样式还是有区别的。也就是说,当个别现实化案例中理论价值和伦理价值依然在脆弱的普遍性中对单纯承载着这个价值的个别性采取敌对的态度并且在跟个别性(Einzelheit)的特殊个体性没有任何内在联系并因此可以摆脱个别性的情况下只是黏附于某型特定的标志上时,美学价值尽管如此才能——如果它作为跟理论价值和伦理价值一样先验-分析地建构起来的概念而意欲成为可抽象地加以表述的东西的话——在个别的现实化案例中只在一种亲密的、难分难解的混合(与美学价值的每一个舞台的特殊独特性相混合)中敞开自身。天才的榜样价值恰恰应该归功于其个别行为举止的不可比拟的原创性,这一点尤其通过天才的本质得到证实。现在,正如在导论中已经详细描述过的,对康德的整个世界观而言,具有标杆作用的不是审美理性内容上的独特性而是理论理性和实践理性内容上的独特性,或者再确切一点,是概念分析自身的逻辑结构。在三大批判中同等程度地得到实施的先验方法,对他而言,引用一句这里特别适用的施莱格尔的名言,"已深入骨髓了"(auf die inneren Teile geschlagen),也就是说,先验方法已经一劳永逸地规定了他的整个评价习惯。即便是这种用心理学方法才能说清楚,但在理论和伦理领域似乎与实事求是的证明背道而驰的关联,也已在导论中有所暗示(见原文第 13 f. 页)。我们现在可以这样来表达这个关联:康德关于先验概念的分析逻辑——因为"方法"就存在于此——产生了评价普遍主义(Wertungsuniversalismus)。因为在先验分析中所有建构物都采用了普遍性(Allemeinheit)的逻辑形式,所以康德认为,根据它们的内容组成部分和作为价值现象的实际功能,它们必须无一例外地再现普遍性的结构;作为某种普遍理论的客体,它们必须是普遍的客体;因为,他也就把方法的结构转移到客体的结构上了。所以,每一种分析在他看来似乎都必须通向客体的普遍概念,同时这些概念的内容意义只来源于某种价值普遍性;他 [196] 将那种只是使价值普遍性起作用的、评价行为上的形式主义束缚在如此这般的分析的特征中了,并因此也将价值普遍性与特殊例证间的二元论束缚于其中了。

在这种历史学–心理学的局限性中,批判哲学的总体形象润物无声地进入康德的追随者们的意识中。这些人无法解开其中潜藏的至关重要的问题扭结,就让先验哲学的抽象方法、让抽象的逻辑来应付抽象的评价模式。因为先验分析并没有能够完成一切任务的勃勃雄心,所以他们也就对这些任务在特定的方法界限内部那种无可比拟的崇高意义认识不清,康德正好相反,他盲目地反对自己的基本原则的可应用性中的每一种方法论界限。因此,他们不是将先验哲学视为只是急需完善的东西,而是将它视为单纯的"先验主义",视为应受谴责的东西;尤其是对价值个体性的理解在他们看来并没有通过对分析过程的进一步扩展,通过一种专门的、指向内容性价值的批判而得到保障,而只有通过背弃批判方法本身而得到保障。旧瓶里好像装不进去新酒了。因为,人们渴望一种不一样的方法,渴望一种新的思辨官能。如果说康德使方法对客体发挥了作用的话,那么与之相称的方法似乎自然而然肯定与变化了的客体结构一起发生根本的改变。这些由康德哲学的不完善的、历史的现象形式所导致的混乱中潜藏着后康德思辨的形而上学变革的最深根源。

[197] 费希特、谢林、施莱尔马赫和黑格尔几乎同时致力于一个目标,即旨在用传统的经院套话(Schulphrase)来描述对单纯的"主观主义"的克服或者用更好的理由去描述思辨与"被给予之物"间的和解。在此通常处于奠基地位的、对先验哲学的狭义理解即便时至今日也时常误导哲学史家,使他们产生错误的想法,就好像单单被视为认识论最高指导原则并通过严格维持方法上的种种限制内在性(Immanenz)或"主观主义"的立场就能够以任何方式阻挡人们通过哲学的特殊学科来进行完善和丰富似的。彼时的那一代人,在观念论中完全只看到对普遍自我相关性(Ichhaftigkeit)的千篇一律的断定,只看到按照知性进行拆解、以批判的方式进行分析的知识体系,这个体系空洞无物,带着源于抽象方法的、对个体性的种种不可概念把握的限制听天由命的态度(Resignation)。就这样,正如哲学史中一直在发生的,遵循知性的东西的特征与抽象的倾向结合在一起,而理论上无法论证的价值个体性则踏入与直接"情感"的神秘关系中(参见原文第 153 f. 页)。费希特这个观念论者,这个知识学的倡导者,他自己也在《人的使命》中表达了对某种耸立于知识之上的思辨的需要,将其视为人的最高使命之一,同时,谢林则贪婪地抓住对自己观点的证明,这个观点便是:迄今为止的知识学一直都站在反思的立场上①。

现在,到处都有某种针对漠然无殊的知识(Wissen)的愤怒在苏醒,这种知识就像一面镜子,无动于衷地让所有对象从它身旁走过,且无法心领神会地依偎在生命的无穷财富中。除了冰冷的反思,哲学还需要直接的感觉、直观、感触(Ergriffsein)、体验。客体的价值个体性漫溢出来并涌入方法之中,这个此前解释过的事情发生了。所以在费希特那里,"实在"和"生命"也摆[198] 脱了哲学对它们的切割并且被一种"更高的实在论"、被一种崭新的"生命学说"亲密地渗透了。正如充满生命力、浸透着价值的现实自身可以分成无限等级一样,与之相适应的思辨也应该分成无限的等级。同时,反对一直潜藏在片面抽象性中的康德主义的那种情有可原的暴动,则得到了对一切分析的厌恶、得到了不仅被历史地引发而且原本就是形而上的欲望的最热烈支持。的确,就在决定新的转变(从对先验-分析"理论"的扩展转变成一切直接的生命价值,还有宗教的生命价值)之前,费希特还是能够希望获得哲学

---

① 在他致费希特的信中,见《费希特生平》卷 II,第 350 f.、353 页。

的福乐（Heil）的（见原文第 161 f. 页）。但是没过多久，可智识的个体性在他那里也从被感知物（perceptum）涌逼进感知者（percipien）中了。与 19 世纪重合的整个"形而上学世纪"就被某种价值个体主义的–直觉的思辨的这种独特性所标记。直到这个时代，迄今一直被误解的东西才降临到费希特这颗"智性直观"的心灵上，同时，知识学初始阶段中对推理性原则的背离毋宁是由对统一的体系化激情、由对先天主义演绎和理性主义演绎的激情所导致的。现在，他将自己置于那场旨在超越一切单纯"知识学"的运动的中心。

　　谢林成了反先验观念论之战的领袖，对先验观念论而言，源初的、无前提的东西就存在于意识之中，现实的丰富性、自然和精神都沦为某个"客体"的单纯"现象的"实存（Existenz）。施莱尔马赫也如是宣扬，在公式化的、索然无味的主体–客体性的位置上，必然会出现对绝对之物的绝对认识。情感哲学和信仰哲学的方向对那种破坏（即对在其直接性中敞开自身的、可智识的个体性的破坏）的旧有恐惧，经过具有拆解作用的抽象行为，经过形式和质料的割裂以及普遍之物和特殊之物间的二元论，在康德派形而上学家那里再次以五花八门的变形而回归了。谢林将"智性直观"与知识学的二元论的、具有中介作用的认识对置起来，特洛克斯勒（Troxler）则将原意识（Urbewusstsein）或直接知识与反思的和推论的意识（这种意识明显指向雅科比）对置起来，贝尔格（Berger）将直接领受着的（vernehmende）知性置于抽象的或单纯形式的认识方式之上，克洛泽（Krause）则将无条件的、原本质的（urwesentlich）认识、将本质直观（Wesenschauung）置于单单概念性的认识之上，左尔格（Solger）抨击普遍之物与特殊之物的二元论，巴德尔（Baader）则抨击先天之物与后天之物的二元论①。近似天才的认识论到处都是，它建筑起一种纯方法–思维意义上的价值个体性！即使对费希特而言，在彻底的形而上学时期，原始（nieder）知识的世界也已变成一个假象和影子的世界，一个单纯缩略图和图像的世界。即便是他，也在"形式的背景处并且在把形式破坏之后才'看到'真真切切的实在"，也相信对直接直观价值的直觉。正如绝对之物、唯一的神圣生命一样，体验（Erleben）、"思想"（Gedanke）和"看"

[199]

――――――――――

① 　谢林，《全集》卷 I，第四部分，第 249 f.、253 f.、340 ff.、353 f. 页；卷 V，第 249 f.、273 f. 页；卷 VI，第 22 ff. 页；厄尔德曼，《思辨》卷 I，第 296 ff. 页，卷 II，第 260 f.、424 f.、447、596 f.、646、651 页。

（Sehe）也必然携带着价值个体性的特征①。

　　有关形而上学的包装，有关对一切批判性分析的莫名其妙的鄙视，也就是有关解决问题的严重不足的方法，人们应该不会认识不到正确的提问、合情合理的动机和那种后康德思辨的深意。想要获得对个体性问题的一种新的表态，这种渴望来源于合情合理的文化哲学兴趣。那种灰暗的情感，即感觉对个体的价值现实的渗透还需要不同于二元论出发点的出发点，包含着巨大的贡献。谢林有充分的理由骄傲地说，随着对"被疏远的哲学其所有现[200]　实"的克服，他"取得了突破并进入到客观科学的无拘无束的广阔天地中"。在《学术研究方法讲稿》中，他谋划了有关一门理性科学的蓝图，这门理性科学探究绝对之物的所有启示（Offenbarung），并且这门科学是在实证学科中客观地生成的。谢林的"实证的"或"历史的"哲学最终呈现为这种趋势的增强，这简直是一个瞄准经验和超验事实性的方向，甚至是一种"形而上的经验主义"。在相反的意义上，谢林成了一种证据，证明在形而上学的方法和刚刚苏醒的、为研究被给予物而生的感官之间存在着紧密的关系，因为他重新体验历史现实的那种天才能力最终在有关思辨的经验知识的理论中找到了一种哲学的表达②。

　　但是，我们必须把黑格尔理解为这整个运动的制高点。创造新的文化概念，这种需要在他那里转化成了一种崭新的、逻辑的概念理论；恰恰是对他的世界观而言已变得最具重大意义的价值总体之结构，正如国家的"道德有机论"在某种程度上所指明的那种结构，扮演着概念的逻辑结构的典型角色，因此，他也成功地比如将抽象的、文化哲学的个体主义带领回到一种纯逻辑的原子论那里（参见原文第 68 页）。所以，在对由抽象方法所打开的缺口的纯思辨填补方面，他紧随其他形而上学家之后，与此同时也确实远远耸立在他们之上，因为他并不满足于否定分析逻辑或单单压制原始知识的意义以及它致命的非理性，而是从他自身出发以他自己的哲学为手段抨击那个对直觉形而上学的代表们而言一直无法解决的、康德的非理性问题，并通过创造一种新的逻辑来战胜它。通过这种方式，他同时也把对价值个体性[201]　的思辨理解从它与形而上直觉的缠绕中解脱出来。只有当人们将黑格尔体系评估为一方面是与逻辑非理性的角力，另一方面是与深层的文化哲学驱

---

　　①　《费希特生平》卷Ⅱ，第 278、321 页。《费希特遗著集》卷Ⅱ，第 213、290 f. 页；卷Ⅷ，第 364 f. 、367 f. 、370、372 页；卷Ⅴ，第 410、418、445、448、462、541 f. 、553 页；卷Ⅲ，第 257 ff. 页；卷Ⅶ，第 305 页；卷Ⅱ，第 685 f. 、690 f. 页；卷Ⅳ，第 370 页。

　　②　参见厄尔德曼，《概览》卷Ⅱ，第 484 页。

力的角力这两者的共同作用时,人们才能在该体系与理性主义和与具体评价行为的深度及可靠性的混合中正确地评价它。那样的话,该体系看上去就是唯一与康德体系势均力敌的对称物了。因为这个体系不仅谴责二元论逻辑,说它与对价值个体性的直觉把握不相容,而且通过一种反二元论的逻辑奠定了它对个体之物的反二元论评价的基础。在康德那里情况正好相反,二元论和形式主义的认识论与抽象的评价行为一直协调一致。两位思想家还可以在以下方面相互对照,即他们的文化哲学式的评价行为最终却归功于一种仿佛只是针对他们的认识论的自动改写。康德的历史哲学的和法哲学的理性主义的确显得片面,但从心理学出发却不难理解,它是从特定的先验概念关系中推导出来的,相应地,黑格尔的具体评价行为并没有被某种高于它的批判意识所照亮,而是在没有对某种专门文化哲学的思考进行预告的情况下就出现了,并且不由自主地沉湎于形而上学的逻辑。

所以,我们在此获得了某种洞察,即窥入诸逻辑理论和诸评价方式间部分由事实、但部分又由问题缠绕(Problemverschlingung)的力量所促成的相互关系,前者我们在第一部分已经完全分开地进行过研讨了,而后者则在导论中分别进行了研讨。

在德国历史哲学的古典时期,费希特地位的独特之处就在于方法论方面,在这方面,他虽然也痴迷于思辨方法,但除此之外,他并没有放弃分析逻辑(还有参见第二部分的第三章)。他的新形而上学并没有导致简单地倒退 [202] 到 1794 年的先验逻辑流溢说那里,即便是他(就像后来黑格尔所为),那时候也想着干脆用先验逻辑的流溢说来取代分析逻辑。但无论如何,这个位置也可能表明,1800 年左右紧接着出现的简单粗暴的转变,与分析逻辑的几个主要结论相背离的转变,尤其是与作为某种二元论反思哲学的知识学背道而驰的那种反弹——某种早期的确完全不可思议的自我评定——对每一个无暇顾及我们所发现的、知识学在此期间必须经受的基本变化的人而言,肯定一直都是彻底的谜团。

现在,当那些在方法上对文化哲学目的而言意义重大的倾向也在形而上学中得到证实,在普遍认识论的所有条件都因此而最终被提出来之后,大家才能明白要在这个普遍地具有哲学性的基础上建造何种形式的历史哲学。

第二章 历史哲学的价值个体性

关于费希特对康德历史形而上学的延续，根据我们的整个意图（见原文第26页），以下论述可以匆匆瞥过、不予理会，因为他的历史哲学的这个部分似乎得到了充分的评估。人们相信，费希特历史哲学的成就就包含在这个部分中。此外，费希特的一个无可争议的功绩当然首先就在于，他进一步探究了康德的历史哲学倾向并使其开花结果（参见原文第9页），在这个倾向中，我们可以窥见其历史哲学的"规模"（Größe）。但是，与此同时，恰恰是纯思辨方法的危险通过这种方式在他那里异常尖锐地凸显出来了。因为历史哲学并没有被视为逻辑的特殊学科，而是被视为与其余思辨科学相称的、某种形而上基础科学的组成部分。所以，我们必须敢于尝试，在直接的直观中将历史的"意义"概括为一个整体，概括为"世界蓝图"。但是，这个开端与如下缺点不可分割地粘连在一起，这个缺点便是，文化事件的具体总和被禁锢在种种公式中并且被蒸发成种种形而上的抽象状态（Abstraktheit），但是对历史之物的价值结构而言并没有产生任何真正的理解。

[204]

所以，在下面的论述中，如果一点儿也不重视更详尽地扩建费希特的历史形而上学的话，那么，尽管如此，上一章中所描绘的形而上学方法即便对我们所尝试的对费希特历史哲学的研究而言也依然是一种不可或缺的定位工具。因为这种方法的确在如此大的程度上显现为普遍的思辨框架和具有规定作用的主流，以致我们能够将某种非形而上地探入历史之物之本质的一切苗头都评估为永远只作为尽管是形而上的、却通过形而上学而努力上升的东西才变得正确。

作为后康德思辨的、对历史之物立即产生益处的背面，我们普遍上已经熟知那个意义重大的独特性，即在它里面不是抽象的和形式的认识价值、最后的伦理理想或宗教理想被重新解释（有关于此参见原文第32页）为内容上的超感性，而是价值个体性以形而上学的方式被假设。费希特的文化哲学也恰恰以此方式得到了保护，从而得以不沾染那种（在双重意义上！）忽视现实且浮光掠影的目光的片面性，并且，尽管存在接近这种目光的先天主义倾向,还是有可能拥有以下两种东西的标志的:一种是只满足于具体之物却又得到了升华的经验,一种是虽然将直接体验迁移到超验之物中但具有内容的价值。因此,如果不想忘记这些优点被它们的形而上学外衣所限定的状态,我们就必然要在以下方面承认,费希特超越康德且向前迈了一大步, [204] 即他已经将自己从公式化的概念之网中拯救出来,第一次大胆地强调,历史整体是一种独一无二的、与众不同的发展①。在改写成更直接的感觉这样一种过渡中已经暗含着(顺便强调一下,毫无疑问还是潜在的)对历史之物的结构的一个正确洞察。

　　我们必须仔细观察的是,将价值总括(Inbegriff)、类的使命整体和"某种神性生命"从抽象的无规定状态或缺乏形态的含混状态转变成超越代际的、充满生命力的价值进程,当个别的个体恰恰被视为这种生成(Werden)的部分和载体时,这种转变总是能够成功地且清楚明白地被意识到。作为价值总体性(Werttotalität)的整体(Ganze)也借助并通过个别的价值个体性而敞开自身;总个体性和分个体性突然被照亮了。于是,类的目标的个别承载者、为更高的使命所激励而"欢欣鼓舞的人类"被指派了这样的任务,即让世界按照上帝的理念"向前发展","从一个不同的、迄今完全隐而不见的一面"去思考上帝的决定(Ratschluß),让祂在自身中获得"一种崭新的形态"。整体就这样借助显著的个别形态、作为从个体性迈向个体性的一种发展出现在思想家面前,这种情况深深植根于事实之中。因为在那里,我们根本无法以任何方式将理性总体理解为一种真正充实的整体并因此简直太容易试图在一种空洞无物的公式中将其改写,或者,希望在某种不断削减现实的视角中,在某种最终目标的视角中看见它,所以,我们必须一再通过个别之物的可捕捉的丰富性从而将自己带回到对整体的活生生的总效应的回忆中。即 [205] 使在费希特那里,发展之思想的具体框架也——虽然大都不再通过能杀死事物的那些抽象概念,但蛮可以——通过将"杂多之物"的"无穷无尽的"变化当作单纯的假象加以否定的、僵化的埃利亚主义和一元论而不断威胁着要在他那里奉行这样的信仰,即相信"源初生命"会真正地、永远地不断进步,并且只有在与这种绝对的无宇宙论(Akosmismus)的持续不断的、从未停息的斗争中才能得到奉行。只有面临对文化进程进行活生生的把握之时,普遍主义形而上学才会整个消失,变成空洞的毫无意义。在这个文化进程

---

　　①　参见娜塔莉·维普林格(Natalie Wipplinger)《费希特的发展概念》,弗莱堡博士论文,尤其是第 39 f. 、53 ff. 、74 ff. 页。

中,"个别的天选之子""神圣的人物"作为制造着(herbringend)"崭新的、闻所未闻且迄今从未存在过的东西"的人而闪亮登场,他"可以像所有个体性那样,只要一次就被设定了,并且在个体性中永远不可重复"。"我说,每一个人都毫无例外地分有超感性的存在,这种分有对他而言是排他性地独有的,而且绝对没有任何一个其他个体同样如此这般地拥有它,这种分有如今在他身上继续向着一切永恒性发展,显现为一种持续的行为——它绝对不可能在任何一个其他个体中如是发展——这是人们也许可以言简意赅地称为其更高使命的个体特征的东西。"与对史学上意义重大之物的无法比拟的独特性进行如此这般的评价携手并进的,是这样一个更加具体的断言,即认为在个别的人格中发挥作用的、类目标的种种化身(Verkörperung)、教团成员、英雄人物、艺术家、科学家,始终决定着人类的进步①。

因此,如果说个别生命现在虽然能够成为总生命的认识根据,那么费希特的确始终都深入这样的事实中,即说到底,我们必须仅仅借助整体来为个别之物寻找价值根据。我们早先已经洞察到,价值个体性简直被要求加入某种价值总体性中(见原文第18 ff.页)。费希特走得更远。按照他的想法,一般而言,只有加入某种价值整体中的个体性才有权拥有价值个体性的地位。因此,减弱版的形而上学普遍主义作为价值总体主义产生着影响,但是在个别之物的个体性这样一种形态中,它还没能构成危险。因为尽管个体性获得了一种只有通过总目标才转交给它的价值,但是它的独特性和不可比拟性并没有因此而受到丝毫损害,因为个体性即使是部分,那也是不可取代和不可替换的部分,是作为独一无二的、个体的构造物而稳稳当当地且所谓岿然不动地被置入那条唯一的发展线中的。从实践的角度看,其结果就是牺牲所有个人目标,还有,个体献身于类。个别的人"将其个体的人格本身视为神的一个思想"或者视为"具有某种崭新的、直到现在都完全看不见之面向的伦理终极目标的开敞"。所以,个体之物虽然只是作为残骸、出入口和碎片出现,但却是作为特别的、与众不同、"独特分有超感性存在"的残片,作为神性生命的舞台出现,"正如它只能且只应该在自己身上,在其个体性中向前发展一样"。"每个人都应该做绝对只有祂(Er)才应该做并且只有祂才能做的事……只有祂(Er)而绝对没有任何其他人;并且,如果他(er)不

[206]

---

① 《费希特全集》卷Ⅶ,第41、45 ff.、49、119、237 页;卷Ⅵ,第352、356、368 f.、370、386、406 f.页;卷Ⅴ,第465、530 ff.、572 页。《费希特遗著集》卷Ⅲ,第192 页;卷Ⅱ,第86、115、117 ff.页;《费希特全集》卷Ⅵ,第369 页;卷Ⅴ,第445、458 f.、471 ff.页;卷Ⅶ,第368、374;卷Ⅱ,第600 ff.、639 ff.页。

做这个事,这个事至少在这个现存的个体之团体中肯定不会发生。"费希特在此找到了对个体性问题的独特解决方法:独一无二的、独立的、自身完满的个体之物就是整个万有(Universale),每个个别构造物都超出自身,但不是指向一个普遍之物,这个普遍之物在个别构造物中道成肉身并且从根本上说必然对个别构造物的单一性(Einmaligkeit)和独一无二性(Einzigkeit)无动于衷,而是指向一个整体,这个整体以其个体性包围着并证实着部分的个体性①。

[207]

对个体之物问题的探究其最深层的点只有当我们发现费希特如何已经成功地为无宇宙论和个体主义的种种相互违抗的方向间的和解铺平了道路,如何成功地在它们之间找到了一种思辨的连接部分。最后的、具有深层意义的阻滞根据(Hemmungsgrund)(从这个根据出发,他只是犹豫不决和不情不愿地、在与针锋相对的驱动力进行持续角力的情况下将价值允诺进个体性中,并被个体性所穿透)就在于如下正确的考虑,即单单在作为如此这般的个体性的个体性中,亦即单单在个别事物与所有其他事物的经验性差异中,在粗野的恰恰-如此-存在中,是不可能找到对某种评价的哪怕最小的合法化的。如果尽管如此个体之物还是应该不仅充当漠然无殊的舞台,而且还充当在个体之物中道成肉身的价值的本质性基础,那么从特定意义上说,总有一天的确必须首先超越单纯的个体性并在个体性内部区分价值的偶然之物和价值的本质性之物,区分再现躯壳或单纯基底(Substrat)的东西和再现内核或永远有效,但无论如何还是个体性之组成部分的东西,然后个体性中其余的东西就在与这个组成部分的关系中显现为倏忽即逝的尘埃。作为所有现实之物的共同结构,单纯的个体性实际上依然作为"偶然的"而与那种特殊的、借助价值而进行的标价(Auszeichung)相对立。谁若是想否认如此这般的个体性意味着一个被置于价值之下的区域,他也许并非就在鼓吹一种个体主义,不是的,他也许是在鼓吹一种对评价行为的异想天开(Fanatismus)。对这个区域而言,但也只是就这个区域而言,无宇宙论的普遍主义以其断言而保留了终极词汇,这个断言便是,一切个体之物同样并且在同等程度上都是虚无的。只存在一般的规定性,不存在特殊的规定性!所以,从评价的视角出发,那个即使现在也还没有任其没落的纯逻辑课题

---

① 《费希特全集》卷Ⅶ,第 56 页,卷Ⅵ,第 356、377、383 f. 页:"每个特别个体的生命都是一个特别的、只适合他并且只能向他要求的结果",第 386、393 f. 、406 f. 页,卷Ⅱ,第 663 ff. 页,比如:"一个个体的形成是一般的道德法则的一个特别的并且完全确定的法令。"

[208] （参见原文第 171 页）简直被颠倒过来了。费希特的这个成就,即个体性概念的这种一分为二,分裂成一个个体的-稍纵即逝的层面和一个奠基于其上的个体的-永恒有效的层面,还有由此出发而得以被阐明的、评价行为的无宇宙论和个体主义间的相容性,其意义尚未得到充分评估(正如表面看上去的那样)。这个成就在有关费希特哲学整个形而上学时期中的个体性问题的框架方面给出了最深刻的说明。"现在,每个个体都保有双重的意义。它部分地是一种经验之物,是对某种看见(Sehen)的空洞形式的呈现。就此而言,它跟其余个体绝对相似……部分地是某种自在之物(etwas an sich),一个团体的一分子……但是,无比清楚的是,因为这个团体是由如此这般的一个个个体组成的有机整体,所以每个个体都将分有共同体(Gemeine)的那种存在和生命,在这个共同体中,没有任何一个其他个体跟他是一样的。"我们的个体本质有着超经验的要素。这些要素如今按照此前描述的基本观点始终被思为某个囊括性的价值关联体中被编排的部分;因此,一个由诸超感性的个体性所构成的世界应该耸立于单纯的经验之物之上,这个世界在个别的点上触及大量感性的个体性,其余方面则按照自身的法则而拥有一种定在(Dasein),这个定在不受该世界的经验现象的偶然性所影响。同时,在某个经典段落中,费希特还把对浪漫派的深入研究与对上面这种思想的阐明联系起来,并因此以高度简明扼要的形式将对个体之物的崭新思辨评价放到他那破坏着个体性的一元论旁边。浪漫派以"个体性这个关键词"而使自己光彩夺目,但他们有所忽略的是,"我们在个体性之下只理解了个体的个人的、感性的实存(Existenz),就好像这个词自然而然只意指这个东西似的;但我们无论如何都不否认,而是毋宁要明确地使人回想起并再三提醒他们:每个特殊个体中的那一个永恒理念(die Eine ewige Idee)都在个体中达至生

[209] 命,它完全以一种崭新的、此前从未存在过的形态显现自己;所以,个体虽然完全独立于感性的自然(Natur);理想的个体性或者(更正确地称呼)独创性通过它自身和自然自身的立法,但无论如何不是通过感性的个体性,而是通过这种否定着的并且纯粹从自身出发进行着规定的个体性进行规定"①。

　　随着独创性这个概念的出现,——经由一些新的文化哲学问题而横空出世!——第二波评价个体主义(Wertungsindividualismus)开始了,之后在

---

　　① 《费希特全集》卷Ⅱ,第 86、115、117 ff.、600 ff.、639 ff. 页;卷Ⅷ,第 69、110 页;卷Ⅵ,第 386、389 页;卷Ⅴ,第 530 f. 页。《费希特遗著集》卷Ⅲ,第 65 页。费希特关于不朽的学说,正如在一份详细论述中将要展示的那样,也通过个体性概念的这种分裂而变得可理解。

1800 年左右,某种有关"生命"的可智识个体主义的种种最初苗头被绝对主义的形而上学扼杀在萌芽之中了。正如它与形而上学时期僵化的本体论埃利亚主义有所不同,它与早先时期的抽象普遍主义的不同之处就在于在个体之物中分开经验因素和超经验因素。于是,经验与个体、超经验与普遍之物的古老纠缠被千辛万苦塑造出来的、有关超经验个体性的思想完全毁坏了。根据早先的观点,所有价值都静卧于尚未个体化的普遍理性之中,这种理性在经验自我中的具体实现与所有普遍概念的专门化一样,虽然必不可少,但与此同时,在现实化案例的个别性中,只能窥见内容上超出普遍之物的那种漠然无殊的过量①。然后从中就产生了那种抽象的或原子论的个体主义,有关这种个体主义,我们的导论已经表明,它跟某种抽象的普遍主义别无二致(原文第 21 页)。另外,按照后来的观点,虽然"偶然之物"或非本质性的个体之物应该借助个体性而献给某种耸立于个体之物之上的价值,乃至献给个体之物自身的否定,但是,它所服务的这个更高的使命现在被当作本质性的个体之物(das Individuelle)而移置到个体(das Individuum)自身中去了。同时,个体间的"原子论的"无关系状态和无联结状态也以此方式过渡到自我发展着的理性有机体内部的一种稳固铰链(Gliederung)中。我们在这里遇到了费希特道德哲学中的一个思想层面,按照其结构来说,这个层面完全偏离了早先的"伦理学",就这方面而言,现在可以想见这样一种伦理规范,它不再仅仅在诸理性价值的一种总括中,而毋宁说是在一个耸立于感性个体性之上的价值个体性的宇宙中找到了它的表达。在对历史哲学问题的这种伦理阐明中,人们一眼便认出了 1798 年左右首次出现的那个"可智识秩序"的理念的复兴,在这个秩序中,个别的人占据着特定的位置。只有一门心思思考知识学的更早时期的人,才可能因此而认为,费希特从未克服"对普遍之物的激情"②。

[210]

　　诚然,无论如何切不可把后来对个体性问题的这种解决跟比如施莱尔马赫和浪漫派的个体主义相混淆。施莱尔马赫在"个别生命(Einzelwesen)的独特性"之下,施莱格尔在"天才气质"(Genialität)之下,诺瓦利斯在"神圣

---

　　①　《费希特全集》卷 Ⅳ,第 141、231、254 页,参见《费希特遗著集》卷 Ⅲ,第 121 页。

　　②　用于描述 1798 年是合情合理的,见狄尔泰《施莱尔马赫的一生》卷 Ⅰ,第 342 ff. 页。至于与对文本的理解协调一致尤其要突出强调谭培尔(Tempel)的《费希特对艺术的姿态》(Fichtes Stellung zur Kunst, 斯特拉斯堡大学博士论文),比如第 54 ff. 、91 ff. 、101 ff. 、129 ff. 页。在这本书的好几个地方,费希特哲学中所实施的评价行为的大变革,尤其是关于理想人格的学说,已经得到了卓越的阐述。

的独特性"之下所理解的东西描述了某种价值个体性,进行评价的意识类似于审美行为,它允许沉迷于这种价值个体性,就如沉浸在某个封闭的世界中一样。费希特的独创性(Originalität)概念恰恰排斥这种安于现状的孤立状态,因为这个概念需要嵌入总体性中。施莱尔马赫的伦理-个体主义命令是:把你自己培养成一个独特的整体! 相反,费希特的同样个体主义的要求只是:成为一个整体的独特(不可替代的)部分![1] 为了伦理和审美的目的,这种个体主义可能会显得不充分。但是,它很可能刚好碰到的恰恰是史学评论的最终秘密。这种评论其本质就在于,在直接评价个体之物时,在它那只属于它自己的个体性中,个别之物的价值还是只归功于它在一个价值发展整体中的位置[2]。所以,费希特的历史哲学的个体主义处于整个启蒙哲学的抽象原子论和施莱尔马赫及 19 世纪其他伦理学的绝对个体主义之间的中央位置[3]。

[211]

费希特在评价行为个体主义方面(wertungsindividualistische)超越了 18 世纪理性主义和康德理性主义的这种进步,正如已经强调过的,虽然没有被形而上学的突入所否定,但也被极大地复杂化了。因为随着超感性的独特性被设想为一种不食人间烟火的定在,价值只是向下逼近个体性而不是逼近经验现实。感性的个体性和观念的个体性就像两个世界一样彼此对立,以致尽管经过了价值的个体化,所有价值还是再次从直接可体验之物的区域,从"生命"(正如 1800 年之前所称呼的)的区域被汲取,而且,价值和现实间的关系分崩离析了。然而,在最后的年月,自 1810 年以来,我们注意到他进行了某种值得注意的尝试,即试图弥合两个世界间的那条鸿沟并将直接的现实理解为种种价值的现实化。经验的个体性接受了这样的任务,即把价值个体性从超验领域引领到时间性定在的"可见性"中;"个体的世界"

[212]

---

① 施莱尔马赫不言自明也熟知这个命令。

② 为了理解对历史哲学的评价行为的这种刻画,必须注意到,对上面的论述以及对我们的导论而言已变得具有典范作用的种种方法论前提在这种敏锐中才将在种种新的——李凯尔特所进行的——历史哲学的研究中被碰到。通过批判的-方法论的研究,在这些前提将赢得这样的结果,即历史学的概念建构就在于因其独一无二而意义重大的个体性与普适价值的关系,在于个别现实同时编排进(Einordnung)种种具体-"普遍的"发展关联之中;另参见第 17 页的注释 1、第 20 页的注释 1,以及李凯尔特《自然科学概念建构的界限》,第 4 章,尤其是第 2-5 节。

③ 施莱尔马赫,《费希特全集》第 3 版,卷 Ⅰ,第 366 f. 页;厄尔德曼,《思辨》卷 Ⅰ,第 699 页。黑格尔同样——只是在无限更精致的设计中,当然与此同时也伴随着某种流溢说逻辑的暗中破坏——代表着突然转变为具体普遍主义的历史哲学"个体主义"。

(Individuenwelt)应该把"不可见世界和可见世界两者的绝对统一和真正的中间部分"呈现出来。由此推论出来的实践命令,即根据超感性世界的"种种面貌"来塑造现实,无论如何切不可再与过去的观点混为一谈,这种观点认为,经验的自我必须让自身中抽象的、超经验的自我成为主宰,而是意味着观念的个体性应该产生于感性的特殊性之中。但以此方式,价值的宇宙就被带进了与经验个体性领域的一种如此确凿无疑且坚不可摧的关系中,这种关系早先是完全无法想象的。在最后的著作中,个体性问题的纯思辨研究方面的一个崭新阶段又开始了,但这个阶段随着费希特的去世很快就结束了,而且费希特一而再再而三地明确承认,为了完成这个任务,迄今为止的种种原理恰恰还远远不够①。

[213]

---

① 《费希特全集》卷 Ⅱ ,第 660 ff. 、665、669 页。《费希特遗著集》卷 Ⅲ ,第 160-194 页。《费希特全集》卷 Ⅶ ,第 593 ff. 页。《费希特遗著集》卷 Ⅲ ,第 302 ff. 、330、341 页;卷 Ⅳ ,前言,第 XIX 页。

所以，如果说按照最后的论述，对价值的个体化［它简直引进了哲思（Philosophieren）的一个崭新时代］在鸟瞰的目光下最终作为价值与现实性间相互调和的必要前提而出现，那么通过这种方式马上就可以理解，在费希特的文化哲学发展中，自《现时代的根本特点》起，随着正当伊始的、对现实的价值渗透，史学世界观在思辨中的诞生正整装待发。

对经验"实际性"的估量大大提升了。但是，从现在起，我们必须力图评估这种估量的意义。这种意义是纯方法的，并且它起初跟某种新评价方式的开端并不搭界。也即是说，这种估量通过如下方式而使得某种身处最深层原理中的变化紧随其后，即通过它而第二次将恰恰在单纯实际性之物意义上的个体之物，亦即在其经验性的恰恰-如是-存在（Gerade-So-Sein）中的个体之物，在其不可概念把握的规定性和限定性中的个体之物，明确地挪到思辨的圈子里去。伴随着这个转变，那些只有通过分析逻辑和单纯的"反思体系"才能表达的纯逻辑的质性现在借助现实而重新获得了一种提升了的意义。为了对历史哲学进行评判，史学材料中价值与现实间最初的紧紧相依逼着评价及思辨方法与分析逻辑携手并进。在康德那里作为历史之物的文化概念和作为"史学之物"的逻辑概念而不可调和地分崩离析（参见原文第 14 页）的东西，在费希特那里已经联合成一种开端性的文化逻辑（Kultur-Logik）。同时，我们必须表明对如下东西的认识在他那里是如何出现的，即将分析的-逻辑的描绘扩展到价值构造物之上的可能性甚至必然性。以此方式，思辨方法和超验的历史哲学一方面丧失了它们独霸一方的地位，因为经验之物的非理性被承认为历史之物的总概念中不可或缺的要素，而价值个体性则从其形而上的不可通达性中被拉拽出来，并被拉低了，仿佛一直到进入经验领域。但另一方面，通过这种假想的共同体，分析的-逻辑的刻画自身被解放出来了，并且，随之而来，那个能被刻画的东西亦即单纯实际性的东西摆脱了理性主义的贬低，因为就它自身而言，它上升到了价值个体性的高度。只有通过这种相互渗透，启蒙的极端主义

[213]

[214]

（Radikalismus）对历史的憎恨才能在思辨深处得到克服。如果人们考虑到，新形而上学其直觉-思辨的思潮如何强烈地反对非理性思想（参见原文第194 ff. 页），那么，对非理性思想的这种维护就愈发显得充满意义。

费希特在德国历史哲学发展中的地位具有与众不同的特征。这个特征也许恰恰要到价值个体化与逻辑思考的结合中去寻找（参见导论及原文第202 f. 页），而评价行为的变革，如果自为地加以对待的话，则更多地受到施莱尔马赫和黑格尔的人格的影响。于是，通过加进形式逻辑，费希特同时颇有成效地努力超越直觉-思辨方法的非批判的天真，并通过某种批判反思的、严格说来在体系上可能还站得更高的优势来为一种恰当地被感受到的需要，为其功绩加冕。在他那里，批判哲学曾不得不忍受的、来自直觉形而上学的那种片面的鄙视，开始再一次让位于那种洞察，即认为，认识论分析和逻辑-方法论分析的价值是不可替代和无法超越的。通过以下方式，即在当前的总概览面前，分析的先验哲学其如此高度的方法意义重新凸显出来了，并且，有关非理性问题的思辨不仅给先验逻辑提供了某种贡献，而且为理解费希特的哲学发展提供了不可估量的组成部分（参见原文第203 页），再者，它也在整个历史哲学的思想大厦中显而易见地完成了一种出色的功能，以此方式，我们对知识学内部存在的分析倾向的详尽研究（在"第二部分"）得到了决定性的辩护（另参见原文第192 页）。

[215]

如果说历史哲学思维中的逻辑思考总算再次占据一个更高的位置了，那么，对历史之物其逻辑结构的有意识研究必然也会逐渐地与之结合。此外，当德国观念论的文化哲学大部分只是成功地达到了某种在总体思辨中自动出现的、对各种各样评价方式的应用时，在费希特那里，评价行为则越来越被卷入一种有意识的结构研究。当评价一旦发展到这个地步，即纯经验之物显然也一道被评价所掌握之后，至少以此方式得到评价的构造物其结构中的要素肯定会一目了然地凸现出来，并且可能会发生的是，分析逻辑在这些要素上的适用性也以某种方式将其价值结构的有意识渗透拽向自己。

为了使那个随《现时代的基本特征》而开始的、价值与结构逻辑相互找寻、相互靠近、相互发现的过程直观一点，人们可以走出两个极端——既走出无反思的评价，也走出无评价的逻辑——然后表明，一方与另一方是如何在每个层级上相互融合并从中产生出更丰富的综合的。

现在首先应该追踪那个部分过程，也就是说应该研究，在评价这方面哪些要素对逻辑刻画的明晰性是有益的。

毫无疑问，在对连接价值总体性和价值个体性的、有关"唯一发展"

(einmalige Entwicklung)思想的单纯强调中,已经潜藏着对康德式理性主义的克服,但在对独创性(Originalität)这个概念的单纯强调中则甚至已经潜藏着最小量对结构的有意识洞察。然而,通过在方法上明确且深思熟虑地拒绝康德以及他自己早先的评价普遍主义(Wertungsuniversalismus),费希特还是杰出地超越了对评价之变革的单纯实施。他完全避开了直觉形而上学的惯常方式,同时还承认对道德哲学进行分析的合法性和先验地建构某种"道德形式"或伦理的"抽象概念"的合法性。所以,他并不指责如此这般的分析套路,而是带着有意识的评估——即评估这种套路在方法上的有限容许——将其视为只是不充分且尚需完善的。只是,他对之提出了异议,认为在析取某种"单单形式上的合法则性"时,就跟在合法则性的最高且独一无二的东西中一样,"惯常的伦理学"依然屹立不倒。他在 1798 年的《伦理学体系》中就已经提醒大家警惕某种"单单形式上的、空洞的"道德哲学的片面性(参见原文第 154 页),但彼时,"对普遍之物的激情"中依然潜藏着他的要求,即在经验的个体性中去展现对抽象理性的具体实现。相反,对抽象形式主义的有意识拒绝现在处处都汇进了对价值个体性的同样有意识的反驳。尤其是《极乐生活指南》①中关于"低级道德"和"高级道德"的著名区分,意味着两种价值结构的对立。意欲从理性主义(理性主义令人难以忍受地把所有文化内容都稀释成冰冷的抽象性)的禁锢中解放出来的那种强烈渴望标志着那时整个哲学运动,这种渴望在单纯的"理念形式"和"质的、实在的理念自身"之间的对立中找到一种表达,这种表达尽管笨拙,却也明白无误。首先,如果说意欲提出有内容、已变化的比较客观的理想,意欲提出一种"神圣、善、美的东西",这样的愿望在这里破灭了,那么,在另一个地方,"对这个时代完全遮蔽的""高级道德"的世界观就会明确地被等同于那样的能力,即能够尊重最高价值的个别个体承载者中的"天才气质",也就是尊重"那种人物"的直接统治力,"这种人物采撷了我们个体性中的神性本质"。根据这种世界观,形式具有一种单纯的部分功能这样的意义,并且作为"仅仅安排现成事物的"调节器出现,同时,与它对立的价值原则则被刻画成一个"不断创造着新事物和绝对非现成事物"并在感性领域"不断凸显出来的"法则。在这里,形式和内容的角色简直跟它们早先的角色调了个个儿;因为按照早先的见解,纯粹的形式是一切个体内容的终极目标,而它现在则被视为仅仅是

[216]

[217]

---

① 全名为《极乐生活指南或宗教学》(*Anweisung zum seligen Leben oder auch die Religionslehre*)。——汉译注。

"否定的"和技术上的准备,沦落为对人类的类生命的、内容上富含价值的塑造的单纯"工具"和伴随现象,这种现象应该在宁静的直观性中作为将要现实化的"伦理秩序之形象"而出现在我们面前。从此以后,形式的价值就成了从一个总体中人为地孤立出来的部分现象,成了一种经过抽象的肢解才能从唯一生机勃勃的价值丰富性中抽取出来的骨架。因此,费希特已经完成了一次极度精细的探究,探究那些与不同研究方式相对应的价值因素的结构关系,在被评价的客体中,这些价值因素事实上是彼此交错啮合的,然而,按照其实际意义,它们又区分于两种可共同述谓(komprädikable)的评价方式(见原文第 17 页)①。

必须个别加以表明的是,"在质上"富含价值的、具体的、有着确定界限的东西是如何获得越来越强烈的重视的,这种重视最终通过非理性这个概念而在对结构的有意识标识中登峰造极;只是,对价值和逻辑间的相互渗透的进一步证明应该在此被中断,并且应该在后来的关联中,也就是在论述相反的,亦即从非理性前进到评价的那种过程时才继续。这个地方不是要证明,而是必须补充这个普遍的意见,即评价行为上的整个变革,尤其是对于有界限的和直观的东西,对于富含价值的东西,美学思潮的影响毫无疑问强烈要求给予新的理解②。但是,大家切不可由此而被误导,从而高估了审美的方向。即使"艺术""艺术家""天才"等概念在他那里偶尔看上去扮演着重要角色,即使对康德的支持者而言俯拾即是的、价值个体性与恰恰审美行为之特征间的混为一谈(参加原文第 153 页)也可能没有完全被避免,但的确绝不能说,在审美行为的(总是与历史哲学的理性和政治的理想亲密交融在一起的)"更高道德"中得到体现的新的评价方式显露出某种"审美观念论"的特殊特征③。对所有标志着浪漫主义时代的文化内容所进行的那种审美化是费希特毋宁始终敬而远之的。虽然在努力超越否定一切个体性的康德观念论方面他与某种具有审美化倾向的哲学的所有代表是相通的;只是,恰恰是审美评判,即将富有价值的个别形态理解为自身完满的世界,理解为

[218]

---

① 《费希特全集》卷Ⅶ,第 55 ff.、233 f.、243 f. 页,卷Ⅵ,第 367 ff. 页,卷Ⅴ,第 466 f.、469 f.、516、523 f.、526 f.、532 ff. 页,卷Ⅶ,第 291 f. 页,《费希特遗著集》卷Ⅲ,第 25 ff.、68 ff. 页,卷Ⅳ,第 561 f. 页。

② 见文德尔班《新近哲学史》,卷Ⅱ,第 287 f. 页、第 494 f. 页;谭普尔(Tempel)《费希特对艺术的姿态》)。

③ 亨泽尔(Hensel)在《卡莱尔》(Carlyle)第 149 页正确地说"毋宁恰恰出现了审美方向的某种削弱",另参见第 136 页。

在其孤立性方面堪称典范的对理性的现实化①,恰恰是这种审美评判其典型特征更多地被康德的形式主义而不是被费希特的方法毫不留情地破坏了(见原文第211 f.页)。费希特的方法就是将个别之物当作单纯有益的部分牵扯进发展的总体中。对费希特而言,专门反对历史哲学的个体主义或起到合并作用的评价行为已经成为唯一具有决定性作用的东西,以致在美学刻画的所有地方,这种刻画都不是作为工具而获得某种相对高级的意义的,而是毋宁被贬低为一种从属的因素;唯有伦理的终极状态(Endzustand)其"理性艺术"才根本上意味着单纯的艺术纯熟(Kunstfertigkeit),意味着一种用于实现目标的技术手段——跟"具有组织事物的作用的"法则没有多大区别!这些目标原则上处于一切审美评价的彼岸,也就是为了把人性变成"内在神圣本质的相关摹本、复本"、变成"内在神圣本质的公开表现"。在价值的阶梯中被指派给审美之物的低下地位与这种理解严丝合缝地协调一致。费希特也恰恰以如下方式而不仅有别于浪漫派,而且有别于谢林和施莱尔马赫这些思想家,即在他那里,审美之物不可能成功进入绝对价值的最内在和最神圣的东西中②。

[219]

现在,我们全身心投入对反向而行的过程的论述,这个过程从有意识的逻辑刻画和非理性研究逐渐通向一种价值结构的逻辑。

《现时代的根本特征》也描述了这个发展的起始阶段,描述了历史逻辑最接近康德理性主义的低点(Tiefstand)。将"史学之物"联想到单纯的经验之物或实际之物,这种古老的莱布尼茨-沃尔夫和康德式做法在此依然具有如此强烈的影响,以致历史之物的材料立即被等同于理性科学或"发生学的明见性"(genetische Evidenz)中无法溶解的剩余,正如在费希特那里某种受鄙视的次要意义几乎始终黏附在"史学的"(historisch)这个概念上。哲学家从文化发展的总过程中萃取出理性的或"先天的"组成部分并将其固定在贯穿"五个时代"的世界蓝图的抽象公式中。相反,所有受缚于时间、地点和

---

① 审美评价与所有嵌入联合体的行为(Eingliederung)的这种区别在柯亨那里得到了最鞭辟入里的对待和最显著的突出,《普遍美学》,第23 ff.、241 ff.页,尤其还参见闵思特贝格(Münsterberg)《心理学概览》(*Grdz. d. Psychol.*)卷Ⅰ,第121 ff.、145 ff.页。

② 见比如《费希特全集》卷Ⅶ,第58页,卷Ⅴ,第526 f.页:作为"理念的最低形式"的美。在费希特那里,最高价值从根本上脱离了一切审美的可评价性,文德尔班误解了这个事实,当他在谈论"理性艺术"时说道:"这是'美丽心灵'这个理想转移到了政治和历史上。"(《哲学史》第495页)而谭普尔则在《费希特对艺术的姿态》中完全片面地试图重新解释费希特那里出现的所有对具体和个体之物的评价,将其解释为具有审美功能的东西。

[220]

"特殊环境"的形态、世界蓝图在其现实登场时所采取的形态,无论如何都不是源于世界蓝图这一概念:这些形态"是它身上没有被概念把握的东西,并且在那里,它是表达根本没有被概念把握的东西的唯一概念,历史的纯经验、历史的后天在此登场了:形式上的真正历史"。但是,在发生事件(Geschehen)的不可概念把握的个别性中,哲学家只能窥见对绝对之物的"抑制和干扰",窥见人类生命的有限和"受限"。在其中,那种真正理性主义的、将可概念把握性抬高为唯一且绝对的规范的研究方式得以显露自身,这种研究方式早先(1797 年)还误导过谢林,使他说出这样的名言:我们拥有历史,这种拥有就是我们的局限性的一个杰作。完全合乎逻辑的是,在这种观点中,非理性事实的王国必然被献给了"经验的史学家",献给了"单纯事实的收集者";正如在康德那里一样(参见原文第 15 页),理性科学和编年史完全分崩离析了,因为它们的客体,一方面是"普遍之物、绝对之物和永恒不变之物",另一方面是"始终变化着和改变着的领域",就像两个世界一样完全不搭界地彼此对立、彼此分离①。

值得注意的是,人们始终忽略了,在《现时代的基本特征》中,在这种倾向一旁,另一个历史哲学方向的来临得到了预示,人们并不能使这个方向与那个倾向完全协调一致。这种背离必须暂时在那里得到说明,即理性科学的任务无论如何都不应该拘泥于建构世界蓝图,而毋宁要求,对"经验定在的那些普遍条件"所进行的鞭辟入里的逻辑分析必须作为对材料的分析而附加到历史论述中去。只是,通过与实证科学的这种关系,纯粹思辨对一切 [221] 经验之物的全然漠不关心至少已被排除。经验之物的非理性特征到底是怎么回事,关于这个问题的逻辑研究被明确地指派给了这位哲学家。所以"史学之物"(在这个经验的意义上)(它远比在康德和启蒙运动那里所可能的更加浓烈)能够转移到哲学的注意力中心。它应该多么少地被思辨的论坛直截了当地拒之门外,又应该多么多地至少被某种精确的逻辑研究视为值得的,在如下事实中立刻就一目了然了,即为了刻画历史之物的特征,人们现

---

① 尤其参见《费希特全集》卷Ⅶ,第 139 ff.;《费希特作品的光芒》(爱德华·费希特编)第 81 页;《费希特全集》卷Ⅵ,第 363 ff. 页;谢林《全集》第一版,卷Ⅰ,第 461 ff. 页;关于"史学的"这个术语的使用,见比如《费希特遗著集》卷Ⅲ,第 122 页,《费希特全集》卷Ⅴ,第 337 页,卷Ⅲ,第 391 页,卷Ⅱ,第 404、411 页,卷Ⅶ,第 23、30、32、84、124、卷Ⅵ,第 392、401、403 页,卷Ⅴ,第 404、419 f.、508、568、573 页,卷Ⅶ,第 286、332、339 页,卷Ⅱ,第 647/8 页,卷Ⅷ,第 362 页,《费希特遗著集》卷Ⅱ,第 93 页,《费希特全集》卷Ⅳ,第 397、484 页。

在使用了一种精雕细刻的非理性理论。我们已经在更早的段落中通过论述形而上学时期纯粹以认识论方式所把握的非理性问题完成了(第二部分第三章)证明历史之物所要求的前期工作;这项工作现在只需通过接下来越来越得到证实的暗示来加以完善,这个暗示便是,自文化哲学的思辨开始以来,非理性思想完全服务于"史学之物"的逻辑。

　　正如《现时代的基本特征》中详细论述的,知识上的"无限性"和非理性与永恒存在或神性生命向尘世定在或"白驹过隙的时间生命"的坠落紧密相连。探明定在的持久以及周期性回归之物的经验,这就是物理学,而以实现时间序列为方向的科学则是历史。哲学家最后的、迫在眉睫的和最基础的任务随着某种确定而得到实施,这个确定便是为历史之物的概念找出先验的处所(参见原文第29页,注1)。于是,当历史学家只是简单地如其所是地接受实际性的定在时,哲学家则必须洞穿其逻辑结构并在其不可概念把握性(Unbegreiflichkeit)中把握它,并且从"未概念把握状态"(Unbegriffenheit)出发阐明其"偶然性"的表象。在思辨和经验(Empirie)之间进行立法,这项 [222] 任务因此而被明确地交给了哲学,所以哲学也具有方法论上表态的特点①。尽管如此,按照费希特的看法,哲学的批判活动无论如何都不应该被非理性的认识搞得筋疲力尽。毋宁说还有经验之物的其他前提条件与这个认识交织在一起,关于这些前提条件,"还有尤其关于一切实际性的定在和一切经验",哲学家必须"给出说明"。尤其是,费希特当然更多的是暗示而非详细论述,"关于人类原初开端的种种神话"被从理性科学的历史中"切除"了。然后,历史逻辑家的这整个结构工作(Strukturarbeit)被概括如下:"经验性定在的这些条件是什么——某种一般的历史其单纯的可能性预设了什么,什么东西必须先于一切事物存在,在历史或许能找到其开端之前,——这是哲学家的事情,哲学家必须首先在历史学家面前确保自己的根据和基础。"随着概观整个科学领域并规定着"每一门科学所必须完成的东西"的"实在哲学"(reale Philosophie)的出现,费希特就预感到并努力达到一种不同于人们通常会在他那里猜测到的思辨,亦即一种纯粹方法论的思辨,这个事实不仅从上面所引的东西中可以得知,而且从另外一个段落中亦可得知,在这个段落中,如下任务在充满希望的哲学词汇中被指派给了哲学家:"它从如下东

---

　　① 当菲斯特尔(Fester)(《卢梭与德国历史哲学》第132页)指责费希特,说他以这样的要求——要求使"经验定在的种种条件"臣服于逻辑分析——跨越了此前他自己为我们的概念理解所规定的、不可推导性(即有限之物不可从无限之物推导而来)中所包含的界限时,他实在是误解了历史哲学提问方式的这种方法论意义。

西中提炼出某个特定的概念,即历史真正追问的东西,以及除史学真理的逻辑之外归属于历史的东西:并且因此甚至在这个无限的领域,有规律的稳步前进取代了凭着好运气四处摸索。"如果《现时代的基本特征》中被驱散的、对史学之物的本质的逻辑思索其种种苗头还是令人惋惜地停止了,那么此处必须好好注意,费希特自己已通过严格的科学加工指出,要对那篇广受欢迎的论文中略微提到而无法更详细地论述的东西进行完善并提供佐证。并且,这些从问题史角度看十分有趣的尝试断不可能堕入如此彻底的遗忘,如果人们不是同样也完全忽视了 1813 年《国家学说》①中详细论述的历史哲学的话;也就是说,在该论文中,费希特部分兑现了他早期的一些诺言,并且,正如我们将要表明的,通过历史逻辑的一种崭新开始,他接纳了思辨,并且是准确地在他 1805 年中断其思辨的那个点上接纳的②。 [223]

　　尽管那时对历史之物进行概念规定的种种最初苗头遭遇了可怜的处境,但人们可能已经可以单单在如下状况中窥见对历史质料进行评估和评价的最小值,正如——在《现时代的基本特征》中同样如此——相反的那一面,即评价,以"独创性"概念达到了它结构认识的最小值(参见原文第 216 页)一样,这种状况便是,大体上感觉需要将史学之物包括进深入的逻辑阐明的范围内并将其合法化为方法论研究的客体。只是这两种最小值那时候彼此还没有联系。只有在接下来时期的著作中,两边彼此接近的过程才开始。

　　正如通过已论述的、反对道德哲学形式主义的论辩,逻辑反思的清晰性在一定程度上已经赶上了对个体之物的新评价,另一方面,现实(Wirklichkeit)的非理性残留清晰可见地上涨到了价值区域,即便方法论的研究当然并没有同时得以继续。紧接着《现时代的基本特征》(以下简称为《基本特征》)略约提到过的、从术语上来说很可能并非偶然地令人强烈地想 [224] 到雅科比的、"理性宗教"与"知性宗教"的对立,费希特区分了"普遍法则和规律"(它们构成了文化发展的概念性价值内涵)的理性和"特殊"内容的非理性。根据《基本特征》中的先天主义倾向,所有的思辨兴趣本来就必须毫不含混地紧紧跟随普遍的理性合法则性。只是,现在出现了最具重大意义

---

①　全名为《国家学说,或论原初国家与理性王国的关系》(*Die Staatslehre:oder über das Verhaltnis des Urstaates zum Vernunftreiche*)。——中译注。

②　《费希特全集》卷Ⅶ,第 105 ff.、129 ff. 页;在马什纳(Marschner)那里可以看到强调费希特历史方法论的种种苗头(《对费希特历史哲学的批判兼及其历史哲学的方法》,理科中学项目,维也纳,1884 年)。

的现象，那就是，将个体的事实（Faktum）贬低为单纯的"限制"或"束缚"这样的意思，这种做法不可能毫无疑义地得到普遍接受，而是同时恰恰通过关于超感性个体性的奇崛思想而得以对某种巨大的价值进行个别的特殊化（Besonderung）。从思辨上克服这个看似无法解决的矛盾，这种可能性通过以下方式被打开了，类似于在 1799 年左右的实证主义阶段通过"直接之物"这个表达单纯之物的咒语再次唤醒了某种特定的情绪，甚至获得了某种特定的价值强调。"贯穿整个无限的时间之流，在人类生命的每一个个别部分中，都有某种东西剩余，这种东西无法完整无缺地被概念所吞并，因而同样也无法被任何概念领域所替代，而是必然直接成为生命的过程，如果它真的进入意识之中的话；人们将此称为单纯或纯粹经验/体验（Empirie oder Erfahrung）。""知识的这种不容更改地确定的、只能通过直接的理解和知觉去把握的方式，知识的如其所是（dazusein），是内在的和真正实在的生命。"再者，我们还须记住，这样一些结论只有在与无宇宙论的埃利亚主义及幻影说（Dokeitismus）①的卓绝对抗中才能得到普遍接受。在反思中，太一和自身不变的存在一下子分裂成"诸现实形态"，它们"必须只存活于现实的意识中，并在现实的意识中被体验，并且是以边观察边投入这个意识的方式；但无论[225]如何切不可怀疑或先天地推导出这些形态。它们是纯粹和绝对的经验，仅仅是经验而已；任何只是自我理解的思辨，是不会在某个时候突然想起来要扬弃它们的；确切地说，在每个事物那里所获得的这种体验的质料，都是绝对独独与该事物相适宜的东西，是以个体的方式得到刻画的东西；它在时间的无尽流逝中永远无法再回来，也永远不可能成为过去"。这是所有对自己的边界认识不清的、主观臆断的（超验的知识应用）科学的根本缺陷，如果这门科学不愿满足于将事实纯粹当作事实去接受，而是将其形而上学化的话。因为，在那种前提下，一种如此这般的形而上学努力将其追溯到更高的法则之上的那种东西，实际上只是实际性的和史学性的，它不可能提供某种如此这般的、至少在当下生活中能供我们使用的法则：因此，我们可以由此推断出，上面所描述的形而上学，除了任意专断地预设这里发生了某种阐明——这是它的第一个错误，还必须重视虚构（Erdicten）并通过任意专断的假设来填补现成的鸿沟，这是它的第二个错误。面对这种针对理性主义的先天主

---

① 又称为看似人主义或唯神主义，是早期基督教对基督的表述之一，认为耶稣完全是神，不可能成为肉身，耶稣在人间的一切活动都只是化身或假象，是上帝投下的一个影子、幻象。——中译注。

义及形而上的一元论的暴动（逻辑阐明以及对非理性如此成功且敏锐的塑造都归功于这个暴动），如果我们不将其背后的压力——文化哲学问题这个现实（Wirklichkeit）的监工现在所施加的压力——视为真正的发条的话，就会像面对着一个不可索解的谜团一样①。

从根基上改变了理性主义的、对世界蓝图中"未得到概念把握之物"的评价，其最终的根据必须到超感性的个体性这个历史哲学理念中去寻找，这一点由"启示"（Offenbarung）这个概念最好地证明了，在这个概念中，价值与非理性的结合获得了一种相称的、从某个方面看决定性的表达。作为崭新的东西，作为无法通过概念进行预示或"提前到来"的东西的承载者，"启示"展示出一种朝向绝对价值的倾向。在有关启示的思想中，非理性-经验之物的逻辑形式与超经验价值的内涵交相混合在一起。因为上帝的存在"只能一方面由绝对植根于自身的神性本质，另一方面由现实定在中永远不会消散或终结的无限性（Unendlichkeit）的形式所规定，所以，无比清楚的是，根本不可能间接地从另一种存在出发洞察到，因而只能先天地洞察到，这种存在是如何形成（ausfallen）的；只能直接地去把握和体验它。受到上帝鼓舞的人将向我们显示：启示到底是什么样了的，并且启示就是向这个人所启示的那个样子的，因为这是上帝的启示；但是，如果没有内在的启示就没有任何人能够谈论它"。启示的概念在很多其他历史哲学思想家（比如谢林）那里也扮演着至关主要的角色；费希特的独特贡献只在于，在他那里，宗教的和文化哲学的意义再次与种种纯逻辑的问题最紧密地交织在一起。因此，现在不仅反对伦理形式主义的论辩通过非理性而汇入价值个体性的世界观中去了，而且明显是逻辑上的特征刻画也通过非理性而汇入价值个体性的世界观中去了。对分析逻辑的典型研究方式已经如此这般地挪到了文化哲学价值思辨的中心点，以致人们在某些地方几乎对某种对非理性的激情津津乐道了。费希特从基督教研究中唤醒了最强烈最鲜活的劝告：切不可带着理性主义的囫囵吞枣将人类发展中"事实性的东西"毫不犹豫地出卖给"编年史家"。就此他还首先确定——仿佛带着与他自己的理性主义水火不容的逻辑，这种理性主义反而最喜欢反抗——作为史学的个人，耶稣这个人物是如此独一无二、举世无双（einzig und einmalig），所以就像"所有个体"一样，他也如此卓然独立于神圣生命的普遍合法则性和可概念把握性。整个个体性问题都借此机会再次按照它的价值内涵和纯逻辑内涵铺展开来，并且再

[226]

[227]

---

① 《费希特全集》卷Ⅶ，第 242 ff. 页；卷Ⅵ，第 364 ff. 页；卷Ⅴ，第 442–460、567 ff. 页。

次展开针对理性主义形而上学的论辩,"这种理性主义形而上学超越于事实之上并渴望对单纯的史学之物进行形而上学的思考"。在对个体性和非理性特征的这种深思熟虑的反思处,福音作家们的格言依然为人所称道,即认为在耶稣这个人身上,上帝的直接定在"道成肉身""对永恒圣言(Worte)的完满的、感性的展现"得以实现。因此,宗教的思辨跟文化哲学的思辨一模一样,都迫使人们不仅承认无限价值的个体化,也承认无限价值的感性化,亦即其有限且"历史的"(historisch)①实现。

由此,我们已同时再次触及如下问题,即与"一般的价值个体性"这个进一步的概念相比较,启示的理念到底将我们领进哲学反思的哪个层面? 这个层面更深和更困难到什么程度,是否可抵达? 因为价值个体性概念那里所涉及的是价值与无法比较的个体性这两者的综合,相反,启示概念那里所涉及的则是价值与现实之间的、早已与此区分开来的(见原文 212 f. 页)统一的或者如今对我们而言始终具有相同意义的东西,所涉及的是价值与被明确标记为非理性、经验性的东西两者间的和解。但与此同时,评价行为更加一劳永逸地挣脱了 18 世纪的世界观,它使经验-非理性之物摆脱了理性主义的偏见。虽然我们早已观察到,恰恰是对个体之物的开端性评价必然会把非理性课题体验为理性主义的(从评价行为的立场看),因为这种评价通过非理性课题而见证了这一点,即现实的丰富性单方面借助概念把握行为的某种理想而得到衡量(参见原文第 194 f. 页)。但现在我们将不得不承认,当对被视为非理性的东西的原初评价同时也参与进来时,就再也无法谈论理性主义了。相反,断言存在自在的和自为的非理性并将这个断言解释为理性主义的且是一个低级区域中的单纯反思,这本身似乎就是理性主义,因为一种如此这般的立场并没有发现自己缺少了对非理性之物的附加评价,而是从自身出发将非理性之物视之为不可能的。对非理性思想独步天下(Alleinherrschaft)这种情况理所当然的不信任似乎成了对如此这般的非理性之物的一种理性主义的不容忍(Unduldsamkeit)。将非理性视为不值得补充完善且对补充完善无能为力,这同样是理性主义的。因此,历史逻辑的福祉只能到如下事实中去寻找,即人们常将非理性当作史学之物这个概念的一

[228]

———————————

① Historisch 在其他地方几乎都统一译成"史学的",但这里是费希特的表达,此处应该与拉斯克的"geschichtlich"意义相同,故译为"历史的"。——译者注。

个要素去接受①。

　　毫无疑问,在《现时代的基本特征》中,将非理性视为历史概念的全部,这样的危险尚未被克服,尽管某些神秘分分的暗示已经降临,暗示"经验定在"在方法论上可确定的种种"条件"很可能自身包含着其他的结构独特性,而不单单是非理性。无论如何,在接下来的几年中,当对史学之物的这种极低评估被克服,而被突出地标记为非理性的那个东西又明显上升到价值领域时,这一切还是意味着一种进步。但是,总的说来,这里的确也只是完成了非理性与价值间某种偶然的且更多的是灵光一现的结合,一种指向某种特定结果的使-受-逼迫(Sich-drängen-lassen)和使-被-强求(Sich-zwingen-lassen),还不是一种指向这种事实性机遇的深思熟虑。只有在1813 [229] 年的历史哲学中,一种孜孜以求的逻辑思索才又作为这种酝酿过程的结果而历历可见。虽然理性主义对非理性之物的无法忍受作为事实早就不再如此,但是,如何为这种"不再如此"提供辩护,到现在才作为问题被提出来。因此,我们在早先段落中将价值与经验现实间有意识的、思辨的和解第一次移置到这个最后时期(自1810年始)(见原文第213页),这是合情合理的。现在必须言简意赅地将这整个发展过程勾勒如下。在1805—1809年的著作中,《现时代的基本特征》中尚未得到克服的、两种"极低值"的毫无关系状态事实上得到了扬弃,方法就是明确地给那种按其逻辑结构而被视为非理性的东西配备价值;只有到了最后时期,对被非理性地得到把握的东西的评价才再次被提升为意识,因此,不仅某种根据其结构而以某种方式被认识的东西得到了评价,而且某种价值结构也得到了认识,或者,我们也可以说,评价不仅被应用到了以分析-逻辑的方式被刻画的东西上,而且这种应用还构成了问题。但与之携手并进的是,对逻辑刻画自身的深化以及对1805年的方法论努力的重演。

　　1813年的《国家学说》中所论述的历史哲学就已经将如下事情作为自己的最高任务了,亦即继续推进1805年开始的《史学真理的逻辑》并通过牢牢地嵌入一个体系而终结有关历史之物之本质的模糊不清。"一种特殊的历史之物只有通过一般的历史才变得明白易懂;而一般的历史又只有通过历史的反面,通过合法则性的东西,通过必须以严格的科学方法去认识的东

---

　　① 李凯尔特的种种历史方法论研究也给了这种理解决定性的刺激;也正是在这些研究中,通过非理性而做的逻辑说明(Kennzeichnung)才与文化价值-研究合二为一,并因此达到对一种批判的-方法论的历史哲学的真正奠基,参见第16页,注1和第29页,注1;关于西美尔(Simmel)和文德尔班通过非理性来刻画史学之物的做法,见第29页,注1。

西,才变得明白易懂。从知识的总和(Gesamt)推导出一般的历史,如此这般的推导通常令人摸不着头脑。"在整章的末尾处,他再次提道:"一种历史状况必须得到阐明,而这只有通过如下方式才行,即一般的历史务必得到理解,务必提出被给予的存在(Sein)的基本法则。"但是,在标记先验-逻辑的位置时所做的研究只有通过非理性这个标志才不再与《现时代的基本特征》有天壤之别,而是马上通过深思熟虑去努力超脱如下想法,即历史之物的质料(Stoff)不可能只在于单纯的"被给予性",而毋宁说必须到"天赋自由"、到非理性的人性发展或文化发展,亦即到价值与非理性的综合中去寻找。因此,真正思辨的、已变成有意识的历史逻辑行为的、逻辑与价值的相互渗透在这里第一次得到实施,那个固然已通过一切过往之物而得到准备的步伐也在这里第一次得到实行,所以价值特征明显地被当作对历史之物的方法论研究的一个客体。所有之前的历史哲学阐述现在都可能转变成一种方法论研究方式的组成部分。

　　按照其形式或结构,历史是如何可能的,这个问题首先就全神贯注于"天赋自由"这个概念。即使在方法论方面,伦理之物也的确始终在费希特那里占据着价值王国中的霸主地位。因此,历史方法论研究现在日趋激烈地变成唯一的困难,即自由价值作为人类历史的主题其实际的实现或"被给予性/发生"(Gegebenheit)是如何可能的。与此同时,早先的、原初没有考虑历史哲学应用就进行的思辨再次被采纳。在1798年的《伦理学体系》中,费希特就已经专注于后来反复出现的问题,即自由很可能受缚于它的真正反面,受缚于规定性和被牢牢框定的形态,这一点是如何可以被思考的。存在这样的先决条件,也就是用自由来造就(machen)个体的个体性,而另一方面,性格的个体之物恰恰应该已经在没有自由的情况下就事先给定了。由于彼时他依然强烈地受到康德的限制,局限于某种形式的和功能上的德性概念(Sittlichkeitsbegriff),所以他必然会得出这样的结论,即认为自由价值的个体化原理(principium individuationis)可能最终存在于该价值的感性基底的专有力量之中,存在于"天性"(Natur)或"冲动(Trieb)和情感的体系"之中(参见原文第101、117 f.页),甚至道德禀赋的特殊性也只归因于"自然冲动"。将所有个体化都推卸到感性头上,这种做法彼时就已显得远远不够了,而且,看到个体化原理奠基于自由本身之中,这种需要雨水般从天而降。因为现在费希特只能以如下想象聊以自助:这是可智识的个性的具有预先决定功能(prädeterminierend)的行为,它不是通过形式的创造行动,而是通过制造着内容和个体独特性的创造行动而给道德活动的迎面带来(entgegenbringen)或毋宁说顺道带来(mitbringen)予必然的个体化。在此,

[230]

[231]

对我们的目的而言意义重大的再次是,面对评价行为的抽象普遍主义而在可智识的个体性中寻找拯救。因此,我们还必须对早先的评价作如是补充,即甚至连康德的整个评价模式也不仅从最根底处被天才概念所动摇(参见原文第17页,注1,第153、196页),而且被有关"可智识的个性"的学说所动摇,这种个性在康德的思维中找不到真正的家园,就像对某种个体的不灭灵魂的想象在柏拉图主义体系中找不到家园一样。在费希特那里,不仅被康德所隐瞒的个体性特征得到了揭示,显然,与非理性或"源初限制"(ursprünglich Beschranktheit)的关联也立刻映入眼帘。现在,为了阐明个体形象中出现自由的可能性,除了假设一种可智识的原型(Urbild),《伦理学体系》还已然在如下想象中找到了另一条出路,也就是去想象人性发展自身其内部存在典范个体(Musterindividuen)的模范性(Vorbildlichkeit)。在通常空洞且形式的自由织物中,这些"典范"提供了具体且个体的气质(Einschlag)、源始的内容,这种内容是从形式功能中捕捉到的,然后从一个个体传递给另 [232] 一个个体,从一代人传递给另一代人,被"效仿"(nachfinden),被"当作模板来进行建构"(nach‑konstruieren)。在一切文化发展的这些原始开端(Uranfänge)中,德性就像"天性"一样,未经反思和塑造地、浑然天成地作为自由寓居于天地之间。但自由同时也在自身中携带着它的个体化原理,携带着它的结晶可能性并因此而显露出同样的富有具体性(Konkretheitsfülle)和内容的规定性,唯有按照早先的理解,这种规定性才能归功于感性和经验之物的特殊化因素,归功于"天性"。将创造着个体性的那种力量从智识领域搬出来,迁移进史学现实中,这种做法从历史哲学上考虑的话必须被视为一种进步,因为通过智识的特征,对问题的这种排他性的解决明显暴露了理性主义对内容性价值的焦虑和束手无策,暴露了理性主义逃避内容性价值而躲进超验之物中的行为。但是,就像所有直接之物一样,道德的这些被移入尘世之物中的开端点依然是一种"奇迹"(Wunder),对这样一种专门习惯于从形式之物和功能性之物出发①的哲学而言尤其如此。

　　只要评估一下"天赋自由"(gegebene Freiheit)问题的普遍的、照亮了价值现实之结构的这种意义,就会明白,费希特现在可能用这个概念来为历史方法论奠基。1813年的国家学说首先致力于为此思想指派"系统中的一个位置"。道德法则的空洞和缺乏轮廓需要通过某种"道德质料"来加以完善

---

① 参见《费希特全集》卷Ⅳ,第100 f.、109 ff.、127、150 ff.、204 f.、220 ff.、224 ff.页;卷Ⅶ,第54、237页;卷Ⅵ,第350 f.页;卷Ⅴ,第482 ff.、571 ff.页。

和"形塑"(Gestaltung)。因此,必须设想一种源始的道德意志,一种特定的、内容性的"道德图景",作为道德生活结构中不可或缺的因素。那种自身贫瘠且只是功能上的自由活动只需模仿它就是了。不假设一种如此这般的绝对横切面,我们就不可能"一往无前地挺进到无限之物中并且永远也无法抵达某种开端"。但是,道德世界的开端"以意志为前提条件,从质性上说,这种意志在其自身的直观中就是德性,而无须通过自身的自由而被炮制成德性。通过它的单纯定在,通过它的出生,这种意志在其所意志的直观中去把握处于某种道德秩序的世界。只有这样,道德之物的绝对无模可仿(Bildlosigkeit)与现实中应该设想的有模可仿(Bildlichkeit)间的罅隙才能被填补"。质的道德,其"奇迹"成了纯方法论研究的客体,以此方式,它失却了自己早先的意义:文化发展的一个纯属偶然出现的起点被炮制成了现实(Wirklichkeit)之结构中的一个恒定因素。费希特自己对于这个变化的内容到底多么心知肚明,从以下说明中便可得知:质的德性这个概念是具有分析功能的知性的一个产物。或者从如下行为中产生的、常常被再三提醒的方法论细则中也可以得知,这个行为便是,恰好像解释说明的目的所要求的那样去假设某种"道德天性"(sittliche Natur)的现成状态(Vorhandensein)。对早期奇迹问题的这种扭转贯穿整部著作,该问题适合以此方式被接纳进历史之物的种种形式条件中。"天赋的个体意志其如此这般的特性就存在于神圣显象(Erscheinen)的形式法则中,正如我性(Ichheit)、知性、感性世界和其余的一切都在它之中一样。""我们已经按照我们的理念将天性的这种德性吸收进表象的必然形式中。"因此,如下这点也显然得到了阐明,即道德的天性其独特性将历史逻辑研究所寻找的"质料"以与人类发展相称的方式刻画为处于"绝对被给予物与绝对自由的产物间"的中心地带,并"获得成为历史的资格,即作为对如此这般的被给予物的一种展现"①。

通过对奇迹问题的方法论化,在这种思想序列的内部也重演着对价值之超验性(Transzendenz)的逐级前进的克服以及价值与经验现实间更亲密的和解,以此方式,我们早先关于自 1810 年以来最后时期的倾向的断言也同时再次得到证实(参见原文第 213 页)。个体价值的"奇迹"不仅借助某些个别闪光点显现出来,而且贯穿整个"实际性"(Faktizität)。不仅感性世界,而且还有"自由世界"的给定状态/事件(Gegebenheit),都应该服务于那些永远有效的价值的"可见性"(参见原文第 213 页)。如今,"天赋的个体意志其规定

———————

① 《费希特全集》卷Ⅳ,第 448–469、471 f. 页。

性"或者"非起源于清晰的法则概念的种种人类决议的合法则性"理应构成神圣的世界治理(Weltregierung)的主要内容,以此方式,按早先《世界蓝图》中的见解来说,恰恰并未得到概念把握的东西不仅得到了评价——这是此前已发生过的事情(参见原文第226 f.页),而且这个得到评价的不可概念把握性还被放进结构逻辑中去了;此外,早先恰恰从世界蓝图中被排除出去的东西现在又被明确地吸收到它里面去了,并且被炮制成了方法论问题。费希特已暗示过,对他而言,一个历史哲学思考的新纪元随之开始了;他明确否认《现时代的基本特征》中尝试过的世界蓝图框架,连同它对非理性之物的理性主义的不容忍。"但是在不可概念把握、不可理解之物这个要素中,不同时也存在一个世界蓝图吗? 当然不也存在对它的某种预见和理解吗? 给自由提供任务的那个世界事实(Weltfakten)的法则到底是什么呢? 这个问题藏在非常幽深的地方:迄今为止,一直是无知和否认(Absprechen)在帮我。"历史哲学思辨的这个转向与同时伴随而来的个体性问题的新复兴最紧密地联系在一起了,这一点费希特在他有关"偶然、命运、奇迹"自身的未完成的、有些部分非常晦暗的阐明中已经谈到。"我在上面已承认保存整个人类的实际法则:这点不也可以延伸到个人身上吗? ……一般而言是什么与个人休戚相关? ……迄今为止的那些原则似乎还不足以完成这点。"在稍后的一个段落中,费希特说道:"这点似乎提供了有关个体性原则的……一种彻底改变了的观点。"价值个体性与现实间的和解以及价值与非理性间的渗透共同作用导致了最终的结果,即在《现时代的基本特征》中完全由普遍主义和直觉-思辨方法所支配的、与"世界蓝图"密切相关的思想圈子,现在已进入早先还杂乱无章地出现在他面前的方法论提问中①。 [235]

　　在对古老的历史哲学理念的改造以及将它们转变成方法论的东西的过程中,费希特通过将奇迹概念从个体转移到社会头上而成功地迈进了一步。正如个别人的德性要求某个个体的模范一样,总体(Gesamtheit)的德性也要求一个全民族的社会模范。通过结构分解所获得的绝对可塑性(Bildlichkeit)和无限自由这两个因素——它们的对立再次明确地被推导为对整个体系的洞察来说最为重要——因此而分布于两种原初部族(Urgeschlechte)上,社会现实的结构只有从它们的结合出发才能得到阐明。为了让自由(Freiheit)在人们眼前历历可见,德性必须作为"开天辟地的存在"(Uranfängliches Sein)而在初民(Urvolk)中占支配地位,并且,为了同样的

---

①　《费希特全集》卷Ⅳ,第462 ff.页,卷Ⅶ,第574-596页。

历历可见,这种集中的且绝对化了的内容性,这种仿佛胶合和凝固了的宏富生产力,必须通过某种第二原初部族(ein zweites Urgeschlechte)的无限制的且就其自身而言同样徒劳无益的自由才再次流动起来。在此,对初民假设的对待完全变成了对纯逻辑问题的天花乱坠的神话化。所以,值得注意的是,这整个建构固然看上去可能无法理喻,尽管如此,我们还是可以从其意义重大的内核出发去强调:早先有关理性本能和规范族类(Normalvolk)的理论已卷入对历史质料进行方法论刻画的这样一个目的之中。因为,按照费希特的观点,原初部族的天赋自由确切地说是在像个体的伦理天性(sittliche Natur)同样的意义上属于文化事件的"形式条件",因此,原初部族的假设就是"对神圣现象的存在(Ist)的一种单纯分析","历史的起点、历史的真正精神和基本法则,以及必须在历史中发生的所有主要环节",都是在两个部族的"相遇"中"给出的;这一点甚至必须先天地加以认识。作为哲学家的我们,只跟如此这般的认识打交道"①。

所以,由于康德和早期费希特世界观(对这种世界观而言,用自由进行"炮制"必然是解决文化问题的唯一相称的方法)现在为被给予性及源始存在这样的神秘(Mysterium)所摇撼,费希特有意识地下降到某种史学世界观的地基上,并且通过这样的方法,正如通过不断觉醒的对"质的"价值的领会一样,成为黑格尔的先导。通过用具体的价值来进行计算,他也预示了黑格尔的观点,即文化发展(它可以被比作一个螺旋)永远可以回归到源始的被给予性。这种思想已成为《现时代的基本特征》的图式,在后来对个体的伦理天性的假设以及对初民的假想中,它将再度生机勃勃。

我们可以把1813年的思辨针对所有之前的开端,尤其是针对1805年的徒劳无益的方法论思考言简意赅地概括如下:为了进行历史哲学的论述,现在已经发现一种更加综合、更加简明扼要的非理性或一种更高级的非理性。只可体验之物其先验逻辑上的不可推导性、直接性,天赋自由的神秘,这些都同样作为不可分割的组成部分和单纯环节而消失在有关不可概念把握性思想的一种崭新框架中,也就是说,消失在有关某种非理性的理念中,这种非理性在其概念中已经——与之前的理解恰好相反——包含与某种价值缠结(Wertverwicklung)的关系。非理性的实际性(irrationale Faktizität)在此被视为与始终逃离一切合法则性的、源始的自由内容(Freiheitsinhalt)是同一个东西;同时,"自由身上所发生的那种无法解释的、无法追溯到任何法则上的

[236]

[237]

---

① 《费希特全集》卷IV,第469–494页,卷VIII,第166页。

事件"则被评价为崭新的、创造性的、从不将曾在之物创造性地整合进时间中的东西。因此,将"合法则的东西"与"史学的东西"对置,这种做法就获得了与启蒙时代视之为唯一可能意义的意义有所不同的意义。虽然这种对立其古老意义并未消失,根据这种意义,理性价值的总括最终站在了合法则性这边,而经验之物的漠然无殊的沉积物则最终站在了无法则性这边①。但是,就在其附近,现在又一种完全由不同视角决定的价值分配在力争上游,它所导向的恰恰是抬高无法则之物。正如康德反对门德尔松,谢林反对施莱格尔,认为历史不是在周期性的"圆圈"中周而复始,而是在一次性的发展中向前迈进的,费希特也论辩——尤其在《对德意志民族的演讲》中——反对"非德意志的"历史哲学,认为它信奉"停滞、倒退和圆圈舞蹈",信奉无发展的合乎自然规律(Naturgesetzmäßig),而不是信奉人类的永恒进步。而一次性和轮回间的这种新形式的对立在最后的岁月里也嵌入方法论的结构研究中。也就是说,历史如今再也不是作为无价值-无法则的东西而与理性合法则性相对立,而是作为日新又日新且创造性的东西而与千篇一律和"周行不变"、与自然的单纯"屹立不倒的存在"相对立。同时,《现时代的基本特征》中所提出的科学纲要也因此被放弃了,根据这个纲要,历史和物理学只是作为两种有关相续和持久之物的经验科学而彼此区别。对一次性的东西和"无法则的东西"②其价值的不断上升的强调,在此也再次得到了证明。

[238]

如果还能够表明,被整合到价值总体性中的"独创性"这样一个专属历史哲学的概念已被明确地吸收进有意识的结构逻辑中的话,那么,对评价和方法论的畸形状态的证明将不得不被视为自成一体的。我们已经在有关"启示"的思想中了解到非理性与独创性之间的偶然结合(参见原文第226 f. 页)。现在我们还可以补充说,奇迹概念作为这种偶然性综合的第三部分而被加入主要位置了。因此,尤其是在《幸福生活指南》中,耶稣这个人物身上的宗教生命被标识为直接的、质的存在③。与已证实为发生在1813年的、对奇迹问题的方法论化同时发生的,还有把启示概念置入史学价值结构的逻辑中的做法。与启示相称的东西其特征现在甚至可以从史学之物的

---

① 根据这个意义,个体之物被视为某种法则的"界限"(Schranke)和单纯"案例",参见第219页,以及《费希特全集》卷Ⅱ,第639 ff.、644页,卷Ⅳ,第376页。

② 《康德全集》,卷Ⅶ,第393 ff.页。《谢林全集》卷Ⅰ,第一版,第461 ff.页。《费希特全集》卷Ⅵ,第103页;卷Ⅶ,第366 ff.、374 f.、380 ff.、447页;卷Ⅱ,第631、643 f.、648 f.页;卷Ⅳ,第385 ff.、416页。

③ 《费希特全集》卷Ⅴ,第483 f.、567–574页。

逻辑质性中推导出来。恰恰是对这个东西（即对概念来说"无限的东西"，这种东西在《现时代的基本特征》中还明显与只是经验性的东西等量齐观［参见原文第 221 页］）的反思，现在导向了这样的观点，即单纯概念性的东西或者可在普遍规则中得到表达的东西是不充分的，而且还导向承认历史行为具有不可替代的价值。费希特再次运用了结构分解的方法，确切地说，就是借助以"建立理性王国"为目标的政治事件的总体（Gesamtheit）。他在那里区分了一种"严格演示性的"（streng demonstrativ），可以通过"绝对原理"、通过"客观有效的概念"加以认识的组成部分和一种"纯粹实际性的，概念无法穿透的"组成部分，只有在后者那里，"对某种被给予物的评判"才能通过"向无限接近"而发生。"只有纯粹科学中提出的、形式的概念才是有限的，因为它是有关某个法则的概念：但是，对实际性的被给予之物的评判（Beurteilungen）是无限的；因为这些评判是按照在其自身中起支配作用的、永远隐藏着的法则一路前行的：永远鲜活地奔涌而出。通过法则的加入，每个点都发展出永恒性，因此在后来的每个时间点不断发展。"单纯的理性合法性（Vernunftgesetzlichkeit）是不可能达到的，这个事实，以及直接的史学现实其绝对的、超越一切可概念把握性的法权（Recht）如今都借助个体之物的非理性来表明自己。因为无论在哪里，只要"知性完全终结而绝对实际性的被给予之物开动起来了"，那么在那里，概念就无法评判"更高意义上的法权、民族的时代使命"，因为法权的"霸主"，法权的"暴君"，其时代和民族的最高人类知性，必须"通过某种创造性的、对所有人而言承载着公开性和实际性的感性确定性的行为"，通过某种"具有神恩（Gottes Gnaden）的行为"来"证明自己"。"必须言说：上帝不会屈尊降贵做决定。"所以，早先只是用启示概念事实性的对　次性、非理性的历史事件所做的评价直到现在才进入种种方法论阐述的关联中。恰恰在过去十年中，思辨的丝丝缕缕就在这个点上相互交织。因为，就像有关奇迹以及在世界蓝图中未得到概念把握之物的问题一样，有关无论从哪个角度——尤其是从先验逻辑和理性法则上来说——来说都是非理性的启示的思想现在无论如何都流进了那个关于个别个体性之意义的神秘发问中（参见原文第 213 和 235 页）。费希特在此也再次指出，他想要将这作为自己的使命，即一直探究对个体现象的绝对价值的这种"突破"，并一直探究到最深层的原理中去。

　　所以，只有在费希特思维的这个时期，康德那里还不可调和地彼此分裂的东西，即作为经验之物、非理性之物的"史学之物"这个逻辑概念和作为一种价值发展的历史这个文化概念，似乎才融合成一种真正的文化-逻辑。有关此文化-逻辑，费希特一反他自己惯常的语言表达，决定在最后十年不仅必须谈论"永远有效的史学真理",而且他最后还大胆地将整个 18 世纪的世界观一股脑地抛诸脑后,他抛得如此之远,以致将"历史"——还没有首先在启蒙的意义上将其合法化,亦即通过某种图式化的公式(Formel)将其理性化——更多地评价为非理性事件的直接时间序列,而不是将其评价为源自某种高高在上的抽象的知性,而是将其评价为源自"上帝的恩典"并加以神圣化。他现在认识到——这是康德从未意识到的东西——提出诸如"为达至自由而进行教育""为达至明晰而进行教育"之类的终极目标,可能只有权要求一种一般的、规定性的(umschreibende)表述这样的意义。"但两者都只是形式上的,也就是说,实际上,那种自由其无限的内容依然是道德的任务。"这个道德的任务便是,只在历史的种种启示中去体验某种不可概念把握的东西,因此同样也体验上帝的形象,因为这是绝对不可概念把握的东西。"仿佛"必然存在"某种永远活着的种族(Geschlecht)记忆"。"这个种族就是史学的人类种族(Menschengeschlecht),它以平静的共同生活、以传承及传承的工具(比如书写等)为条件;在这种史学(Historie)中,最好的东西,不是人们学会了什么,而是他们本人在多大程度上通过出身而诞生于其中。经过培育的人性(Menschheit)是历史(Geschichte)的人性,拥有历史和拥有文化(步步为营、代代相传)归根结底是一回事。"① [241]

通过上两节的内容,我们第一节的论述(至少就其对费希特的关切来说)已被大大修正且部分地再次遭到质疑。因为,伴随着纯方法论的研究,价值个体性的结构从朴素形而上学的潜伏状态中挣脱出来,这种状态是它在直觉的行事方法中表现出来的,并且与作为对可研究客体的有意识哲学反思相向。因此,费希特——与黑格尔不同——属于这样的思想家中的一员,他们开启了哲学的一个阶段(尽管只是最初的开端),在这个阶段中,一种非抽象的评价方式和一个全新的文化概念世界与维持"知识批判式的"分析并行不悖。 [242]

---

① 关于这最后两个段落:《费希特全集》卷Ⅳ,第 440–458 页,第 536 ff. 页,卷Ⅶ,第 574–596 页,《费希特遗著集》卷Ⅲ,第 73 f. 、103 ff. 、114 页。

第四章 历史与共同体的方法论关系民族概念

为了完整地了解德国观念论的历史哲学（它像所有历史哲学一样包含社会哲学的萌芽），我们还必须让它那直至今天依然被故意忽视的、面向人类共同体生活的一面突显出来①。

历史哲学思维和社会哲学思维的狭路相逢源于历史概念和共同体概念间的深层关系。也就是说，单纯将真实的历史生成（Werden）、将发展视为只是前后相继的统一状态（Einheitlichkeit），这种思想也许必须想象发展中的个别承载者之间存在无论何种方式的共存关系，想象如下东西的任何一种统一状态（这种统一状态不只在相继性中显现），这种东西独立于众多个别个体的生成和流逝而作为发展的主体必然地持存于共存的亲密关系中。如果没有一个如此这般把大家捆绑在一起的纽带作为前提，如果没有一种仿佛自然而然的、自动实施的组合这样的契合，所有想要把分散存在的个别构造物整合起来以便划分出一个总发展（Gesamtentwicklung）的动机，都必将失败。生成（Werden）的统一性必将面临这样的威胁，即它时刻都可能破碎成由某种个别的、相互独立的、前后相继的序列组成的偶尔会相互抵触的织物。

在此，历史思维与对现实的原子化（正如它被归属于普遍概念之下一样）的那种根本矛盾再次暴露出来了。因此，在抽象的–概念的研究方式下，个别的样品肯定会并且能够在聚合样的个别化（Vereinzelung）中残留下来，因为概念系统学的目标作为唯一具有决定性影响的原则必须就诸样品的纯粹逻辑上的而非实实在在的共属关系做出决定。所以，强调一种实实在在的共存的联结（Verbundenheit）尤其强烈地突出了历史之物与抽象的原子主

---

① "共同体"（Gemeinschaft）、"社会"（Gesellschaft）、"社会的"（sozial）等表达在本章中是在如此宽泛的意义上使用的，以致它们同等程度地包含有组织的生活（"国家"）或无组织的"社会"生活。

义针锋相对的倾向；人们简直可以说，共同体特征直接源于史学之物的结构，它体现了史学统一性的问题，只不过朝着特定的方向进一步发展了；在这个共同体特征中，历史生命总实体（Gesamtsubstanz）的某个孤立要素、某个个别维度或属性获得了特殊的定在。这个定在，只要人们在其独立的意义上去思考它，它就会作为历史质料的特定协作的、国家的、政治的环节突显出来。然而，伴随着从历史本质出发所作的这种概念性推理，应该只勾勒出了社会因素面向史学之物的那一面，而且无论如何都不该断言，社会因素在其所有独特性方面都必须从史学评价出发去实现。它毋宁也许不仅暗示了后来在某个地方将得到更清楚展示的东西，还暗示了一种完全独立的、根本无法回溯到历史之物的结构的特性，并因此也只有通过一个完全不同的、与史学研究势均力敌的文化科学学科才能掌握。

[243]

在基督教的整个思辨中，历史与共同体之间的关联已在如下事实中得到展示，即一个统一的人类这样的理念始终都与对神圣的世界蓝图和独一无二的发展的想象最紧密地联系在一起。康德也接受了共同体思想的这种普遍历史的（universalgeschichte）形式。历史进步其主体不应该是个别的人，而应该是"类"（Gattung）。然后，从这个观点出发，对社会之物的唯一可能的伦理论证也就专注于个别的人了。因为一切文化工作的终极目标并不是通过只是众多个别的人加在一起的力量，而唯有通过众人"联合"成一个"道德的整体"才能达到。因此，"仅仅"致力于"自身的道德完善性"的那些个体，其自由必须如此得到如此程度的限制和规训（disziplinicren），以使这种自由与一种"伦理的共同生活（Gemeinwesen）"或一个"伦理的国家"合乎义务地努力实现的种种目标相一致。费希特也保留了康德的这个基本概念，即包含世世代代在内的不死的类概念。"我们在此只谈论类的生命的进步，而无论如何都不是在谈论诸个体"，他如是预告《现时代的基本特征》的内容。因为在他那里，就像在康德那里一样，人类并不是人类学的整体，而是借由理性的使命而通力合作聚合起来的整体，所以，在这个意义上，"类"常常简直就与伟大的文化使命或与"理念"一般无二了①。

[244]

德国观念论的历史哲学现在无论如何都不再依靠对历史的发展整体和人类的统一性间种种事实关系的单纯确定，而是已经与康德一道将注意力

①　见比如《康德全集》卷Ⅳ，第145 ff. 、281 ff. 页；卷Ⅴ，第445 ff. 页；卷Ⅵ，第190—200 页，第342 ff. 。还可参见《谢林全集》卷一，第1版，第469 页；卷Ⅲ，第591 f. 页。《费希特全集》卷Ⅲ，第7 f. 、23 ff. 、35 ff. 页；卷Ⅵ，第362 f. 页。《费希特遗著集》卷Ⅲ，第65 ff. 、103 f. 页。

指向共同体概念的逻辑结构。"类"变成了唯一的文化概念,这个概念在康德哲学中臣服于某种逻辑的和方法论的研究。同时,康德那里的某些特定开端也在与这种几乎一直都未受到注意的功绩的关联中显露自身,这些开端使康德成为黑格尔在反对启蒙运动的抽象个体主义的论辩方面的先驱,他确实常常自己也大体上沉迷于这种抽象的个体主义(参见本书导论)。确切地说,他已经知道如何正确面对那个恰好把历史之物和社会之物联合起来的点,那个局部的结构共同性(Strukturgemeinsamkeit)的点。被赫尔德的批评所激发,他漫步"在阿威罗伊哲学的道路上",因为他认为,文化的发展史是通过"种"(Geschlecht)和"类",而不是通过一个个个别的个体完成的,"种"和"类"都只是"普遍概念",康德在其回应中区分了"类"这个词的两种意义:抽象意义上的类或"标志,其中恰恰所有个体都必须彼此协调一致",以及具体意义上的类或"一个通向无穷无尽(无法确定)的出生序列的整体"。关于后面这层意义上的"人类"(Menschengattung)——它因此相对于作为普遍概念的人(Mensch)而比个别的人具有更丰富的内涵,并且展现出一种全体性(universitas),而不是一种普遍性(universalitas)(参见原文第53

[245]

页)——做出如下断言就再没有任何异议了,即"人类不断繁衍生息,但没有任何一个成员,而只有类才能完成它的使命"。在其晚期著作的更多地方,康德明确承认要在"类概念(singulorum)"[1]和"在大地上以社会的形式结合在一起的人的整体(universorum)"间做出区分[2]。

如果人们想想,康德已经多么出色地通过敏锐地把分析-逻辑的概念建构与"数学的逻辑"和"直觉知性"(intuitiv Verstand)的逻辑区分开来而为这种区分做好了准备,那么,对"类"这个词的两种意思的这种区分以及由此而得出的文化科学工作方法和抽象的-概念的工作方法的对立就更加意味深长了。空间环绕的直观全体性(universitas)与"实在"的形而上"大全"(All)在它们共同反对抽象概念时的确为方法论上把握历史的和社会的"整体"提供了出色的类比和持续富有效益的定位工具。根据我们的论述(原文第54页),在推理的东西和直觉的东西的领域里,并列关系的种种结构-关系作为个别样品的聚集性分类和牢不可破的结合彼此区别。文化整体也必须最言简意赅地通过如下刻画而在逻辑上进行改写,即文化整体是一个总体

---

① 此处原文是 Gattungsbegriff (singulorum),这里有可能是作者的一个笔误,括号里面的词明显抑制个体。——译者注。

② 《费希特全集》卷Ⅳ,第 190 f.、321 f.、476 页;卷Ⅶ,第 393、398 页。

（totum），而不是像一个抽象概念的外延那样的组合物（compositum）或者一种单纯的聚合物（Aggregation）。因此才有了康德那个第一眼看上去令人惊讶、但其意义却非常深刻的习惯，即始终根据类概念将人描述为"个别的人"（singuli），与他们作为某种共同生活（Gemeinwesen）中的"团队"（universi）而存在正好相反①。当我们面对一个普遍概念时，我们也必须立马想到这样的境况：它的外延只是个别样品的总和（aggregatum，见原文第 31 页注释），这些样品的统一纽带就在于，它们能共同地归属于一个抽象的概念之下。如果与此相反，个体应该被视为一个总体（Gesamtheit）或者"团体"（universi），那么，它们就必须通过某种不只是概念性的，而且是实在的统一体而被凝聚起来，实实在在地彼此联结。康德试图通过"联合"（Vereinigung）和"集体"（Kollektive）等标志把这种实实在在的整体性表达出来。

［246］

他谈到"处于类的整体中"的人类，"亦即集体地加以对待的个别的人（universorum），而不是所有的个别的人（singulorum），在后者那里，大众不是扮演着一个体系的角色，而是扮演着一个被撮合在一起的聚合体（Aggregat）的角色"②。但他进一步借助以下方式而赋予社会"整体"一种特别的、与单纯数学的或形而上学的直观整体性不一样的、纯文化哲学的内容，即把通过共同的理性使命而凝聚在一起的状态当作进步的标志添加到单纯的集体性（Kollektivität）这个特征上去。在他看来，只有从实在的结合和文化价值这两个标志的综合出发，某种"道德的整体"、某种以社会方式联合起来的"体系"，其结构才产生出来。

正如已简单提到的，这些研究预示着第一次"犹抱琵琶半遮面"地超越启蒙运动的社会科学原子主义。个别的人（singuli）同时意味着孤立的、自我中心的、具有天赋人权的（nuturrechtliche）构造（Konstitution）的个体，这一点尤其通过如下尝试而得到证实，这个尝试紧接着卢梭的社会契约而试图区分"所有人的意志的分配性统一"和"联合起来的意志的集体性统一"。此

---

① 除了上面所引用的段落还可以参见比如卷Ⅵ，第 345 页："处于类整体中的人"——"人，分而论之"。

② 正如康德的种种影响深远且即便对我们今天的时代依然是绝对的标尺的方法论认识在这里已经被预感到了，人们从吉斯提亚科夫斯基（Kistiakowski）的论著《社会和个人生命》（Gesellschaft und Einzelwesen）中那些富有成效的研究中做了最好的提取，尤其是第 118-133 页（见原文第 20 页，注 1）；这部著作中得到贯彻的这两者——通过"纯概念的概括"构成的"总和"（Summe）或"总体"（Gesamtheite）与"实在的统一体"或社会的"集体生活"——间的区分给未来的社会科学逻辑提供了一个极其重要的贡献。

[247] 外,作为个体主义的伴随现象,功利主义和享乐主义将始终起作用。只是,不仅功利主义的自我中心主义,还有康德式道德自身的抽象个体主义,都将在最深层的基础上被对社会之物(参见原文第 244 页)的伦理奠基所深深摇撼,即便不是真正地被克服。"事关在诸法则(理性为每个个人规定诸法则)之外为道德立法的理性,在它之上还有一面德性(Tugend)的旗帜,作为所有对善(das Gute)充满热爱的人的联合点,以便他们能够聚集在善的羽翼之下"。康德在其宗教哲学的主要著作中说道,创造一个"伦理国家"的义务"在方法和原则上都不同于所有其他义务",而且他还把它描述为"不是人对人,而是人类对其自身"的一种义务。在这里无疑到处飘浮着某种道德"整体"的理念,这个整体可不是由孤立的构造物拼凑起来的,而是堪比唯一空间或智识的连续体(Kontinuum),是作为具有独立意义的实在而建立在诸个别部分之上的。"集体的东西"(das Kollektive)的所有那些关系都指示着这个整体,按照康德的术语,这些关系与我们所理解的集体(Kollektivum)无论如何都不是一回事儿,它们所表达的恰恰是如下东西的反面,即种种离散(diskrete)统一体(Einheit)的单纯"分配性的"(distributive)并列状态①。的确,尽管有这种在最后期著作中最清晰可见的社会上层建筑,但是康德并没有成功地否认其总体思维的原子论-个体主义的基础。对他而言,人的一切"联合"(Vereinigung)最后的确都总是只变成个体德性(Sittlichkeit)的中介,而不是塑造文化使命的工具,唯有这些文化使命才归属于超越个体的总体(Gesamtheit)。首先,他的法哲学就典型地反映了这种一般的文化哲学的观点。在他的法哲学中,他徒劳地竭力从概念-体系上克服自然法学说(Natur-

[248] rechtslehre)的法学原子论(juristische Atomismus)②。最终,他从个体的目的出发建构一切并因此也没能建立起一种真正的社会伦理;对他而言,不存在任何独立的共同体伦理(Ethos)③。

　　只有在这个意义上,我们才能断言,康德的伦理是片面的并且有待完

---

　　① 这源于在纯粹逻辑-形而上学意义上使用这些术语。

　　② 尤其参见基尔克(Gierke)的《约翰内斯·阿尔色修斯》(*Johannes Althusius*)第 120 ff.、207 f. 页。有关于此,我们"第三部分"的紧凑压缩的概览也只允许提纲挈领的说明。也许我们只能期待对德国观念论文化哲学的一种如此这般的研究能够拥有一种非常在行的论述,即诸历史哲学问题和诸法哲学问题完全相互作用——这是迄今为止尚未尝试过的。

　　③ 《费希特全集》卷Ⅳ,第 146、190、281 ff.、321 f. 页;卷Ⅵ,第 190—200、327、342 f.、438 页;卷Ⅶ,第 653 f.、393、398、401、635、656 ff. 页。

善。无论如何,我们不是在批判康德,说他没有将具体的"类整体"假设为一种形而上的、存在于个体之旁和之上的实在。这里涉及的不是认识论或形而上学意义上的实在,而是只涉及这一点,即康德也没能够在具体的类中看见某种伦理学和社会哲学方面的,简言之就是方法论方面的特殊"实在"。所以大家所指责的不足之处就在于,他没有为共同体赢得其自身的任何文化内容,而毋宁说只是给它指派了这样的任务,即实现作为个别存在的个体的自由。就此而言,共同体对他来说的确只意味着伦理原子的"集合"(Aggregat)和某种抽象的共性,而不是某种独立的或"实在的",即有别于"集合"和抽象普遍性的、作为价值的统一承载者而类似于个别构造物并且——作为"价值整体"——把这些个别构造物整合进自身中的文化构造物。

与这种见解相反的、新近时代得到多方拥护的观点,即认为必须将康德首先视为某种共同体伦理的奠基者,这个观点源于对康德那里的"普遍之物"这个伦理-社会概念所包含的种种不同意义的不充分区分。也就是说,道德法则(Sittengesetze)的"普遍性"首先意指绝对的伦理价值(Wert)的普适性、无条件性和客观性;但其次也意指形式逻辑的普遍性,亦即德性的抽象特征在一切德性的个别内容上的可用性,因此也就是有关"天性"或"道德之物"(das Moralische)的普遍概念。普遍之物的这两个必须在概念上严格加以区分的意思在事实方面始终以同样的内容一道出现;因为,按照康德的整个评价方式,普适的价值恰恰也属于先验逻辑的普遍之物。个别的个体只是作为道德法则的主体,作为"理性天性"的实现案例才获得某种伦理意义。所以,康德当然使人从属于人类。但"人类"在他那里并不意指具体的人的共同体(Menschengemeinschaft),而是意指抽象的人的价值(Menschenwert)。绝对命令所要求的,不是要我们成为人类的组成部分,而是成为人类的代表。即便在这种情况下,康德的评价行为(Werten)从概念上并且按照其逻辑结构来看似乎也不是整合进一个总体中去,而是归属于一个普遍概念之下。通过研究人格(Personlichkeit)与普遍道德法则的关系,康德恰恰从个体间的一切实在的联结或共同体中抽离出来了。因此,支配着他整个世界观的抽象普遍主义就超越了"社会主义"和无政府主义间的对立。的确,这种普遍主义的唯我独尊简直导致了对社会联系的轻视和破坏并且导致了极端的"个体主义"(参见原文第21页)。

尽管抽象的"普遍性"与"全体性"(Allheit)或"总体性"(Totalität)[①]间

[249]

---

① 《费希特全集》卷Ⅳ,第285页明确提到这种区分。

存在这种毫无疑问的不同,但康德自己当然把有关共同体的思想卷入对形
式的道德价值的创立中了。也就是说,在普遍性通过先验哲学的整个方法
而得到阐明的两种意义之外,他还引入了第三种普遍性,确切地说,他还引
入了智识"王国"中的某种"法则"(Gesetz)的普遍性。通过对"理性法则"
的这种形而上学-法学的重新阐释,当然可以轻松获得有关共同体或者"目
的王国"的想法,并且冒充为从形式的道德法则出发所做的单纯推理。即使
在关于绝对命令的通常论述中,在此关联中完全没有建立起来的、有关某种
封闭的共同体的理念,也构成了秘而不宣的前提。伦理价值的绝对性以及
伦理价值对所有道德意识的必要性确实常常——尤其著名的是在《凡例》
(Beispiele)中——被重新解释为与之完全不同的、同时性的(gleichzeitig)可
行性,即一个想象的共同体(gedachtes Gemeinwesen)的所有成员进行某种特
定的行动这样一种做法的可行性。所以,这里至关重要的不是道德意志其
形式上的普适性,而是进行普遍化的可能,是整个行动就其内容而言的可行
性。行动的道德质性(Qualität)被搞得要取决于由此产生的社会后果;当人
们追求合义务性的某种形式标准这样的目的时,道德行为也就因此包含了
这样的事实,即它最终得到共同体的内容性价值的核准(Sanktion),这种价
值其存在是带着非批判的天真并且与整个提问相矛盾地作为最终标尺而被
提出来的:在所有这些论述中,共同体思想部分通过独断专横的重新解释瞒
天过海、暗度陈仓,部分则毫无根据地一开始就被预设了。因此,尽管有对
社会之物进行伦理奠基的所有这些苗头,但康德在其思辨的深处从未能克
服与先验方法如此紧密相连的"原子主义"①。

[250]

　　远更基本的是,正如康德已经成功地做到了的,费希特对抽象的个体主
义来了个釜底抽薪,抽掉了它的思辨基础。因为在 1800 年后的时期②,他超
越了康德的形式主义,并因此而能够远更深入地论述有关"实在的"文化整
体的方法论思想。所以现在只需深入探讨这个哲学转变的社会哲学表现即
可,因为"价值总体"这个历史哲学概念已经得到研究。1796 年的《自然法
学基础》已经展现了以不充分手段所进行的尝试,即尝试在法学领域超越个

[251]

---

①　在这个方面,宗教哲学的主要著作站得最高,参见上文第 248 页。

②　相反,关于更早的时期,其间费希特一直支持康德的社会哲学的个体主义——
并没有赋予"如此这般的共同体以个体主义之外和之上的任何独立的价值",也没有指派
给国家以"任何超个体的、只有如此这般的总体才能实现的文化使命",见玛丽安娜·韦
伯(Marianne Weber)的《费希特的社会主义》,尤其是第 28 ff. 、34 ff. 页。

体主义①。"封闭的贸易国家"与个体主义的政治经济学南辕北辙。在后期著作中,正如在康德那里一样,回避"类"的事务而孜孜以求特殊利益被抨击为"孤立的个体主义"的低下功利主义。但是,康德的种种方法论研究也并行不悖地得到延续。再一次,1796 年的《自然法学基础》已经包含最好的说明。在这里,整体不同于个体的总和(Summe),这个思想无比清晰地跃然于纸上,同时,在那里,康德的术语单一总体(totum)和复合体(compositum)被用来区分于普遍概念。"不只是想象的",而是"实实在在的整体",它是这么个东西,借助它,所有个体"结成一体,并且不再是在抽象概念中作为一个复合体而结合在一起,而是在事实中作为一个单一总体(totum)而结合在一起"。"据我所知,人们时至今日只是通过对一个个个别的人观念上的(ideale)联结而完成(zustande bringen)国家整体的概念,并且,对这种关系的性质(Natur)的真正洞见因此而受到阻碍。如果照这种方式,那所有可能的东西都可以联结在一起了。那样的话,联结的纽带就只是我们的思维而已……只有等到人们指明一条概念之外的联结纽带,才能明白什么是真正的联结。"这种反对方法论上的个体主义以及单纯的集体主义(Kollektivismus)的论辩在后期著作的一些更偶然的表达中将再次被拾起。［252］在《现时代的基本特征》中,"类"所意味的"恰恰是唯一真正存在在那里的东西,它演变成了一种单纯的、空洞的抽象,这种抽象只存在于某个个体的概念中,这个概念是这个个体通过自身的力量人为制造的;除了一种由部分拼凑而成的但无论如何都不是自身圆融的有机整体外,根本不存在别的整体,也无法想象任何别的整体。""人们只要避免不这样去思考国家,仿佛它存在于这些个体或那些个体中,或仿佛它总体而言是以个体为根基并由个体组合而成——这几乎是唯一的方式,就像惯常的哲学家都能够设想一个整体那样。"②

如果说借助其种种社会哲学的开端,康德只是勇敢地迈出了超越文化哲学之抽象图式的半信半疑的第一步,那么,在费希特那里,同样的思想进路似乎被整编进了一个更加包罗万象的史学世界观中,并且由质性文化价值这个历史哲学观念以及从个体性向个体性不断向前发展的、内容充实的"秩序"所承担。因此,只有费希特,在他那里,社会之物的要素被镶嵌进了更圆满的历史生活中,只有他可能将要素概念把握为史学之物(das Historische)的单纯结构部分(Teilstruktur),把握为历史之物(das

---

① 参见基尔克《约翰内斯·阿尔色修斯》,尤其是第 119 f. 、205 f. 页。
② 《费希特全集》卷Ⅲ,第 195–209 页,卷Ⅶ,第 22 ff. 、144 ff. 页,卷Ⅳ,第 402 ff. 页。

Geschichtliche)的总机体中分叉的血管,而对康德的僵死的理解来说,历史几乎完全等同于它的政治装置(Apparat)。因此,费希特,就其从最终的历史哲学视角出发研究比如国家之本质而言,也始终突出强调它相对于类目的之总体(Gesamtheit)的屈从地位以及作为更初步的组织的角色①。在这种关联中,国家作为唯一充满活力的总体现实(Gesamtwirklichkeit)的初始阶段、中介、坚实的脊柱或单纯的"脚手架"出现,作为一种"机构"(Einrichtung)或者"作为所有个体的力量都指向类生命的人为机关(Anstalt)"出现;因而,无论如何,切不可将国家混同于完善过程(Erfüllung)的终极状态,国家毋宁只代表具有交互作用(Wechselwirkung)的机械装置,代表联合(Zusammenfassen)的技术手段,同时也至少代表着有别于个体的及历史的现实——政治形态总是借此现实实现自身——的某种形式的和抽象的东西②。

[253]

因为,在孤立地得到思考的社会因素那里,正如人们当下必然会始终坚守的那样,的确存在对某种特定的结构或形式的专门强调,这种形式或结构作为单纯的骨架而贯穿于在其他方面形态万千的现实。只有通过这个知识,我们才开始能够管窥这个形式上的社会"整体"与直接的历史总体性(Totalität)间的关系,因此而能够管窥两者之间那种只是部分的结构共性。直到今天,这种概念上的亲缘关系也只是在逻辑上得到改写,确切地说,是通过这个证据,即共性只源于"整体性"的特征,源于从中产生的、与抽象的原子主义肢解针锋相对的类似矛盾。但现在必须忽视这些逻辑上当然非常有趣的关系并且更多地去指明:纯社会的东西存在于一个远更抽象或远更形式的区域,存在于这样一个区域,这个区域在其独立化的过程中(Verselbständigung),亦即当人们脱离所有陌异的组成部分而思考它的时候,永远到达不了历史之物的直接的、无可比拟的完满现实(Vollwirklichkeit)。因为,在一个社会整体的塑造(Bildung)中,某种文化价值也必须始终作为标尺起作用(参见原文第247页),我们可以把如此这般的构造物称为一种"价值整体性"或一种"狭义上的价值整体",以区别于活生生的历史的"价值总体性",所以,更宽泛意义上的价值整体或文化整体就包括"价值总体性"和"狭义的价值整体",尽管"狭义的价值整体"与"价值总体性"是并列的。因此,姑且把"价值总体性"称为价值整体无妨,这个整体在方法论研究面前不

[254]

---

① 因此,我们可能一直对国家学说内部的这些转变完全置之不理。

② 参见《费希特全集》卷Ⅶ,第144 f.页,卷Ⅵ,第369页,《费希特遗著集》卷Ⅲ,第174 f.页。

是作为抽象的部分现实,而是作为由于不可比拟的个体性而与众不同的完满现实而出现①。通过将社会之物刻画为单单形式上的组织,费希特当然也得出了这个结论:把社会的和组织的塑造假定为达成某种目的的手段,而不是像康德那样将其假定为这些个体的工具(这些个体在哲学建构中的确无一例外地依然充满价值并且依然无条件地至高无上[souverän])②,而是为了实现共同生活的某种原型(Urbild)、实现某种超越个体之分裂的、观念上的总发展,世界事件(Weltgeschehen)的总发展,它是这样的工具。只要个别人物的目标和文化的客观理想没有完全彼此渗透,社会机构作为不可或缺的辅助工具,其千篇一律的控制就只是为了达到这个目标而假定的。

为了论述社会因素的独特方法论的中心地位,人们也许至多只能继续此前开始的与数学的比较(参见原文第246 f.页)。也就是说,与社会构造物相粘连的,是一种与通常的概念体系不同但在特定方面堪比数学抽象性的抽象性。正如在数学中一个纯数量(Größe)的世界从时-空现实中脱颖而出,在社会科学中亦然③,也有一个社会形态的世界脱颖而出④。所以,社会科学简直就是一种文化数学。在这个地方,我们再次(参见原文第243 页)获得了此处没有得到进一步详细研究的暗示,即社会科学的研究方法大概将在特殊的、与史学评价势均力敌的方法论独特性中有其根据,因此,诸社会现象依然可以从另一方面加以阐明,然后可能作为一种独立的、方向完全不同的研究方式的独立客体出现。如果这种推测准确,那么,实证的文化科学诸学科的总体(Gesamtheit)似乎就存在于一个评价方式的体系中,在这个体系内部,历史科学的方向和最广义的共同体科学的方向必须作为无法彼此归因的两个倾向区别开来。即使历史科学的倾向(它在独立性和孤立状

[255]

---

①　因此,只有价值总体性,但从来不是狭义上的单纯价值整体,才归于价值个体性这个概念之下,而这个概念确实始终意指一种独一无二的、不能应用于直接现实之多样性的构造物。

②　更确切地说(为避免误解):是为了这些个体,他们毫无限制地通过某种耸立于他们之上的社会(Societas)的那些独立目标而保持至高无上,但他们同时也在其原子论的孤立状态中臣服于某种抽象伦理法则的完全非个人和超个体的规范,参见原文第249 f.页。

③　在最宽泛的意义上! 参见本章开头的注释。

④　同样参见耶利内克(Jellinek)《主观公共法权的体系》(System der subjektiven öffentlichen Rechte),第13 ff.页;《现代国家的权利》(Recht des modernen Staates)卷Ⅰ,第28 ff.、144 ff.页;齐美尔《施穆勒立法、行政和国民经济年鉴》(Schmollers Jahrbuch f. Gesetzgeb., Verw. u. Volkw.)卷ⅩⅧ,第1304 f.页,卷ⅩⅫ,第589 f.页。

态中给出了狭义的历史)在文化科学的有机体中大体上只意指个别部分,但它却借此而在文化科学的众多其他学科中占据特殊地位,即它并不将现实加工成跟这些学科类似的抽象性。过去大家虽然也谈论某种尤其属于史学的价值结构,并且历史逻辑不得不将历史的价值个体性标记为从"经验的个体性"的漠然无殊的大量(Masse)中提升并因此而已经在方法上得到加工的现实;只是对于这个结论,现在可以增加进一步的论述,即如此塑造出来的构造物仍然必须始终适用于用某种方式再现完整且直接的现实,处于其独

[256] 一无二、无与伦比的个体性中的现实①。在此,价值结构为呈现现实服务。恰恰在这点上,诸科学的情况有所不同,我说的是那些想要把社会之物的某种单纯的、始终适用于多种多样的直接事实性(Tatsächlichkeit)的形式从文化事件的总体中分离出来的诸科学。在此是为结构之故而寻找结构,并且结构被安置到一个划分清晰的系统性关联中去了。这个以社会科学的方式塑造的、按照独特的体系视角得到布置安排的世界,根本不应该像以历史科学的方式去探索的世界那样,碰上或替代一个自足的、独一无二的完满现实。

史学的研究方式和共同体科学的研究方式,一方面是两者之间的整个张力和异化(Entfremdung),另一方面是两者之间的整个关系幅度,都在后期费希特哲学中得到了最清晰的揭示,也就是在史学世界观的坚实性恰恰借助抽象的共同体科学的典型客体而经受住考验的地方。最引人注目的是,国家向来就存在于这两种文化科学研究方法的交叉点上,并因此恰恰在这个点上,形式主义的和史学的教条主义其不相上下地片面且盲目的代表之间,燃起一股激烈的争论。正如我们总是只注意朝向历史哲学的那一面一样,我们也希望,接下来只强调在费希特那里有一种对政治构造物的纯历史理解在苏醒,由此我们同时将发现朝更狭义的历史哲学问题的回归。

史学理解扩展到政治构造物之上的过程现在必须用我们的名称简要地表述如下:此处关键的是把一个价值整体(Wertganze)提升为价值总体性(Werttotalität)!于是,我们也就以此方式而获得一种独特的类价值总体性(Gattung Werttotalität):一种带有社会或政治标记的价值总体性,在这种总体性中,总有社会的价值整体性(Wertganzheit)这个特征偕同共振,却是以这样的方式,即其基调依然是活生生的历史现实。转译为具体的东西的话,应该

[257] 表述为:关键在于将国家(Staat)概念把握为民族(Nation)!因为"国家"意

---

① 参见李凯尔特《自然科学概念建构的界限》第四章,第 II-VI 页。

指一个形式上的社会组织，而"民族"意指一个历史的发展整体。费希特的不朽功绩就在于，自启蒙时代以来，在纯思辨的领域，他是第一个大胆地从国家迈向民族的人。

"民族"这个概念是如此错综复杂，以致它的种种标志只能在论述中逐渐地加以展开。因为，不仅此前普遍地由历史世界所构成的一切都可以被运用到"民族"概念之上，而且它此外——确切地说，恰恰是由于那部分洞若观火的（hinddurchblickende）整体性结构——还变成只有在于单纯的结构、为结构而结构的结构其区域的持续不断的划分中才易于理解。所以，为了恰恰让这个矛盾凸显出来，人们首先可以以论辩和间接的形式，通过与片面地进行理性化的和形式主义的倾向辩个究竟，来捍卫民族概念所具有的"完满现实""史学实在"这些特征。所以，在启蒙运动的社会哲学中，存在一种国家理论，这种理论并不是出于比如方法论的原因而对民族性原则（Nationalitätsprinzip）置之不理，而是出于启蒙的所有建构、启蒙的整个世界观甫经诞生就存在的固有盲目性而没有给它留下任何位置。难怪费希特在法权学说这个阶段就已经对如此这般的法权体系、对单纯的法学（juristische）形式主义和经济形式主义提出批评，指责其理性主义的片面性和了无生气；认为这种独断论就是一切，认为它取代了完满的现实，这种怀疑的确情有可原。单纯的法权秩序（Rechtsordnung）或对"所有人通力协作"的公式化表述，对种种义务的这种"精确计算"和作为"持久不变的形式"的"对捐税的合法分配"，这些都不可能始终扮演总体（Gesamtheit）行为的唯一且最高机构这样的角色，这一点在一个民族振奋精神为自己辩护且整个国家陷入一种"革命的紧张气氛"的那些伟大瞬间向思想家们敞开了。于是，[258]社会秩序，正如它在那个单纯的、清晰的概念中得到把握并按照这个概念的指引而得以建立和维持的那样，就显现为"爱国热情所真正想要东西、永恒之物和神性之物在世间开花结果所需的单纯工具、条件和支架"。在"对稳操胜券地完成所打算的事情没有一个清晰的知性概念"的情况下，当正需要就新的、也就是从未出现过的情形做出决定时，必须让"国家的一切目标在单纯的概念——所有权、个人自由、生命和福祉，甚至国家自身的延续——中"运作起来，还有一切财物（Güter），"没有任何正派的、真正的生命，也没有任何原初的决断"是在于单纯获得财物的，而且，在对财物的拥有中，时代"深信不疑地在已踏上的道路昂首阔步"。在族类（Völker）的生命中发生了逃离一切概念系统学的政治大转变，这个事实在此得到了费希特的深化，变成了有关神奇的源始法权（Urrecht）的思想，即与可体系化的形式无涉的源始史学发展中的源始法权，而史学发展必须始终以可体系化的形式得到表达,但这个形式是可变的并且不得不一再重新根据不可中断的现实来调整方向。史学的世界观在费希特那里并没有被扭曲为一种复辟哲学,而是,如果启蒙的理性主义斗胆通过一种图式上无比苍白的理性为历史现实带来革命,那么费希特则相信,公共生活其可理性化且为抽象规律(Regel)所支配的那一面相反必须通过永远鲜活的现实进行革命并焕发青春。在《对德意志民族的演讲》中,也是这份确信决定了两种国家学说间的对立,在两者中,一个是将某种人为的机制(Mechanismus)放在生活的位子上,另一个则相反,

[259]　它回归到了历史发展的源始生命活力上①。

尽管如此,伴随着反对形式主义一统天下的如此这般的论辩,为民族之本质所保留的位置(Ort)目前只是限制性地得到了确定。为了获得某种更加具体可感的内容,人们必须在这个尚未确定的描述之后进一步考虑,即尽管民族与组织(Organisation)的单纯抽象形式相对立,但另一方面的确也显示出了某种轮廓分明的结构,因此,民族的东西其历史现实具有某种整体性和统一性的特征,这个特征与历史世界的这个因素的区别比通常的史学材料与自然的、也就是说不是以文化科学的方式看待的现实的不引人注目间的区别还要显著。确实,我们可能还要往前一步并承认,恰恰在这些独特的构造物中(历史的总体性以及整体性特征都紧密地贯穿其中),在这些现实的、生机勃勃的整体(Ganze)中,整体性(Ganzheit)的总问题以某种方式找到了它的起源和最后的根据,同样是以在法学的、社会科学的和经济科学的概念世界这些更抽象的领域中所采取的形态。因为,尽管这些学科有其独特性,但这些学科在其概念建构的个别游戏中的确能够紧紧贴近具体且直接历史性的现实的种种独特性,并且,在这些学科的抽象辖域内以精确的镜像效仿它们。从这点出发马上就能理解:为何如下事实也是从对直接的文化现实的历史评价出发得到看护并且引发人们的兴趣,即总构造物(Gesamtgebilde),亦即不同于由个别构造物拼凑而成的整体的构造物,其独立自主性受到了应有的重视并仿佛保留了它源始意义的某种余晖,甚至一直深入到种种抽象学科中去了。

所以,另一方面,当费希特从对民族性(Nationalität)的历史理解出发首先抨击同时代的国家学说和法权学说时,为什么这不是变成另外一个种类

[260]　(μετάβασις εἰς ἄλλο γένος),这个问题再次变得易于理解。如果说在反对

---

①　尤其参见《费希特遗著集》卷Ⅲ,第248 f.页,对德意志民族的演讲,第7次和第8次演讲,《费希特遗著集》卷Ⅲ,第427 f.页;《费希特全集》卷Ⅶ,第563页。

形式主义的干涉的斗争中只是表达了这样的忧虑，即历史现实——单单作为所有其他能够以科学方式建构起来的文化构造物的活生生的最终根基——可能会被铺在其上的概念之网遮住了光芒，那么，在这种辩论的进一步发展过程中，还加入了对如下事物的抨击，即对那种即使通过抽象的-社会科学的概念建构的诸目标也未能说明其合理性，而是源于一些片面的基本原理的、对文化现实的特定结构的忽视和破坏。据此，它在此再也不是如此这般的形式抽象性和单纯结构，形式抽象性和单纯结构从更完满的现实这个立场出发被称为某种次级的东西，并且被怀疑是与历史相抵牾的（ge-schichtsfeindlich），而且在结构领域内部被指责为形塑力量（Gestaltungskraft）的匮乏。当然，恰恰史学根基自身的种种独特性通过受谴责的结构的这种不可通达性而在感觉上被遭遇，这些独特性，其影响应当贯穿所有文化科学学科。所以如果说这里第一眼看上去只是一个结构反对另一个结构，那么它们的真正根源（Urgrund）和最终载体——亦即直接的现实——则的确同时立马被推到了经过授权且得到辩护的结构的羽翼之下，并且，尽管如此，其最内在核心中的这整个论辩还是以此方式变成了一场战斗：亲现实的方向对抗某种通过具有体系化作用的科学的特定倾向而产生的、对史学实在的误解。因为在法权学说领域，起着原子化作用的个体主义的启蒙精神也出现在对所有合作社式的法权构造物的概念摧毁中。从刚刚论述的种种关联中，我们明显看出，为何费希特会直接利用活生生的民族性原则来反对这种自然权利的原子论，本来首先只有反对片面的个体权利思想的社会权利思想似乎才应该将这种斗争推到前台。与此同时，在康德那里，为了形式上的[261]社会整体性领域而已经开始的对原子论个体主义的反叛从史学世界观出发以更大的生机和活力不断推陈出新。事实上，我们发现，在19世纪法学（Ju-risprudenz）和国民经济等更抽象的科学中，尤其是在国家学说中也到处存在的历史世界观的觉醒，与对独立的总构造物的着重强调，以及反对将抽象的、脱离任何关联的个体绝对化的举措，三者携手同行，这种现象太普遍了。

　　费希特已然成了这种史学方向的思辨先驱。同样，他也把个体主义的功利主义（Utilismus）称为他所反对的国家学说的世界观基础，这种功利主义企图出于同样的因素，亦即出于追求幸福的个体而将"社会上的所有生命都组合在一起，成为一个巨大的且人为的印刷品和齿轮组"。爱的个人纽带和对国家的欢欣鼓舞并不是按这种功利主义观点来束缚公民的；国家权力的确只能这样起作用：作为服务于所有者的"仆人"（Diener），而"所有者根据他的服务而给予他酬劳"。而这种服务给他（仆人）提供了怎样的国家权力，或者背后站着什么样的人物，"对他根本没有任何影响的人物"，个别的人无须关心此事。在私人权利关系的复杂纽结中,只存在种种抽象功能的承载者,一切个体的差异都变得毫无意义。费希特将自己的学说与这种应受到谴责的建构放在对立面。如果说在那种建构中,占支配地位的是消解所有环环相扣的关联,是对社会原子的绝对化并因此使之成为荒芜的、无历史的抽象性的话,那么,真正的结构却展现出团结(Verbundenheit)、统一(Einheit)、完整性(Ganzheit)、超个体关联(Zusammenhang)。"这才是真正的族类(Volk),在该词的更高意义上……:在社会上相濡以沫(fortleben)并从自身出发一往无前、肉体上不断繁衍精神上生生不息的一群人构成的整体"。"族类"(Volk)和"民族"(Nation)这两个表达在费希特那里无论如何都不只意指国家的人种学(ethnische)根基,而且意指政治上结成一体的一群人。因此,他们首先想要强调的是模范的结构,是国家共同体的结构,还有国家共同体的民族基底其直接的历史现实的结构。通过民族性这个概念,正如通过由此产生的反对国家学说中的理性主义和原子论个体主义的论辩,费希特与另一位史学流派的先驱,与亚当·海因里希·穆勒(Adam Heinrich Müller)①一道,触及了最密切的东西。

[262]

费希特还尤其出色地通过如下方式将国家标记为一个耸立于自然的和法权的个人之上的总构造物,即他常常警告大家,要警惕,不要混淆国家臣民与国家权力的个人承载者,而且他还言辞激烈地反对世袭原则,根据这个原则,土地属于"私人财产",而臣民则任由统治者的"个人意志"摆布。所以,普遍的文化哲学思想,即有关整体(Ganze)的思想——国家权力领域中,整体有别于个别构造物的相加(Summation),这种普遍的文化哲学思想已经通向——当然,还未得到体系性的论证——这样的洞见,即国家主权比单纯统治者的至高无上权力或族类的至高无上权力更加崇高②。

如果我们将这些有关族类和民族的思辨与康德所代表的伦理和政治时代相比较的话,那么将社会"整体"的结构移用到直接的史学事实上看起来就是费希特的真正社会哲学的壮举了。只有将整体性结构搬进所有社会的

---

① 穆勒反对理性主义的论辩,比如《国家艺术的元素》(*Elemente der Staatskunst*)(1809)卷Ⅰ,第21 ff.、37 f.、94 页,反对原子论的-机械论的建构("齿轮传动机构"),第3 ff.、21 ff.、52 页,卷Ⅲ,第220 页;有关源始"运动"的需要,卷Ⅰ,第5 ff.、17 ff.、43 ff.页;与费希特相一致的民族定义,第51、84 页,《关于德意志科学和文学的演讲》(1806),第142 f.页。

② 《费希特全集》卷Ⅲ,第362 ff.、381 f.页,参见第146 f.、548 页,卷Ⅳ,402 ff.页,《费希特遗著集》卷Ⅲ,第426 页。

和政治的构造物这种做法,只有通过以历史的方式赋予"文化整体"以血肉生命,才能够成功地将超个体的普遍之物和超个体的整体截然分明地区分开(同样参见原文第 260 f. 页);只有现在,才能够将某种真正实在的总个体性,某种真真切切的具体−普遍之物置于个别个体旁边和上方;个体并非将这种具体−普遍之物当作孤立的样品而与之对立,就像对待抽象−普遍之物那样,而是将其当作不可替换的部分与之对立①。所以,不是康德,而首先是费希特,才配得上这个功绩,因为他开启了思辨上对文化哲学的原子主义的克服。我们在此必须再次衔接上我们在导论(原文第 18–23 页)中所作的种种说明并重新指明,与"个体主义"相对置的所有那些有关"普遍性"(个体服从这种普遍性)或有关"超个体的"种种关联(个体必须适应这些关联)的诸"社会"理念,只有通过将"超个体的"整体和同样"超个体的"抽象伦理规范旗帜鲜明地对照起来,才能够摆脱它们之前的含混不清。如果人们为了进行逻辑上的澄清而首先遵循过哪怕一次这个精细的概念区分,那么德国观念论的历史哲学和社会哲学的基本概念就也只有那时才能在其纯思辨的以及尤其在其方法论的意义上得到正确的评价。指明抽象−普遍之物和具体−普遍之物间的这种区分的绝对必要性,这曾经是我们的全部论述的统一倾向,并且我们得以很好地追踪了两种结构间的这种对个体性问题也具有决定作用并且迄今为止几乎始终遭到忽视的对立状态。②

[263]

迄今为止,费希特的民族性哲学本质上都被视为是在塑造某种特定的、受到保护以免遭受具有原子化作用的(atomisierende)个体主义的摧毁怒火所蹂躏的结构,此外,只是一般而言,费希特的主要成就就在于,他让人们对历史现实(它与由概念构成的世界相对立)再次报以尊敬。但是,从今往后,我们还能更准确地追踪,费希特如何已经有意识地将民族的现实特征(Wirklichkeitscharakter)(它与社会组织的单纯"脚手架"间仅仅否定性的且更多的是凭感觉的划界此前已得到展示[参见原文第 259 f. 页]),臣服于某种更加深入的概念规定。所有现实都拥有个体性和历史。因此,只有通过阐明民族性概念的这两个必需品,我们的断言,即在费希特那里,对政治构造物的哲学研究一直都浸透着史学的世界观,在此才获得内容上的证明,同时,我们也因此见识了将个体哲学的和方法论的结构转移到社会哲学诸概

[264]

---

① 有关于此,参见李凯尔特的《自然科学概念建构的界限》,第四章,第 Ⅳ 节,"史学关联",以及第 316 ff. 页。

② 参见原文第 17 f. 、21 f. 、53 、59 ff. 、62 ff. 、70 ff. 、88–94 、102 、169 ff. 、176 、181 、187 f. 、207 、243–247 页。

念之上的做法。

　　尽管历史性此在(Dasein)①具有种种个体差异,但从理性主义和个体主义的国家观念中还是可以推导出普遍性。历史此在大概就隐藏在能在概念中得到把握的种种权利和经济关系背后。相反,有关国家生活之有机体的理论如今则在作为政治个体性的民族性原则中找到其必然结论。如果说在《现时代的基本特征》中,18 世纪的世界主义还得到了毫无保留的认可的话,《对德意志民族的演讲》则通过如下方式带来了决定性的转变,即通过将价值个体性原则挪用到政治之物上而赋予那个时代正在觉醒的民族情感以最深刻的表达,19 世纪最伟大且最有影响的文化哲学思想被纳入德国哲学的世界观中并带着概念思辨的明晰得到表述。的确,在对民族个体性、对伟大事物的个体性的评价中,费希特可能还更大功告成地克服了 18 世纪的世界观且更卓越地运用了价值个体性原则,比他在史学的个别人物上所获得的成功还要大。他确实相信,在政治生命如花朵般绽放成种种独立且无法比拟的"独特性"的过程中,简直可以发现历史发展的独立目标,发现"精神世界的最高法则"。"精神的自然使我们能够只在个别的人,总的来说在个别性(Einzelheit)中,在族类的最多种多样的层级中去展现人性(Menschheit)的本质。只有像族类中的所有人那样,将自己转让出去,根据自身的特质,并且每个族类中的每个个别的人,都根据他们共同的特质和他特殊的特质去自我发展和成型,神性(Gottheit)的表象才能在他们的真实镜子中显露出来,正如它该有的那个样子……对各民族当下和未来的尊严、品德、功绩的担保,作为各民族通过它而与源始生命之源泉相关联的那种东西,只存在于各民族不可见的且向它们自己的眼睛隐藏的那些特性中;如果这些东西(尊严、品德、功绩)由于鱼龙混杂和研磨消耗而变得麻木不仁,那么精神自然的分崩离析就会在这种肤浅平庸中形成,就会在这种将一切都融入均匀且环环相扣的损毁中的行为里形成。"对个体之物的思辨评价立即被转换成了民族的自我保存,转换成了将源始的民族特质传递给后代这样的实践的-政治的要求;并且从这些义务中还产生了"真实战争(der wahrhafte Krieg)的概念"。逻辑上的刻画通过非理性再次与对评价行为的这种刻画结合在一起。作为"人类环境的特殊精神自然","作为精神之物的特殊发展规律",民族在抽象的知性面前作为一个无法从一般的"可见性法则"出发加以解释说明的

[265]

---

　　①　Dasein 在其他地方译成按照传统译法译成"定在",主要指物,而在这里译成"此在",主要指人或主体,以示区别。——译者注。

组成部分,作为一种"有模可仿的过度(Mehr der Bildlichkeit)"而出现,这种
"有模可仿的过度与表象中无模可仿的源始性的过度直接水乳交融",并因
此"从来无法被任何人——这个人自己就一直处于他浑然不觉的这种影响 [266]
之下——用概念完全洞穿"①。

　　同时,恰恰而且唯独在政治领域,费希特与施莱尔马赫的"独特性"原则
多有摩擦,根据这个原则,著名的个体性被评价为自我目的(Selbstzweck)、整
体以及自成一体的世界。由于他独特的评价习惯,即习惯将个别之物整合
进一个兼容并包的关联中,他也足够接近于把民族当作自足的整体了,的
确,民族类似于文化价值的最高总括,是一种不断将个别个体整合进自身之
中的总个体性;因此,对他而言,在个别人物那里似乎比在民族那里更容易
忽视这一点,亦即,个别人物也必须被思考为一个比他还要更高的整体的一
个部分。在康德的时代,个体愿意承认,作为唯一自成一体的价值总体性的
"人类"是高于个体自身的;但它只是把个别的国家当作暂时的权宜之计来
忍受。在费希特那里,评价行为个体化这方面的巨大进步已经出现。于是,
作为独立的价值构造物的民族②便插入个别人与人类之间了。当然,以此方
式,即使对费希特来说,把众民族当作单纯的部分个体性而放到文化发展的
总体中去,这种可能性也无论如何没有被扬弃。于是,在"人类整体的永恒
规划"中,似乎必须为个别族类(Volk)指派一个与指派给个别族类中的个别
个体相当的不可替代的"使命"。"族类形态自身源自自然或上帝:提升理性
目标,这是一个确定的、高度个体性的方式。族类的归属者(Volker)就是一
个个具有提升理性目标的天赋和角色的个体。"谁若是如此这般将文化目标 [267]
的周遍宇宙(universales Kosmos)理解为民族的部分个体性自行建构起来的
不可比拟的总个体性,那么对他而言,真正的"全世界"(Kosmopolit)就必然
将被当作祖国来管理,而真正的"爱国主义"也将必然汇入"世界主义"之中。
费希特对世界主义的态度中看似不确定的东西大部分要从我们早先大致刻
画过的、也是被运用于政治之物上并从个体性碎片中整合出一个总体性的
方法出发得到解释说明,尽管当然还得承认,民族性原则在他那里常常通过

---

　　①　《对德意志民族的演讲》,第 8 讲,另外还有 371 f.、398、467、563 f.;《国家学说》
第二版,卷Ⅳ,第 401 ff. 页。
　　②　有关于此,参见穆勒《国家艺术的元素》卷Ⅰ,第 107 f.、109 f.、115 f.、282 ff. 页;
卷Ⅲ,第 223 ff.、251 页。

对德意志特质(Deutschtum)的形而上绝对化而被打破①。

　　尽管费希特偏爱埃利亚式的、有关某种无形无状的绝对之物的原理,且这种偏爱持续威胁着行之有效的文化哲学概念的形成,但他依然真的能够至少开启出对民族性思想的具体表达,这一点最清楚明白地产生于最后著作中所观察到的对这样一个时刻——1806 年以来的政治思辨的所有开端确实都已经涌向这个时刻——的澄清和更轮廓鲜明的塑造,产生于将族类刻画成历史统一体的做法。对民族的现实特征的阐明也在对这个因素的强调中得到了完善。正如费希特更加毫无保留地承认族类具有个别人物的那种个体独特性那样,他也无法不流露出对如下事实的认可,即某种历史性的族类基础其起稳固作用的力量必然会作为某种"由精神自然预先提供的东西"而助长人类意志的那种通往无限的政治形塑力。"天赋自由"的奇迹在此再次作为政治的自动性和历史的已生成状态(Gewordenheit)而出现。早在1807 年的"爱国谈话"中,费希特就已经时不时地在说,民族肯定已经变成且成长为"自然"了。但是,如果说在《对德意志民族的演讲》中语言还是至高的、唯一的民族统一纽带的话,那么在最后期的著作中我们会发现,民族团结的中介得到了远更深入的突出强调。在这里,除语言之外,首先被点名的是共同的历史。借助共同的历史——这东西尤其富于教益——,通过这个东西,一群人将自己概念把握为一体(Eins)的,并在自己的概念中变成一个族类:要么通过突出的事件、共同体的行动和受难……通过统治者、土地、战争和胜败诸如此类的同仇敌忾(Gemeinschaftlichkeit);——或者不是将他们理解为"一体",将这个单纯概念赋予他们,而是"一群人通过共同自我发展的历史而团结起来,以建立一个王国,这就叫族类"。"因此,到底是同仇敌忾的历史还是不断分裂的历史,对于族类的建构而言至关重要。"在这种已变得远更现实主义的表述中,战争也被评价为族类建构的要素。如果费希特想要从他的民族概念出发将德意志这个领土国家视为独立且合法的国家构造物的话,那人们切不可将其理解为一种反乡土爱国主义的盲目热情,而毋宁必须认识到他经常谈论的那个入木三分的观点,即认为每一个国家在最深层基础上都已病入膏肓,在国家那里,政治组织与"族类精神"(Volksgeist)鲜有一致。恰恰是如此这般的瓦解,民族由于这种瓦解而无法被评价为一个被提升到所有人为划界之上的超个体的关联体,恰恰是这种瓦解诱使人们走上费希特如此猛烈地抨击过的思想方式,这种思想方式与

[268]

---

　　① 《费希特全集》卷Ⅶ,第 181、188、193、197、200、212 页。《费希特遗著集》卷Ⅲ,第 228 f.、248、266、423、426 f.;卷Ⅶ,第 380 ff.、464、471 f.、533 页。

作为某种超越之物的民族的王公贵胄相对立，将他"置于祖国之前，仿佛它自己别无长物，并且想要知道如何将国家视为他的私人财产"①。在类似的理解被政治的发展所证实的地方，真正的关系恰恰在那里被反转过来了：国家的空洞形式战胜了民族此在（nationale Dasein）的实在②。

关于历史地生成的族类精神这个理念，在最后的年月里，政治思辨向着 [269] 这个理念发展细化——费希特指派给德意志族类的那种超越所有经验限制的特殊地位现在引人注目地闪耀。当然，首先在这里切不可忽视，为了解释说明德国的分裂状态和无民族性——对比《演讲》中的见解，得到深化的历史哲学的族类概念将作为标准保留下来。关于德意志人，《演讲》中说道："……没有任何共同的行动和历史，根本没有人从事艺术。最多也就是出生的统一性和语言的统一性，而没有族类的统一性和历史的统一性。""并且，同样奇怪的是，其他族类的特征都是由他们的历史产生的，而德意志人作为德意志人在过去百年中没有任何历史。"但是德意志人能够——所以现在要进一步推断——在充满敌意的史学现实的矛盾中按照他们超历史的、"形而上的"此在去维护"一个德意志族类的统一性概念"，并且恰恰在这种"无国家的实存（Existenz）中且超越国家之上"形成了他们民族特征中"引人注目的魅力"。因此，只有他们在世界蓝图中选定了要"在纯精神的训练"中将自身首先打造成一个族类，并且，正如知识学所要求的，从纯内在性（Innerlichkeit）出发去构筑他们的存在。"给形而上的族类予形而上的任务！"③"德意志族类的统一概念还根本是非现实的，而是对未来的一个一般的假设。但它也不会令任何与众不同的族类独特性发挥作用，而只会使自由（Freiheit）之公民成为现实。"在此，对独立性的伦理假设实际上不仅具有一种超越史学的意味，而且简直上升到了对史学之物的形而上否定，上升到了对某种超历史的、无个性的实在的实体化制造。

只有当人们毫不迟疑地承认，确实是在费希特那里才首先形成的、得到 [270] 概念把握的史学世界观的总形象（Gesamtbild）在个别地方一再被其他的思辨涂层严重遮盖，只有这时，他们才必须提防，不要过度扩大民族性原则的形而上塑造与真实的史学研究方式间的鸿沟。人们毋宁不得不想起来，根

---

①　有关于此，尤其参见拉萨勒（Lassalle）的节日讲话《费希特的哲学》，里面包含了有关费希特政治学所说过的最卓越的话。

②　N 卷Ⅲ，第 232 页，卷Ⅶ，第 266 f.、392 f.、460、463 f.、465 ff. 页，卷Ⅳ，第 412－420 页。

③　此乃拉萨勒的原话，《费希特的哲学》第 24 页。

据费希特的观点,历史这个概念不仅包括已生成之物,而且同样包括活生生的生成本身,因此,他的史学世界观毋宁说被提升为对某种原则性、反对当下(Gegenwart)种种僵化形式的革命,而不是沦落为某种神话现存之物的复辟哲学。如下说法恰恰因为德意志王国残存下来的联邦主义形式而受到指责,即认为形式都是人为的产物,真实历史其生龙活虎的气息从来都不是通过这些形式而飞扬起来的。因此,对现存之物的愤懑由真正历史的情感所承载,并且,从这种愤懑的最终思辨动机来看,它与启蒙的极端主义截然矛盾。费希特实际上也代表着这种囊括过去和未来的、18世纪还完全无法概念把握的"历史"(Geschicht)概念。有关于此,那个决定性的节骨眼提供了一个可靠的证据,借由这个证据,他极大地将德国的例外地位和义务提升到了民族的自然诞生(Urzeugung)的高度。因为在那里,他明确地把族类的自动形成这样一种假设的过程放到历史概念的范围内了。"这一切迄今为止一直阻碍德国人成为德国人:他们的性格存在于未来,现在这个特征还存在于对一种崭新的、充满光辉的历史的希望之中。历史的开端——有意识地锻造着自己。这是最辉煌的使命。"①

[271]　　但是,通过对民族性哲学的思索,我们再次证实,费希特的历史哲学世界观有着其他的根源,而不是源自那种对所有有关族类历史生活的个别的、遥远的表达而言与种种审美表态如此亲近的、忘我的理解,这种理解,作为新时代的史学意义的第二源泉,源自赫尔德,并且支配着整个浪漫派。对这位康德派的哲学家来说,只有通过对大政治有机体的生成和维持的反思才能够明白,种种超经验的价值已经被吸收进世俗的、尘世的发展过程中,吸收进史学的塑造中。因此,在绕着政治之物而行的道路上,价值和现实间的和解以最可把捉的形态向他敞开,以此方式,他同时也变成了对其时代的经典表达,在他的时代,一种"无国家地"形成的文化其理念王国碰触到了政治生活的坚硬实在。受到自己族类所遭受的严重命运打击的提醒,这位哲学家现在马上就设想:"飘浮进更高的思维之盘旋中,这种做法自身并不能免除'理解其时代'这项任务。所有更高瞻远瞩的人都肯定愿意以自己的方式加入直接的当下中去。"②

---

① 《费希特全集》卷Ⅶ,第547–573页,卷Ⅳ,422 f.页。

② 《费希特全集》卷Ⅶ,第447页,参见第379 ff.、451 ff.页。穆勒再次说过类似的话,比如《关于德意志科学和文学的演讲》第136、161页,《国家艺术的元素》卷Ⅰ,第42页。根茨(Gentz)已经谈起过文中所引段落与穆勒的"引人注目的协调一致","甚至在某些关键的表达和词句上"也是如此,见《根茨与穆勒通信集》第148页。

　　所以,只有通过探入历史概念与政治共同体概念间的种种关联,对历史概念的认识才能得到完善。在对早先无一例外地以世界公民的方式被思考的种种政治理想的民族化中,我们再次见识到了达到那个目标的崭新的、强有力的工具,费希特的历史哲学在多种多样的道路上——与理性主义的世界观拼命纠缠搏斗——奋力奔向那个目标,该目标便是,调和抽象的、无形态的"理性"与历史之物的个体现实之间的关系。

　　但是,在最后的回顾中,我们可以再次将如下情况突出强调一下,将其 ［272］ 当作费希特思辨的——尤其具有特点的并且首先与黑格尔有别的——独特性,即在康德式的逻辑学中,同时还有一种强大的根源与对一个崭新的历史哲学思想世界的这种创造紧密相连。因为,正如我们曾经看到过的,只有通过史学之物这个逻辑概念,只有通过那种所有理性合法则性(Vernunfgesetzlichkeit)都永远无法抵达的个体之物的非理性,有关历史现实的源始法权(Urrecht)的思想(与评价行为的一切形式主义相对立)才被这位先验哲学家而言视为得到了如此广泛的辩护和确证,以致能够满足人们对终极的认识论论证的需要。同时,在对偏离康德的某种文化哲学世界观的奠基中,一种颇富价值,甚至不可或缺的建筑材料的确又源自康德认识论的取之不尽、用之不竭的深处。因此,即便在历史哲学中,费希特也是作为康德的真正门徒、作为"所有康德主义者中最伟大的人"而出现,而且这位至伟者一直保留着导师的经久不衰的宏富价值,以便以创造性的力量去超越他。